Satan, kannst du mir noch mal verzeihen

Anne Hahn / Frank Willmann

Satan, kannst du mir noch mal verzeihen

Otze Ehrlich, Schleimkeim und der ganze Rest

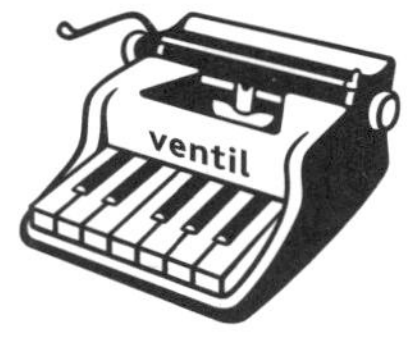

Mit Textbeiträgen von Jörg Dietrich
und Dirk Teschner

Dank an alle. Endlich mal.

Nachweise
Abb. Cover, S. 8, 27, 43, 44, 115: Archiv Steffen Schölzel
Abb. S. 7, 11, 24, 40, 61, 63, 163, 164, 173, 174, 176, 177, 184: BStU Erfurt
Abb. S. 13, 19, 37, 64, 129: Archiv Hahn/Willmann
Abb. S. 16: Archiv Kid
Abb. S. 23, 179: Archiv Offene Arbeit Erfurt
Abb. S. 32, 55, 68: Foto Gerald Pochop/Archiv Pochop
Abb. S. 39, 51, 52: Archiv Musigmann
Abb. S. 49: Archiv Kaktus.
Abb. S. 67, 128, 131, 135, 138: Archiv Lippmann
Abb. S. 77, 81, 83, 204: Archiv Biedermann
Abb. S. 89: Foto Christiane Eisler/transit Fotografie und Archiv GbR
Abb. S. 94: Foto Pedro Richter / Archiv Dirk Teschner
Abb. S. 103: Foto Rainer Bormann/ Archiv Bormann
Abb. S. 117: Archiv HöhNIE Records
Abb. S. 141: Foto Thomas Morgenroth/Archiv Lippmann
S. 183: »Ein Märchen« von Lutz Rathenow, mit freundlicher
Genehmigung des Autors
Abb. S. 217: Archiv Ugly Hurons

6. Aufl. 2024
ISBN 978-3-95575-113-5

Lektorat: Theo Bender
Layout/Satz: Oliver Schmitt
Druck: maincontor GmbH

Ventil Verlag, Boppstraße 25, 55118 Mainz
www.ventil-verlag.de

Inhalt

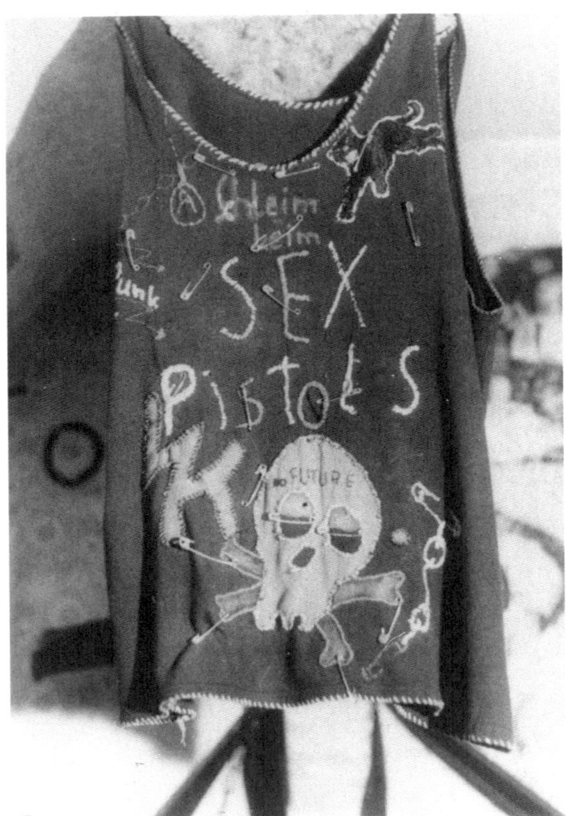

Foto aus Hausdurchsuchungsunterlagen, aufgenommen 1983 im Dachbodenzimmer von »Otze« Ehrlich.

Der Zündfunke

Otze bemerkte ich zum ersten Mal beim legendären ersten Konzert 1981 in Erfurt. Ich kam ursprünglich mit der Weimarer Band CREEPERS, die eher Friemelrock mit verkopften Texten zurechtrockte. Nichts für den Körper. Plötzlich tauchten diese Wesen aus Stotternheim auf, halbnackt, geschwärzte Gesichter. Dieses Tier am Schlagzeug, das wütend sang, brüllte, ausspie. Der Wüterich rasselte mit den Ketten, die ihm rostig um den Leib hingen.

Beängstigend, atemberaubend, faszinierend. Ich verstand keine Textzeile, das machte nix. Hier gab es Punk von der härtesten Sorte. Es klang nach Freiheit und »Tu, was du willst«. Und das in Thüringen, dieser Ansammlung von Käffern, wo die Muttis und Vatis heimlich so taten, als wären sie Kleinbürger und keine DDR-Sozialisten.

Frank Willmann

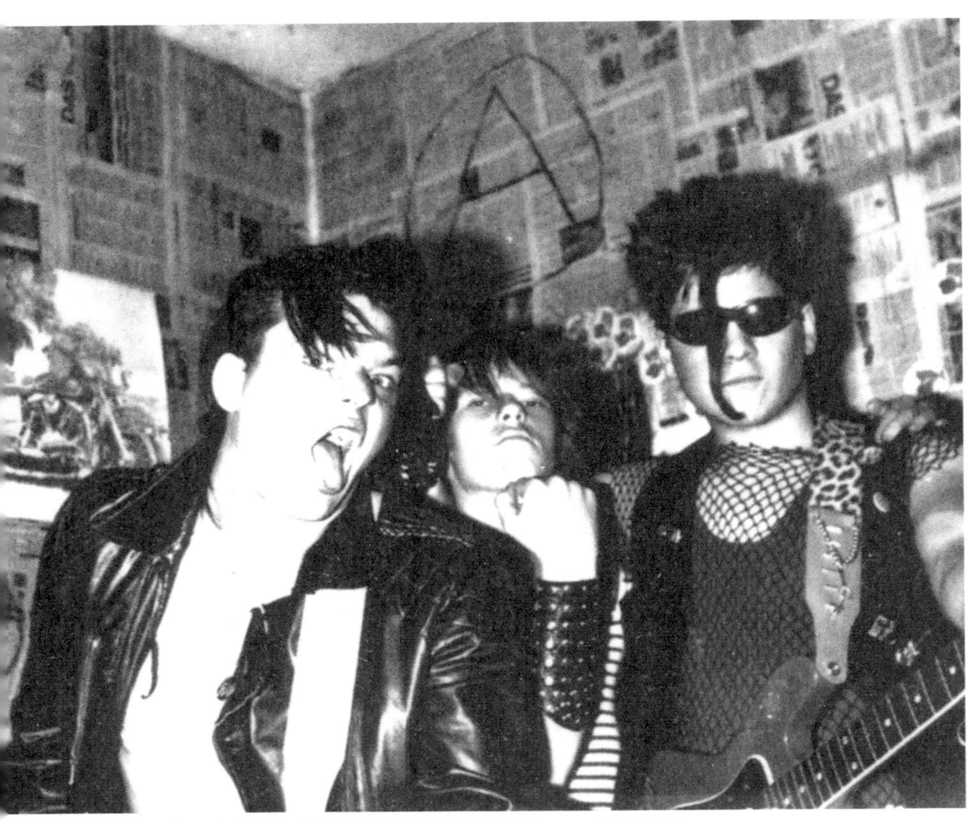

Proberaumsession mit Brechreiz 08/15. Otze, Steffen und Klaus am 20.10.1985

Dirk Teschner

Mit dem Knüppel in der Hand

Du warst Minus, ich war Plus.
Der Strom ging weg und dann war Schluss.

Mit »If the kids are united« von Sham 69 begann 1978 für Dieter Ehrlich auf einem Bauernhof in Stotternheim bei Erfurt ein neues Leben als Punk. Sein Bruder Klaus nahm dieses Lied aus dem Radio mit einem Kassettenrekorder auf und die beiden montierten es mit dem AC/DC-Song »Big Balls« zu einer Endlosschleife. Wochenlang hörten sie sich dies dann an. Danach suchte Dieter die Radiowellen nach Ähnlichem ab und entdeckte, wie seinesgleichen überall in der DDR, die Radiosendungen von John Peel und, eine Besonderheit für Hörer in Thüringen und Sachsen, die Sendung *Zündfunk* auf Bayern 2. Dort wurden alle radiotauglichen Punksongs rauf und runter gespielt und alles wurde auf dem Bauernhof mitgeschnitten. Das Ergebnis war ein Haufen von Punksongs mit vielen falsch geschriebenen Titeln und Bandnamen. Der Autor selbst erinnert sich nur ungern daran, dass er in Karl-Marx-Stadt einen 1978 aufgenommenen Song der Ramones mit »China is a Punkrock-Land« betitelte. Welche Enttäuschung, als er später erfuhr, wie der Song wirklich hieß: »Sheena is a Punk Rocker«.

1979 lernte Dieter die Leute von den Creepers aus Weimar kennen, eine der ersten Punkbands der DDR. Sie waren Funktechniker und hatten ihre Verstärker selber gebaut. So einen hat Dieter von ihnen geschenkt bekommen und seine erste Trommel, ein mit Lammfell bespanntes und selbstgeschlagenes Becken. Auch Bruder Klaus hat sich seine erste Gitarre selbst gebaut, mit Bowdenzügen vom Fahrrad als Gitarrenseiten. Für die Tonabnehmer haben sie alte Kopfhörer aus einem Panzerhelm ausgebaut. Der Verstärker war ein altes Radio.

Dieter lernte Andreas Deubach (Dippel) aus Großrudestedt kennen. Er trug eine abgeschnittene Jeansjacke, mit einem Anarchieschriftzug und kam mit einem Bass an. Die drei fingen im Kinderzimmer mit Proben an. Nachdem den Eltern das zu laut wurde, zogen sie in einen Kuhstall. Sie nannten sich SCHLEIMKEIM. Das erste Konzert, zusammen mit den Weimarer Punkbands CREEPERS (die sich anlässlich des Konzertes in ERNST F. ALL umbenannten) und MADMANS, fand im Erfurter *Johannes-Lang-Haus* im Dezember 1981 statt. SCHLEIMKEIM spielte drei Lieder, Otze trug ein Shirt mit der Aufschrift »Fresst Scheiße« und hängte sich eine dicke Metallkette um. Bei dem Konzert vor über 200 Leuten fing die Decke an zu schwingen. Fast alle Zuschauer rasteten völlig aus.

Die ersten Konzerte von SK fanden bei der Offenen Arbeit in Erfurt statt. Es war ein ambivalentes Verhältnis zwischen den Post-68ern, den langhaarigen Machern der Offenen Arbeit und den neu dazukommenden Punks. Bier tranken alle und gegen den Staat waren sie auch irgendwie, aber das blieben auch schon die einzigen Gemeinsamkeiten. Es bestand der Ansatz: »Da sind suchende Jugendliche, denen muss geholfen werden, aber nach unserem Plan.« Und wer die Klokette zerreißt, der fliegt.

Es gab immer wieder Verhandlungen und unter Auflagen auch immer wieder Punkkonzerte bei der Offenen Arbeit im *Johannes-Lang-Haus*. So 1982 das Konzert mit SCHLEIMKEIM, WUTANFALL, PARANOIA und ZWITSCHERMASCHINE aus Dresden. Bei einer anschließenden Party in einem Hinterhof schlug der anwesende Sascha Anderson Otze vor, dass SCHLEIMKEIM auf dem von ihm geplanten Sampler von DDR-Künstler- und Punkbands erscheinen könnte. Alle anderen angefragten Bands zogen auf Druck der Staatssicherheit ihre Teilnahme zurück. Es blieben nur noch die Art-Band ZWITSCHERMASCHINE und SCHLEIMKEIM übrig, die zur Tarnung auf der Platte »Saukerle« hießen. So entstand 1983 die erste Vinylpressung mit einer DDR-Punkband: »DDR von unten /eNDe« beim Westberliner Label *Agressive Rockproduktion*.

Otze wurde seit dem Erscheinen der Platte bis 1989 regelmäßig verhaftet und wanderte in den Knast. Das von Sascha Anderson versprochene Geld bekamen die SCHLEIMKEIM-Musiker nicht.

Anlagekarte 1

Punk-Veranstaltung im Johannes-Lang-Haus
11.12.81

BStU
000011

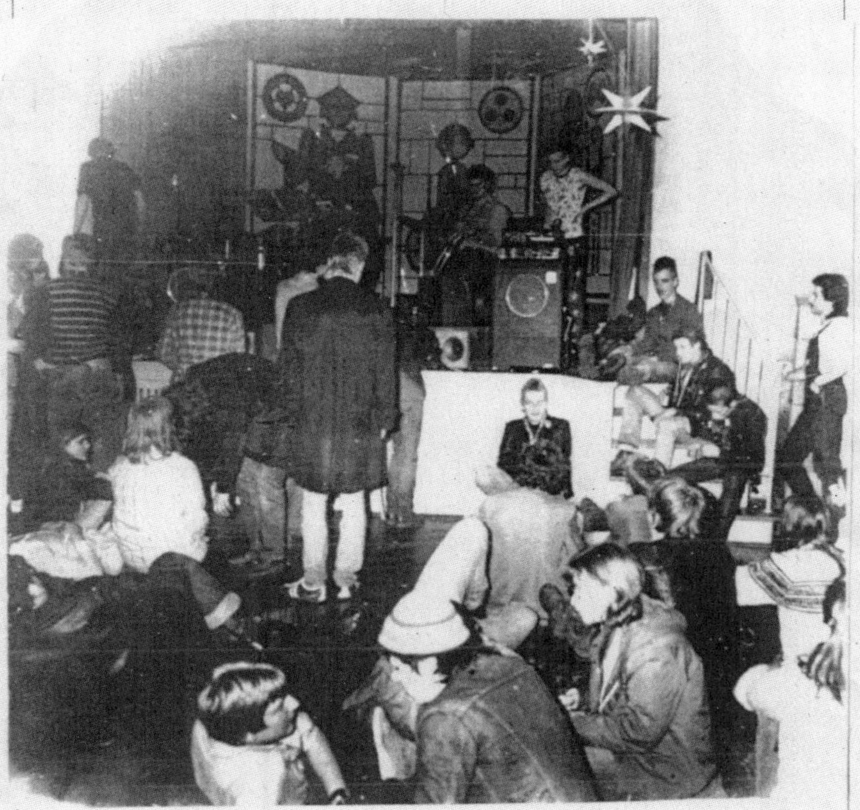

Erstes Punkkonzert im Erfurter Johannes-Lang-Haus, Dezember 1981, alle warten auf SCHLEIMKEIM

Der Alltag bestand aus Biertrinken und dem Treffen Gleichgesinnter in Erfurt. Anfänglich im *Treffpunkt Johannesplatz*, einer typischen Würfeldiskothek in einem Neubaugebiet im Norden, später am *Angereck*, dem größten Café in der Innenstadt; auf dem Gelände der IGA; bei der Offenen Arbeit im *Johannes-Lang-Haus* oder im *Haus Kürschnergasse 7* mitten im Altstadtviertel. In der Kürschnergasse wurden nach und nach leerstehende Räume besetzt, dort wurde Musik und Kunst produziert und gewohnt.

Bei SCHLEIMKEIM gab es mehrere Umbesetzungen. Auch Imad aus Leipzig, Musiker und Sänger der Bands HAU, WUTANFALL und L'ATTENTAT, wollte unbedingt bei SCHLEIMKEIM einsteigen. Er hatte eine Freundin in Erfurt und pendelte immer zwischen Leipzig und Erfurt. Otze versuchte es mit Imad an der Gitarre. Die beiden starken Persönlichkeiten gerieten aber schnell aneinander. Es gab einen Auftritt mit Imad in Jena, dort stellte er seine Gitarre immer lauter und übertönte alles. Daraufhin schmiss Otze Imad von der Bühne und aus der Band. Imad rächte sich mit jahrelangen szeneinternen Kampagnen gegen SCHLEIMKEIM. Er nutzte Interviews für West-Fanzines, um ordentlich gegen Otze abzulästern und SCHLEIMKEIM als Saufpunks runterzumachen. Im Fanzine *Der Durchbruch 4/1985* heißt es etwa: »Da sind auch noch SCHLEIMKEIM aus Erfurt. Sie organisieren nichts eigenes, die Leute fahren nicht zu ihren Konzerten – Boykott. SCHLEIMKEIM machen die Anlagen kaputt. SCHLEIMKEIM reden viel Scheiße und machen viel Scheiße.« Hintergrund solcher Aktionen von Imad war sicher auch, dass Otze der einzige Superstar in der DDR-Punkszene war und Imad aufzuholen versuchte. Er gab sich betont politisch und reiste in schwarzem Leder durch die Republik, um in jeder Stadt Verbündete zu suchen. Imad suchte auch die Nähe zur anarchistischen DDR-Opposition und hatte das Talent, über Stunden politische Diskussionen zu führen. Mit seiner Enttarnung als Stasi-Spitzel nach '89 kam sein Ende und er wurde von der Leipziger Szene zum Abschuss freigegeben.

In der Punkszene gab es zwar immer Lieblingsbands, aber selten Personen, die über Jahre hinweg im Vordergrund standen. Otze war und blieb da die Ausnahme. Er prägte wie kein anderer einen bestimmten Teil der Szene. Keine Ideologie wurde von ihm propagiert. Sprüche, wie »Erfurt in Schutt und Asche« sucht man bei ihm vergebens. Nein, seine Texte handeln vom Leben eines ganz normalen Punks, der Ärger hatte mit den Eltern, dem Meister, den Bullen – und von Liebe, Sehnsucht, Freiheit. Eben alles, was er selbst erlebte, einhundert Prozent Ehrlich. Da Otze immer bodenständig blieb, war er vielen Punks sehr nahe.

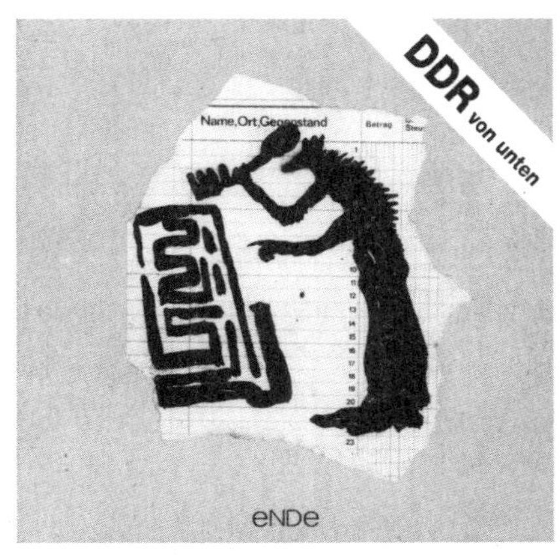

Die erste Vinylpressung mit einer DDR-Punkband: »DDR von unten/eNDe«, 1983 beim Westberliner Label Agressive Rockproduktion erschienen. SCHLEIMKEIM nennen sich zur Tarnung SAUKERLE.

Was er nicht mochte, waren Plastics – Punks, die zu gute Lederjacken trugen, zu glatte Musik machten. Er prügelte sich mit den Leuten von PARANOIA aus Dresden, die für seinen Geschmack zu gut gekleidet waren und bei einem gemeinsamen Auftritt 1982 in Erfurt seinen Verstärker kaputt machten, er fand die Musik von ROSA EXTRA doof und brachte den Spruch »Rosa Extra ist Dreck Star«. Aber sonst kam er mit fast allen aus, je authentischer und ehrlicher sie waren, radikal und konsequent in ihrer Lebensweise. Und natürlich hatte er auch Ärger mit Nazis. Einmal fuhr er mit dem Zug nach Erfurt, der voller stadtbekannter Hooligans war. Otze war keiner, der sich versteckte. Also kam es sehr schnell zum Krach. Dieter schlug mit einem Hammer um sich, bis die zahlenmäßig überlegenen Hooligans ihn fertig machten. Dieses Ereignis brachte ihm aber Achtung bei seinen Gegnern ein, die ihn ab diesem Tage Hammer-Otze nannten. Einige von ihnen kannte Dieter schon seit 1980, als er als gelernter Stahlbauschlosser Schlagringe für die Leute der Ostkurve von Rot-Weiß Erfurt fertigte. Das brachte ihm tausend Mark ein, davon kaufte er sich ein Schlagzeug.

SCHLEIMKEIM spielten immer weiter, auch wenn Dieter mal in Berlin und später in Gotha wohnte. Nach 1989 erschienen mehrere Vinyl-LPs, Singles und CDs von SCHLEIMKEIM. Mit dem Internet kamen etliche unautorisierte Kassettenveröffentlichungen und CDs auf den Markt. Viele, denen Otze eine seiner unzähligen Kassettenaufnahmen gab, bieten sie jetzt an, meistens als kostenlosen Download im mp3-Format. So kommt man an einige Raritäten, die sich die Labels von SCHLEIM-

KEIM – *HöhNIE Records* und *Nasty Vinyl* – nicht zu veröffentlichen trauten, zum Beispiel an das Lied »Eine Frau wie Dich«, ein elektronisches Solostück von Dieter aus dem Jahr 1994 in NDW-Manier, das von seinen eingefleischten Hardcore-Fans verächtlich als Techno bezeichnet wurde. 1995 löste sich SCHLEIMKEIM auf.

Danach geriet Dieter wieder in eine Krise. Er experimentierte mit allerlei Drogen. Seine Mutter starb. Wie es 1999 zu den Ereignissen im Stotterheimer Hof kam, im Laufe derer Dieter seinen Vater erschlug, darüber gibt es verschiedene Versionen. Bei der darauffolgenden Gerichtsverhandlung ließ sich Dieter leider darauf ein, sich lieber in die Hände von Psychologen zu geben, als in den Knast zu gehen. Dieter Otze Ehrlich starb am 23. April 2005 in einer forensischen Einrichtung. Die amtliche Erklärung nannte Herzversagen als Todesursache. Die Zwangsverabreichung von bewusstseinsbeeinträchtigenden Medikamenten sowie Anstaltsleiter, die ihm Jahr für Jahr eine »aktuelle Gefährlichkeitsprognose« aussprachen, ließen jegliche Hoffnung auf ein Leben außerhalb der Anstaltsmauern schwinden und zerbrachen Otze auf Raten.

Doch die Verehrung Otzes hält auch nach seinem Tod weiter an, es gibt Gedenkkonzerte, Bands, die SK-Songs nachspielen: Jan Müller, Mitglied der erfolgreichen Hamburger Band TOCOTRONIC, gründete die Band DAS BIERBEBEN. 2002 erschien bei Rock-o-Tronic die 7"-Single »Die Birne Ist Reif« mit Coverversionen unter anderem von SCHLEIMKEIM. Als einzige Punkband aus dem Osten erschien SCHLEIMKEIM auf der Veröffentlichung »PUNK ROCK BRD (50 Bands & 50 Hits von 1977 bis heute)«, herausgegeben von *Weird System*. Punks tragen den SK-Schriftzug in allen Varianten auf ihren Lederjacken, es gibt SCHLEIMKEIM-Internetseiten und unzählige Texte in Blogs und Foren.

Zeitzeugen

Kid, bürgerlich Jens-Peter Salzmann, war einer der ersten Punks in Weimar, spielt seit 1982 bei der Weimarer Punkband KÜCHENSPIONE Bassgitarre, arbeitet heute als Heilpraktiker in Weimar

Ab der Jugendweihe war alles schön. Geld für einen Kassettenrekorder zusammengekratzt, Rekorder und Kassetten gekauft, erstes Punklied aufgenommen.

Otze habe ich mit fünfzehn kennengelernt, wahrscheinlich auf einer Party. Wir haben uns gleich verstanden. Ich bin Baujahr '64, er war ein Jahr älter. Ganz früher hatte ich mal Konzertgitarre gelernt. Otze wollte Punkmusik machen, ich auch. Also schnappte ich mir eines Tages meine Gitarre und bin mit dem Fahrrad die zwanzig Kilometer nach Stotternheim gefahren. So ging das los mit SCHLEIMKEIM. Ich war sehr verblüfft über sein Schlagzeug, das war alles zusammengestoppelter Kram! Die einzig wirkliche Trommel war seine Pioniertrommel. Die Bass Drum war 'ne alte Schreibtischschublade und die Toms waren verschiedene Plastikschüsseln. Aber Otze hatte Gehör, das seltsame Schlagzeug klang wie ein richtiges. Wir haben dann in Stotternheim ein bisschen rumgespielt, ich habe einen Tonabnehmer reingebaut. Mit einem alten Röhrenradio haben wir in der Waschküche Musik gemacht. Dieters Mutter hat geschrieen, dass wir den Krach ausmachen sollen.

Der Hausstrom lief über einen Generator, der trieb gleichzeitig eine Pumpe an, die jede Viertelstunde angestellt werden musste. Ständig war der Strom weg. Immer wenn die Pumpe aus war, hat Otze wild rumgetrommelt, um seine Mutter zu ärgern, und wenn die Pumpe an

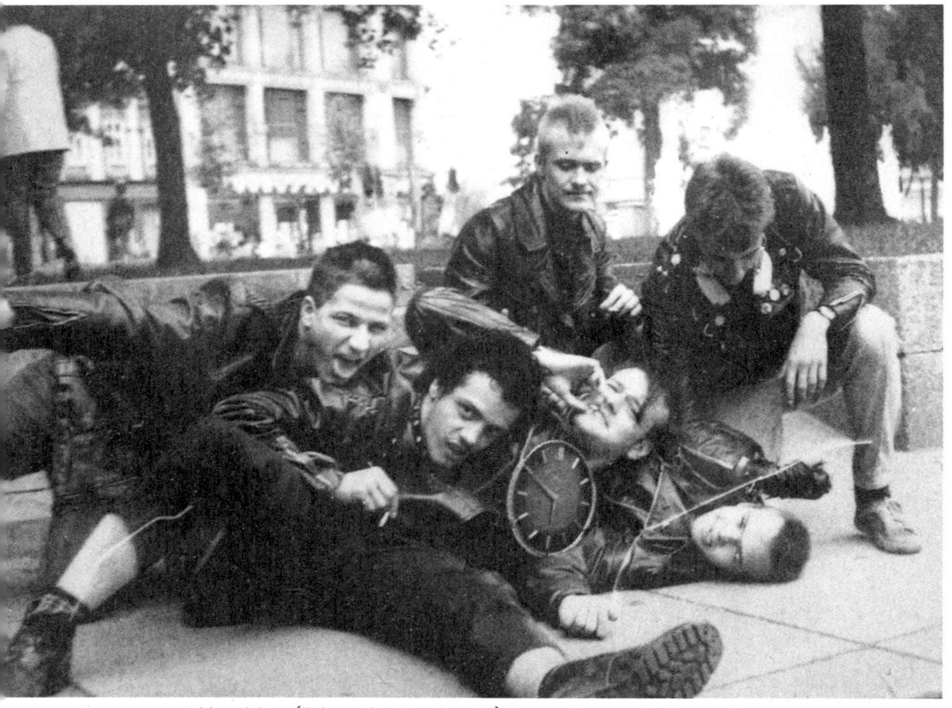

Kid und Otze [links und rechts der Uhr] liegen mit Freunden hinter dem Erfurter Anger herum, Anfang der Achtzigerjahre.

war und Strom da, haben wir richtig Musik gespielt. So entstand das Lied »Norm« und anderes. Dann kam Bui dazu, der Bruder Klaus. Er war als kleiner Junge oft in Misthaufen gefallen und sagte »Bui, bui.« So kam er zu seinem Spitznamen.

Wir haben Musik gemacht und Klaus fand es lustig. Das lief ganz gut. Die Mutter hat irgendwann nur noch Stress gemacht. Wir haben zwar von ihr Riesenportionen zu essen gekriegt, aber sie wollte die Musik nicht hören. An den Vater kann ich mich nicht erinnern, der war nicht da. Die Mutter war eine große, resolute Frau. Die hat Thüringer Klöße gemacht, groß wie Kinderköpfe. Ich bin regelmäßig überfressen mit dem Fahrrad nach Hause gewackelt.

Eines Tages sagte Otze: »Pass auf, wir haben einen klasse Proberaum, ich zeig dir das. Wir müssen aber warten, bis es dunkel ist.« Unter der Post in Stotternheim war ein riesiger Keller, es gab sogar Strom. Wir mussten einsteigen, haben die Kellergitter hochgestemmt und alles reingeschafft. Allein die selbstgebastelten Boxen! Die größte hatte drei Watt, also haben wir zehn Stück zusammengeschaltet, dass eine Dreißig-Watt-Box rauskam. Irgendwann schleppte Dieter mal eine alte Gitarre an, er hat ja immer viel angeschleppt. Das Ganze war so 1980. Aber im Keller ist bald alles feucht geworden und nach einem dreiviertel Jahr hat mir jemand meine Gitarre rausgeklaut. Geld für eine neue hatte ich nicht. Damit war meine Karriere bei Schleimkeim beendet.

Als Schleimkeim im *Johannes-Lang-Haus* in Erfurt aufgetreten sind, mit den ersten sechs, sieben Liedern, war ich nicht mehr dabei. Die waren auch ohne mich gut. Dieter konnte alle Instrumente spielen. Er hat sich angehört, wie die klingen und was die machen, dann konnte er sie spielen. Er hatte ein Tonband mit mehreren Spuren, hat Gitarre, Bass und Schlagzeug gespielt und gesungen. Das hat er mir vorgespielt von einer Kassette, völlig irre, das klang wie eine Band! Ich weiß nicht, wie er das gemacht hat. Irgendwann hat er ein ordentliches Schlagzeug gehabt, sicherlich abgezogen. Einmal hat er sich von Doebler (Sänger der Weimarer Band Madmans) eine elektrische Orgel geborgt, so eine Kinderorgel mit drei Oktaven. Wir haben bei ihm gefeiert und übernachtet, da schliefen sechs Leute in zwei Betten. Ich wache auf und denke »Was issen los?«, und sehe einen Arm unter einer Bettdecke vorkommen und höre ein paar Töne. Otze murmelte: »Nee, das isses nicht«, und schlief weiter. Ein paar Minuten später sprang er hoch, setzte sich an das Ding und spielte was, das klang geil! Er hatte eben geträumt, ich kenn das auch, dass ich aufwache und einen neuen Text schreibe. Otze ging es mit jedem Instrument so, er hat sich eine Gitarre genommen, geguckt, wie die Griffe funktionieren und konnte Gitarre spielen. Mit dem Bass genauso. Was Musik anging, war er eigentlich ein Genie.

Obwohl er manchmal ein Arschloch sein konnte. Selbst als Freund warst du nie sicher, ob du nicht doch mal eine fängst. Wir haben uns immer an einem *IGA-Kiosk* getroffen, einmal kam einer angerannt, mit blutender Nase und dickem Auge. Der rief: »Der Otze verdrischt alle!« Otze hatte Aussetzer, hat eben alle verdroschen, die er getroffen hat an dem Tag. Und fünf Minuten später war wieder Friede, Freude, Eierkuchen.

Aber wenn es dir an den Kragen ging, war er an deiner Seite. Einmal nach der Probe sind wir in die Stotternheimer Dorfschenke gegangen und haben ordentlich einen gezischt. Als wir rauskamen, stand die ganze Dorfjugend im Halbkreis vor der Kneipe und wollte uns verprügeln. Ich war sechzehn und ein dünnes Hemd, aber Dieter hat seine Kette rausgezogen und die verdroschen, nach Strich und Faden. Das waren zehn Leute, die sind stiften gegangen! Das war och ein Tier, der kannte nicht Freund noch Feind, der ist einfach druff. In Halle später hatten sich die Skinheads angekündigt, er sagte: »Kein Problem, ich hab im Auto ein Bündel Eisenstangen, die verhauen wir richtig!« Das war Otze.

Wir sind mit ihm auf die Müllkippe gefahren, mit seinem alten Eisenschwein, einer ES 150. Keine Fahrerlaubnis, keiner konnte fahren. Wir haben die angeschoben, sind auf die Müllkippe gefahren und haben Lederjacken gesucht. Otze meinte: »Du guckst hier, und wenn du irgendwo einen Zipfel Leder siehst, ziehste einfach dran.« Und so war es, ein Haufen krachte zusammen und darunter war ein Berg Lederklamotten. Die haben aus dem ganzen Bezirk Erfurt das alte Lederzeug gesammelt und dann auf einmal weggeworfen, also brauchtest du bloß einen Zipfel finden, dann hattest du alle. Wir sahen zwar aus wie die Schweine, aber es gab ja in der Zone keine vernünftigen Lederjacken für den modebewussten Punk. Die wurden zwei Tage eingeweicht und fertig. Das war schon geil, mit Otze hast du schon Sachen erlebt! Lagerfeuer machen auf der Müllkippe. Da ruft einer: »Ohej, ich hab 'ne alte Propangasflasche gefunden!« Prima, ins Feuer gehauen. Wir sind alle weggerannt, nur er ist stehen geblieben. Dann ist auch er weggelaufen, wir waren noch nicht richtig in Deckung, da ist das Ding losgegangen, so 200 Meter über uns drüber weg. Wir hatten Schiss in der Hose und der freute sich! Phänomenal!

Ich habe in Erfurt Elektroniker gelernt und hatte dadurch engeren Kontakt mit den Erfurtern. Normalerweise war da ja eine leichte Rivalität zwischen Weimar und Erfurt. Die Erfurter haben gesagt: »In Weimar sind die intellektuellen Schweine«, und die Weimarer haben gesagt: »In Erfurt sind se eh blöd.« Beide hatten ein bisschen recht. Wenn ich in Erfurt war, hatte ich meine Freunde, Dieter immer mit

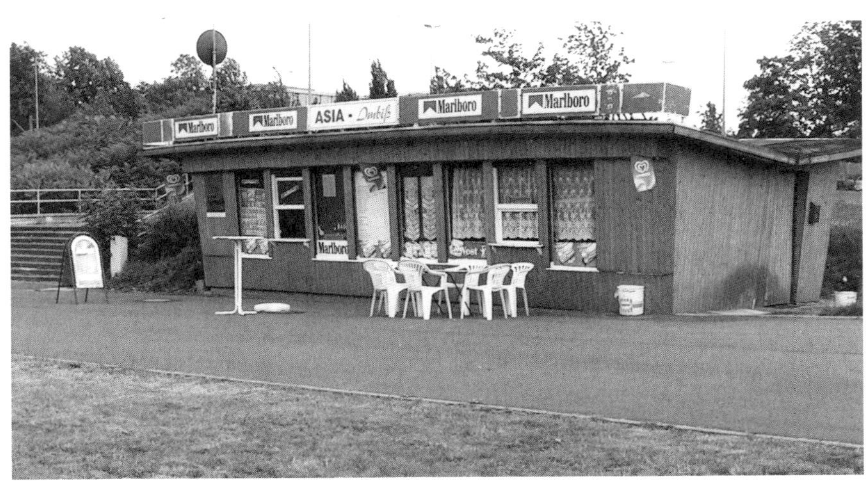

Treffpunkt *IGA-Kiosk* (Foto von 2007)

dabei. Wir haben eine geile Jugend gehabt. War auch Stress manchmal. Wenn einer schrie: »Die Bullen kommen«, stand ich allein auffem *Anger*. Alle wussten, wo sie hinkönnen, nur ich nicht. Schon blöd.

Dieter war Dieter, erst später nannte man ihn Otze. Wir haben immer gelacht wegen dem Nachnamen Ehrlich, weil er viel geklaut hat. Wir hingen zusammen wie Pech und Schwefel, sonst war ja nischt. Dieter war ein Lebenskünstler. Aus einer Kneipe ist er rausgeflogen, keine fünf Minuten später war er in einer anderen Kneipe der große King. Wir hatten als Punks immer Mühe, irgendwo reinzukommen. Er sagte: »Is doch kein Problem«, und saß in einer Pinte sofort am Tisch und trank ein großes Bier. Er wusste, wie er Leute dominieren kann oder ihnen so schmeicheln, dass er kriegt, was er will. Er war schlau, nicht intellektuell, aber intelligent.

Für Musik brauchst du nicht nur ein Feeling, sondern musst sie auch umsetzen können, wenn du Lieder schreiben willst. Seine Texte waren nicht blöd. Er hat gesagt, was Scheiße ist. Er wollte nichts verändern, nur sagen, was ihm nicht passt.

Nach der Wende war er öfter in der Klapse, weil er sich auch ein bisschen in die Drogen geflüchtet hat. Obwohl es mit der Band gut lief. Das war das Phänomen Dieter. Er wusste, was die Leute hören wollten.

Die Texte von SK hat er alle selbst geschrieben, stand drin, was er so erlebt hatte. Eigentlich war Schleimkeim Dieter. Das war seine Plattform, die anderen waren Statisten. Die wussten aber auch, das wird lustig und geil, wie er das macht. Und wenn kein E-Gitarrist da war, dann hat Dieter eben E-Gitarre gespielt. Wenn der Schlagzeuger fehlte, hat Dieter eben Schlagzeug gespielt. Du warst nie vor Überraschungen gefeit. Es war 'ne harte, gute Punkmucke.

Als wir nach der Wende in Jena im *Kassablanca* mal zusammen ein Konzert gemacht haben, Anfang der Neunziger, hab ich Dieter nach Jahren wiedergetroffen. Er hat Technodiskos geschmissen und Platten aufgelegt. Am Anfang war das ja noch Underground, das hatte mit Punk zu tun.

Otze hatte ab Mitte der Neunziger Scheiße an der Hand. Mein Gefühl war, dass er ständig unter Drogen stand. Früher haben wir Bier gesoffen, ein bisschen Gras geraucht. Solange ich mit ihm zusammen war, war er ziemlich fit. Körperlich wie ein Ochse. Später hat man dann gemerkt, dass er nicht komplett bei der Sache war. Mit der Bandauflösung, ich weiß nicht, vielleicht hatte er keine Lust mehr. Du wusstest bei Dieter nie, woran du warst. Die Stimmung konnte von null auf hundert umschlagen, in zwei Sekunden. Ein falsches Wort, eine falsche Geste und du warst fällig! »Ich mach mein Ding, wer mir in die Quere kommt, hat halt Pech!« Er war radikal, 100 Prozent Punkrock. Ihm war alles scheißegal, er wollte eben nicht die Welt retten, er hat No Future gelebt. Wenn andere gesagt haben: »He, vielleicht verändern wir was in der DDR«, war ihm das egal.

Er hatte immer sein Zimmer in Stotternheim, die Mutter hat ihn och beschützt, die hat zwar beim Proben Stress gemacht, aber sonst war sie fit, hat ihn geliebt und »mein Dieter« genannt. Irgendwann kam um die Jahrtausendwende die Info, er hätte seinen Vater erschlagen und sitzt in der Klapse. Wenn dann welche rumgeflennt haben, »Ach Dieter, Dieter«, hab ich denen gesagt: »Halt die Fresse!« Der wollte so eine Anhimmelung nicht. Eine gehörige Position Egoismus muss man ihm zuschreiben, er hatte Charisma, war eine Persönlichkeit, wollte im Mittelpunkt stehen. Aber er wollte keine Schleimscheißer um sich haben.

Dieter hat sich immer was einfallen lassen. Wir haben zum Beispiel in Jena in der Jungen Gemeinde ein Punkkonzert gemacht, und die Bullen haben alle möglichen Leute schon vorher abgefangen. Die meisten hatten irgendein Verbot, ihre Stadt zu verlassen und nach Jena zu reisen. Wir von den KÜCHENSPIONEN haben uns von der Kirche an allen Orten, wo wir spielen sollten, als Ordner anstellen lassen. Damit waren wir Kirchenangestellte, die mussten sie fahren lassen. Die Ordner haben eben ihre Ordner-Gitarren mitgebracht. Wir sitzen im Zug, da kommt ein Handwerker und setzt sich neben uns, früh um fünf im Blaumann. Das war Dieter. Der ist mit den Handwerkern nach Jena gefahren. Er wollte dahin, wie war egal, hat sich einen Blaumann angezogen, Arbeitsschuhe hat er sowieso immer getragen. Völlig geil. Er stieg mit den anderen Arbeitern aus, an der Trapo vorbei. Uns haben sie kontrolliert, aber wir hatten ja unsere Ordner-Scheinchen. Er ist durchspaziert, als ob nichts wäre. So ist er sicher einige Male gereist.

Es gibt schöne und es gibt Scheißgeschichten über Dieter. Einmal haben wir in Weimar geprobt, da kam Dieter vorbei und hat uns ein paar Tipps gegeben. Dann wurde getrunken. Dieter hat bei Josef (stadtbekannter Weimarer Punk) übernachtet. Am nächsten Tag kam ich vorbei, und Josef schimpfte: »Die Schweine haben alles geklaut!« Ein Mikrofon war weg, Gitarrenkabel und was weiß ich. Wir sind sofort zu Dieter gefahren, ich sagte: »Los Dieter!« Er meinte nur: »Jaja.« Weil er ja wusste, dass ich wusste, dass er es war. Er hat es wieder rausgerückt. Abziehen war normal, wer nicht aufpasste, hatte Pech.

Frauen gab es auch ab und zu, aber die waren Begleiterscheinungen. Eine richtige Beziehung habe ich nicht miterlebt. Er wollte kommen und gehen, wann er will, machen, was er will, frei sein. Dieter war nicht sehr hübsch, aber wenn du mit dem zur Disko bist, hätte er jeden Abend eine abschleppen können. Er konnte ein netter Kerl sein, wusste, wie man mit den Mädels Schmus redet.

Mit der Knastsache konnte Dieter ganz gut umgehen, aber mit der Klapse nicht. Du weißt nicht, wann Schluss ist. Das war Scheiße für Dieter. Sie haben es ihm ja auch gesagt: »Dich lassen wir nicht mehr raus!«

Wir hatten irgendwann mal ausgemacht, wenn wir in den Knast gehen und einer umkommt und es heißt am Ende, das war Selbstmord, dann sollen wir das nicht glauben. Das waren Suffgespräche, aber ich glaube, er hätte sich nie was angetan.

Sonne, bürgerlich Maik Sonnet, seit 1979 Schlagzeuger der Weimarer Band Madmans

Ich war völlig entsetzt, als ich Otze das erste Mal traf. Das war bei einem Konzert im *Lang-Haus* in Erfurt, gleichzeitig unser erstes offizielles Konzert – ich noch mit langen Haaren, Locken, Halskette um. Ich hab Dieter und seine Band gesehen und die sahen ganz anders aus als die Weimarer. Zerrupt, kaputt, drecksch. Klaus, Dippel und Dieter hatten sich was ins Gesicht geschmiert, sahen aus wie zwei halbe Milchreisbubis und ein runtergekommener Rocker. Dieter mit Ledermütze, voll behangen mit Ketten. Was sie gespielt haben, fand ich unter aller Sau. Ernst F. All hat auch gespielt, das Konzert war sonst ganz schön. Ich hatte noch keinen Kontakt zu den Erfurtern, das kam erst danach. Kipper (Weimarer Punk) meinte damals: »Setzt euch hin, hört auf zu pogen«, weil die Decke sonst eingestürzt wäre. Es war rammelvoll, drinnen gab es keinen Alkohol, nur Tee. Ich hatte mir die Jacke voller Bier gehauen und die wollten mich nicht reinlassen, da habe ich gesagt, »dann fällt eben das Konzert aus.« Da habe ich mit Dieter noch nicht gesprochen, wir haben uns angeguckt, so auf Tuchfühlung.

Kennengelernt habe ich die Erfurter Punks auf der *IGA*. Die haben immer übertrieben und waren brutaler als die Weimarer. Aber wir haben viel Spaß und Geikel gemacht, bei denen war der Zusammenhalt besser. Die Weimarer waren Einzelkandidaten, wohnten noch bei ihren Eltern. In Erfurt hatten sie ein Haus besetzt. Wir haben vom Balkon Flaschen runtergeworfen und so, das sah verkeimt aus bei denen. Mit den Bullen gab es auch öfter Stress. Otze war am seltensten dabei. Nur wenn Konzerte waren, sonst hast du den kaum gesehen. Die Erfurter waren in der Regel arbeitslos und arbeitsscheu, während die Weimarer alle Jobs hatten. Deshalb hatten wir auch Geld. In Erfurt haben sie geklaut und verscherbelt. Am *IGA-Kiosk* wurde einem Menschen die Digitaluhr abgenommen, dem nächsten verkauft, dann zwei, drei Flaschen *Kreuz des Südens* gekauft. Die Erfurter waren extrem auffällig, Lederjacke, Ketten, dreckig und assi.

Auf einem Dorf sind wir alle mal in eine Disko gegangen. Es wurde rumgeschubst und schon gab es eine Schlägerei. Dieter hat dabei den Wirt übern Tresen gezogen und rausgeschmissen. Das war eine Mas-

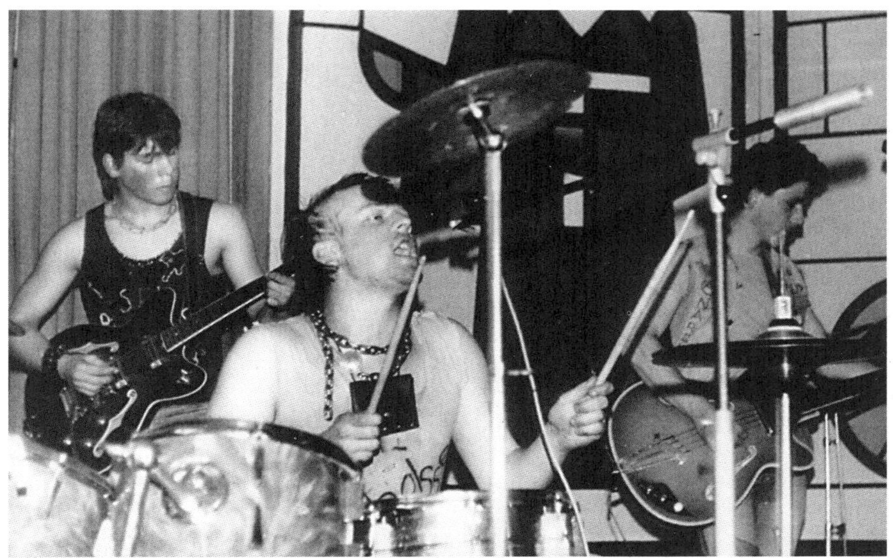

Dieter mit Ketten – erstes SK-Konzert 1981

senschlägerei, weil Dieter kein Bier mehr gekriegt hat. Die Bullen sind dann mit mehreren Luftschiffen angerückt.

Dieter war intelligent, er hat sich gewählt ausgedrückt, hat sich abgehoben von der Familie, vom blöden Vater. Er hat immer mitgetanzt, brutalen Pogo, runtergeflogen, aufgestanden, in die Fresse gehauen und weiter. Geprügelt wurde oft. Einmal früh um fünf vor einem Schnapsladen hat Dieter einem Bullen auf den Schuh gerotzt. Schon ging es los. Da bin ich abgehauen.

Mit den Heavy Metals gab es auch mal Stress, die Fußballfans von Erfurt, Ostkurve. Bürzel (Erfurter Punk) meinte, wir treffen die auffem Anger. Die sind öfter mal ausgerastet und haben Punks in ihren Wohnungen überfallen und zusammengeschlagen. Aber als es zur Schlägerei kam, stand ich alleine da, das kam auch vor.

Bei einem Konzert in Naumburg war ein Stromausfall, da haben Otze und ich uns richtig kennengelernt. Wir wollten aufbauen – kein Strom. Rotten (Weimarer Punk) hat die Toilettentür zerlegt, wir haben das Fass Bier leergesoffen und ich mein Schlagzeug aufgebaut. Dieter

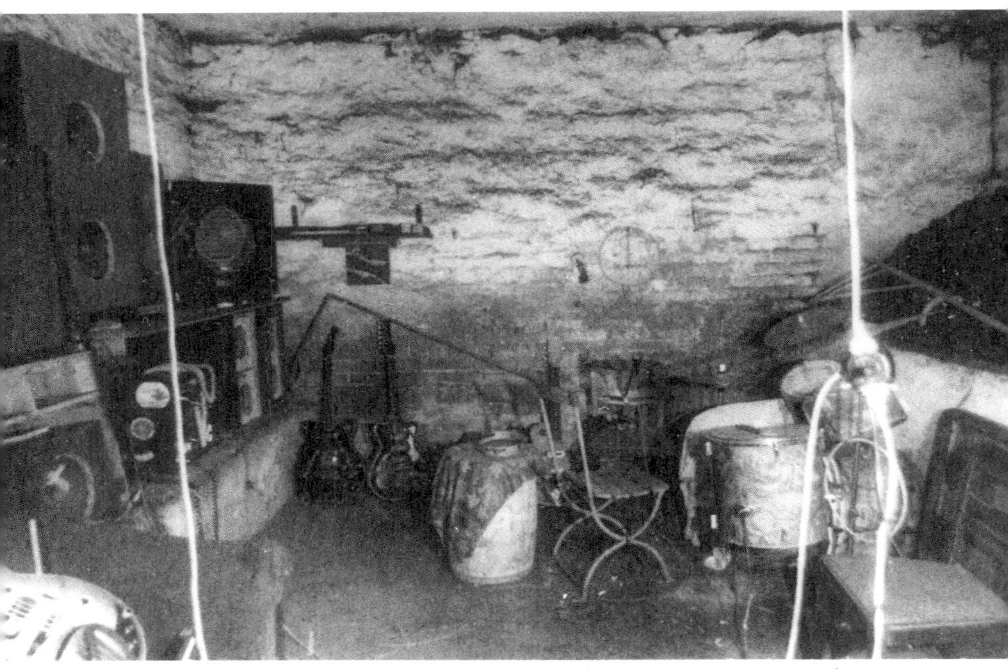

Schleimkeims erster Proberaum in der Waschküche in Stotternheim (1983, Hausdurchsuchungsfoto)

sagte: »Komm Sonne, wir machen ein Schlagzeugsolo!« Wir kannten uns ja noch gar nicht richtig, da haben wir eine Stunde lang zu zweit gespielt. Otze hat auf seinen Trommeln rumgedroschen und ich hab am Drumset gesessen. Das fanden alle sehr schön, es war saulustig. Ich dachte, »Mann, der kann ja was«, das klang am Anfang eigentlich nicht so. Danach haben wir uns unterhalten. Ich war später auch mal in Stotternheim, er wollte Gitarre spielen und fragte mich, ob ich Schlagzeug spiele. Es war ein Riesenbauernhof, die mussten früh um viere raus und arbeiten, der Alte hat immer rumgebrüllt.

Wir haben im Keller geprobt und ich hab gesagt, wir holen erst mal Bier. Ein Cousin oder so hatte einen Getränkebasar in Stotternheim. Nach einer halben Stunde war der Kasten alle, wir haben uns unterhalten und gar nicht geprobt. Er hat von seinem Vater erzählt, unter dem hat er mächtig gelitten. Die Mutter war o.k.

Ich habe später nicht bei SCHLEIMKEIM mitgespielt, da hat sich ein anderer reingedrängt. Wir haben auch über unsere Texte geredet. Ich war in eine andere Richtung unterwegs. Die MADMANS hatten hintergründige Texte. SCHLEIMKEIM war richtiger Punk.

In Berlin hat SCHLEIMKEIM einmal gespielt, wir sind rumgezogen, irgendwo in ein Schlafzimmer reingeklettert. Der Mann saß im Bett und wir haben dem die Bettdecke geklaut, weil es kalt war. Man kannte auch Berliner Abrisshäuser, wo man pennen konnte. Ich habe mich viel mit Dieter unterhalten, er hatte 'ne kleene Macke mit Außerirdischen, Zauberei und Wundern. Die anderen haben ihn deshalb ausgelacht, aber er hat wirklich dran geglaubt, an Übersinnliches. Dieter hat sich zum Beispiel mal gewünscht, dass im Schubfach ganz hinten eine Zigarette liegen sollte, dann lag da auch eine …

Als sie später Stars waren, hatten wir kaum Kontakt. Das war mir zu abgehoben.

Dieter wurde immer strunziger, er war ständig im Knast, die haben doch schon Stolle drin bestellt. Dann war das mit seinem Vater, Dieter stand wohl unter Drogen und hat im Streit in seinem Wahn dann zugeschlagen. Er sollte weg von der Öffentlichkeit in der Verwahrung sterben. Später sind zwei abgehauen aus der Klapse, die haben einen Brief geschrieben. Da stand drin, dass er einen Schlaganfall hatte und keiner ihm geholfen hat. Deswegen wollten sie auch die Leiche nicht freigeben, die haben ihn elendig verrecken lassen. Dieter war extrem wild, aber niemals wahnsinnig. Reich und berühmt wollte er werden, seine Musik war ihm wichtig. Er hat den Punk mit vollem Bewusstsein gelebt. Reich ist er nicht geworden, aber berühmt.

Spinne, einer der ersten Punks in Erfurt, lebt noch heute in Erfurt – als Künstler, Philosoph und störrischer Freigeist

Dieter habe ich 1981 kennengelernt, aber noch nicht persönlich. SCHLEIMKEIM spielt – das Konzert war das Kennenlernen! Ich selbst als kleiner Punki, da war ein SK-Konzert der Hauptgewinn. Dieter war nicht unbedingt der größere Punk, ich bin Baujahr '65 und Dieter '63. Wir waren alle kleine Punkis damals. Da ging alles gerade los, ich war sehr aufgeregt. Aliens begegnen sich, sonst sind sie verstreut im Universum. Damals fleuchten viele Langhaarige, Blueser und Makrameekettentypen rum.

Für sich begriffen war Dieter eine ruhigere Gestalt, nachdenklich, wie wir alle. Vieles war im Wachsen, die Haudegen sind wir erst durch die Jahre geworden, durch die vielen Repressionserfahrungen, die kleinen Narben und die großen. Wir waren alle froh, dass wir uns gefunden hatten. Die meisten von uns hatten sich in ihrem Jugendzimmer selbst erforscht. Die Selbstentjungferung. Durch Musik und Fanzines, man hat sich Stück für Stück modifiziert. Nicht in die Westrichtung, sondern man hat sich selbst ausgestülpt. Sich selbst verschlucken, kann man auch dazu sagen, wenn man zu sich selber kommt, wenn man das wahrste Innere ergründet. Wir waren nicht viele, in Erfurt vielleicht zehn Leute, lass es zwölf gewesen sein. Noch ein paar Mädels dabei, die waren aber teilweise dem Groupie-Dasein verhaftet. Das war schon sehr männerlastig am Anfang. Da kam man noch in Kneipen rein, aber der große Treffpunkt war eigentlich der Johannisplatz. Die Diskothek *Blaulicht,* ein FDJ-Jugendklub. Der war republikweit bekannt, szeneübergreifend. Damals musste das Verhältnis Ostblockmusik zum westlichen Ausland noch vierzig zu sechzig betragen. Der DJ hat gemogelt und mehr als sechzig Prozent Westmusik gespielt. Die anderen vierzig haben uns nicht so richtig interessiert, eher die Leute von der Makrameefraktion und die Blueskunden, aber wir waren da gut aufgehoben, es war immer voll. Die Leute kamen aus Leipzig, Rostock, Magdeburg.

Ich bin ja im Neubaugebiet groß geworden, war schon als ganz kleiner Stift in der Diskothek, mit vierzehn. Otze war mit, Dippel, Klaus nicht so oft. Dippel war der Bassist von SK, von Anfang an, der erste des Triumvirats. Der hat da seinen Kieferbruch weggekriegt, dann hat Tim seinen Kieferbruch weggekriegt, ich hatte einen kaputten Kopf und so weiter. Sie haben uns aus dem *Blaulicht* rausgeprügelt, irgendwann war klar, die Punks dürfen die Klubs nicht mehr frequentieren.

Seit 1979 gab es die Offene Arbeit in Erfurt. Zur Kirche sind wir zusätzlich gegangen, in die Andreasstraße. Wolfgang Musigmann war federführend. Die Kirche hatte sich auf die Fahnen geschrieben, dass man alles zulässt, was anders ist. Die haben sich nicht explizit für Punks geöffnet, sondern sich für alle möglichen eingesetzt. Wir waren einfach plötzlich dort, weil wir gesehen hatten, dass es einen Ort gab,

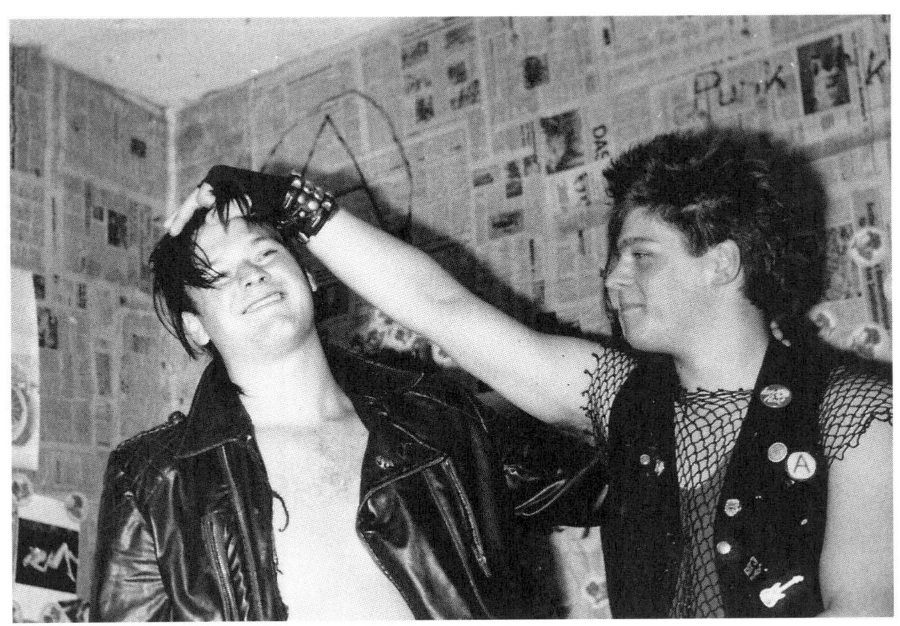

Otze und Klaus, Proberaum Stotternheim

wo wir Bier trinken und rumlungern konnten. Die öffentlichen Plätze wurden ja gesäubert.

Wir sind immer in die Kürschnergasse gegangen, oder in Wohnungen. In der Kürschnergasse gab es einen Mietvertrag, der wurde sozusagen gekapert. Der Rest des Hauses stand leer. Ich bin eingezogen, hatte einen Untermieter, und dann haben wir es ganz okkupiert. Otze war regelmäßig in Erfurt. Er hat im Haus viel Musik gemacht. Hauptsächlich hat er in der Scheune in Stotternheim gespielt, auf dem Grundstück seiner Eltern. Otze hat immer rumgefriemelt, das erste Schlagzeug selbst gebastelt, immer was ausprobiert. Wir waren alle Autodidakten. Musikschule wäre undenkbar gewesen, wir waren ja auch froh, dass wir aus den Rekrutieranstalten raus waren. Nach Stotternheim ist man mit dem Zug oder Bus gefahren, wenn es ging auch schwarz. Das war ein guter Treffpunkt. Aber die Einzige, die gut zu uns gewesen ist, war Otzes Mama. Die hat mal Stullchen gebracht oder gefragt, ob wir was trinken wollen. Der Alte war ein Arschloch. Er hat den Strom abgeschaltet, da stürzte alles ab, die ganze Anlage. Für den waren wir Abschaum.

Die haben '79, '80 angefangen zu spielen. Und als ich dabei war, haben wir Bier getrunken und über alles geredet, wo ein Konzert ist, was man machen könnte oder nicht. Alkohol hat insofern eine Rolle gespielt, als dass immer genug da war.

Ich habe mit Dieter im *Stako* in Gispersleben eine Lehre gemacht. Er ist fertig geworden, ich bin vorher rausgeflogen. Dieter war in der Fertigung, ich im zweiten Lehrjahr, wir haben uns manchmal in der Kantine gesehen. Ich hatte mich silbern angemalt. Schuhe und alles, ich sah aus wie ein Stahlträger …

Wenn SK-Konzerte in Erfurt und Umgebung stattfanden, war ich natürlich dabei. Aber ich bin ihnen nicht hinterhergereist. Ein legendäres Konzert geschah in Gispersleben in der katholischen Kirche, auf dem Altar. Wir haben Bier getrunken, geraucht und getanzt in der Kirche, alles passierte unterm Kruzifix. Der Priester wurde danach suspendiert. Der Arme.

Schleimkeim wollte nie eine Einstufung machen, Bands, die das machen wollten, waren keine Punkbands. Definitiv! Ich wusste von der Platte mit Sascha Anderson und der Zwitschermaschine. Der Anderson hat ja immer so geheimnisvoll getan. Es sollte soundsoviel Geld fließen. Die Leistung war von SK erbracht und dann hatte Anderson doch nicht so exzellente Verbindungen. Es war nicht klar, wann die Platte erscheint, wie das dann mit dem Geld wird. Dieter war ziemlich sauer und hat die Sache auf seine Weise geklärt: Ich hatte damals gute Kontakte über meine Freundin Mita und war ständig bei ihr und ihrer Tante Wilfriede (Wilfriede Maaß – Töpferin und Mittelpunkt der Prenzlauer Berg-Szene, seinerzeit Geliebte von Sascha Anderson) in Ostberlin. An diesem Tag war ich mit Dieter in Berlin. Wir wollten ein paar Leute besuchen, aber die sagten, »ach, die Erfurter kommen, die Dreckschweine. Vorsicht bitte, nein nein nein. Die saufen nur und stinken, total räudig und schmutzig«, die rauften sich die Haare. Wir haben uns damals immer im Plänterwald getroffen, das war allgemeiner Treffpunkt. Ich wollte zu Mita und Dieter zu Anderson auf Tuchfühlung gehen. Irgendwie war der nicht da. Wir sind in die Keramikbude und haben Bier getrunken, und Dieter hat sich aus der Brieftasche bedient.

Ich sagte ihm: »Lass das sein«, aber Dieter hat sich eben bedient. Später hat sich rausgestellt, dass es nicht mal Andersons Brieftasche war, sondern der Wilfriede gehörte. »Das ist total doof«, habe ich gesagt, »ich bin hier ständiger Gast!« Er hat da reingegriffen, ich weiß nicht, wie viel das war. Es war Westgeld und es hat ihm gereicht. Ich hab befürchtet, dass es an mir hängen bleibt, mir war das sehr unangenehm. Es ist kein Wort mehr darüber gefallen, ich habe niemandem gegenüber was gesagt. Abgehakt.

Otze war ein rimbaudscher Typ, gedankenvoll und auch leicht cholerisch. Mit dem Rockstarstatus hat er gespielt. Er hat es genossen, im Mittelpunkt zu stehen, ein Alphatierchen zu sein. Das bringt aber nichts unter lauter Alphatierchen. Die Musik war ihm sehr wichtig, er hatte eine magnetische Wirkung auf Frauen gehabt, ist aber keiner hinterhergerannt. Dieter hatte nie eine eigene Wohnung, war wohnhaft auf der Walz. In Gotha ist es eine Zeit lang sehr gut gelaufen für SK. Einmal hat er gefragt: »Willste nicht den Frontmann machen bei SK? Wir würden vom Sternzeichen her gut zusammenpassen.« Da hatte er eine esoterische Phase. Aber ich war nicht geeignet dafür.

Was bedeutete Einstufung?

Der Schlüssel für den Weg nach oben in die Hitparaden heißt in der DDR Einstufung. Einstufung, das ist die erste Stufe zum Aufstieg. Ohne Einstufung wird niemand zum Popstar. Jeder Bezirk der DDR verfügt über ein sich aus Ortsfunktionären, Musikjournalisten und Musikwissenschaftlern sowie prominenten Musikern zusammengesetztes Gremium, die Einstufungskommission. Die Einstufungskommission trennt die Spreu vom Weizen, trennt die ewigen Amateure von den zukünftigen Profis, entscheidet, welche Popmusik zum SED-Sozialismus passt.

Die Kriterien für eine Einstufung sind westlich verwöhnten Popmusik-Konsumenten zunächst nur schwer begreiflich und nachvollziehbar, zumal dieses entscheidende kulturpolitische Instrument nicht immer berechenbar auf sich wandelnde Moden in Politik und Gesellschaft reagiert ...

Negativistische oder destruktive Lebenseinstellungen und Musizierstile haben keinen Platz in der sozialistischen Kultur. Wer behauptet, etwas sei Scheiße, muss mit dem nächsten Atemzug auch Wege heraus aus dieser Scheiße weisen. Ein Konzept gilt nur dann als Konzept, wenn radikale Inhalte vermieden oder doch zumindest relativiert werden. Ein gutes Konzept ist ein ausgewogenes Konzept, immer beide Seiten der Medaille zeigend und niemals die Hoffnung verlierend, also kantenlos und berechenbar zum Wohle der Allgemeinheit wirkend.

Quelle: *Sounds* 8/82, »Neue Musik aus der DDR«, von Tim Renner und Thomas Meins

Das letzte Konzert in Erfurt 1989 im Lutherpark habe ich organisiert, mit einem Freund zusammen. Da hat Schleimkeim das letzte Mal gespielt. Das ist ein kirchliches Gelände neben einer Kaserne, dort liefen immer mal Konzerte. Danach war Dieter abgetaucht. Anfang der Neunziger war er in Magdeburg und Berlin, eine Springersituation. Ich war nicht mehr dabei. Da ist die dritte und die vierte Punkgeneration nachgewachsen und es existierte so ein Groupiedasein. Die sind der Band hinterhergereist. Das haben wir auch gemacht, aber aus einem anderen Background heraus: weil wir zusammen groß geworden sind, aus Freundschaft, weil man gemeinsam was erleben wollte. Es gab nicht dieses hochgehimmelte »SK, SK«.

Er saß oft im Knast, meist wegen strikter Arbeitsverweigerung und Nichteinhaltung von Arbeitsplatzbindung, aber nicht wegen Körperverletzung, soweit ich weiß. Er hat schnell mal die Faust ausgepackt, aber wenn Dieter saß, war es wegen Kleinkram. Ich habe hier in der *Engelsburg* mit ihm ein Fass Bier rausgeklaut. Sind runtergestiegen in den Bierkeller und haben das Fass hochgeholt. Wir hatten Durst. Die halbe *Engelsburg* ist hinter uns hergerannt und wir mussten es leider fallen lassen. Wir sind geflüchtet, in die Offene Arbeit rein und haben getan, als ob nichts wäre.

Wir haben mal über Flucht nachgedacht, eine DDR-Karte genommen und geguckt. Ich hatte nie geglaubt, dass er ein Spitzel sein könnte, weil wir da in der Kürschnergasse oben saßen und mit einer Riesenkarte Fluchtpläne geschmiedet haben. Wir haben alle darüber nachgedacht, aber wir waren ein so enger Zirkel …

Dieter war IM Richard bei der K1, der Staatssicherheitspolizei, Stasi eben. Leutnant Birkner war für uns zuständig. Mein Akten hießen »Nadel« und »Herberge«, und ein bisschen was war in der Akte »Blauköpfe«. Er war ein knappes Jahr IMKR, 1983. Wir wussten ja, dass Dieter öfter mal solo dort war. Er war einer der wenigen, die Vorladungen bekamen und hingingen. Das ist ihm vorgeworfen worden. Wir haben gesagt: »Warum machsten den Scheiß? Geh nicht hin, wir lassen uns einfach nicht erwischen und gut.« »Ach nee«, hat er immer gesagt, »vielleicht kann ich ja unsere Sticker wieder zurückbesorgen. Unsere Kassetten« – er wollte mit denen ein bisschen spielen.

Nach der Wende habe ich ihn bei einem Konzert getroffen und zur Rede gestellt, da hat er einen hochroten Kopf bekommen und sich aufgeplustert. Ich habe ihm gesagt: »Alter bleib ruhig, komm, brauchst nicht so tun, als ob nichts war, es ist einfach mal so.« 1991 hatte ich das

Material schon in der Hand. Da hat er sich total aufgeregt: »Das stimmt alles nicht.« Und ich meinte: »Es stimmt, was da drin steht. Dass die so über dich gedacht haben und du den Kontakt hattest und sie so mit dir umgehen konnten.« Dieter hat das abgestritten. Ich habe ihn dann nie wieder drauf angesprochen. Im Grunde ist er ja ehrlich wieder rausgekommen aus der Sache: Er ist nicht arbeiten gegangen und kam wieder in den Knast. Er hat sich aus dem Rennen gebracht und muss es selber gemerkt haben, dass das nicht geht. Das Schizoide. Da hat er entschieden: »Ich mach jetzt mein Ding weiter, das war mal 'ne Episode, wo ich meinte, ich könnte was regeln und rauskriegen.« Er hatte hundert pro die Absicht, die Kassetten und Sticker wiederzubesorgen, das war lieb gemeint, aber es ging in die Hose. Er hat niemanden in Gefahr gebracht, in den Knast oder so, aber er hätte auch nein sagen können. Man kann immer nein sagen. Damals, heute, immer. Das Heldendasein war seitdem ein bisschen angekratzt. Dieter ist haarscharf dran vorbeigeschrammt, den größten Fehler seines Lebens zu machen. Andere sind weitergegangen.

Er war nicht so anarchisch, wie ich mich sehen würde. Wir haben uns nicht verständigt über Wahrheiten, Unwahrheiten und Zwischenwahrheiten. Er war ein Bauer auf hohem Niveau. Ich habe ganz selten erlebt, dass er wirklich klare, überlegte Minuten hatte. Es war alles mit einer Flunkerei verbunden, rumkokettieren mit der Öffentlichkeit.

In den Achtzigern fing es schon mit den Multitoxika an. Es war in der Kürschnergasse *in*, den Fleckentferner Nuth zu schnüffeln, da hatte ich keinen Bock drauf. Immer in die Kammer rein, dann zappelten sie rum wie die Zombies. Einmal haben wir einen Schlauch angeschlossen und sie abgespritzt. Dieter lag da, ein paar Mädels, einer hat sich später im Vollsuff aus Versehen selbst vergast. Einer hat sich '83 am Juri-Gagarin-Ring vom Dach gestürzt. Er ist auf der Dachrinne langgeklettert, im vierten Stock. Und die Dachrinnen waren zum Abschmieren im Osten. Unten hat er noch gelebt und gesagt: »Ich möchte nicht sterben.« Auf dem Weg ins Krankenhaus ist er dann gestorben.

Als wir uns in den Neunzigern in Berlin getroffen haben, ging es Dieter gar nicht gut. Er war abgemagert. Ich sagte: »Mensch, du siehst scheiße aus!« LSD, Heroin, Amphetamine, Alkohol sowieso, der war wirklich runter. Es ging ja vielen so, dass die Aufbruchstimmung nach hinten losging. Als der Freiheitsbegriff sich endlich materialisieren konnte, als neue Träume endlich rauskonnten. Dann hat sich die Band aufgelöst. Dippel hatte einfach keine Lust mehr auf das Rumgeschrammel, er wollte was anderes. Das wird Otze irgendwo wehgetan haben, dass Dippel auch noch weggegangen ist.

Stotternheim war ein Rückzugsort für Dieter, er konnte Scheiß bauen, wie er wollte, seine Mutter hat ihn aufgefangen. Aus dem Knast, nach der Drogenkacke in Berlin, sie hatte immer die Arme offen. Sie hat wahrscheinlich unter dem Alten gelitten, aber sie hat Dieter immer aufgenommen. Das wird den Alten auch gewurmt haben. Seine Mutter hatte eine schwere Krankheit, ist so '97, '98 gestorben. Die Schwägerin hat sich immer um ihn gekümmert. Sie hat sich wohl auch selbst ein bisschen als Mutti gefühlt. Wir haben sie die »Ölerin« genannt, weil sie bei der Bahn gearbeitet hat. Wir sind immer nachts auf ihren Zug gestiegen, umsonst nach Berlin gekommen. Das war klasse! Mit dem Tod der Mutter war die einzige Konstante in Otzes Leben weggebrochen. In

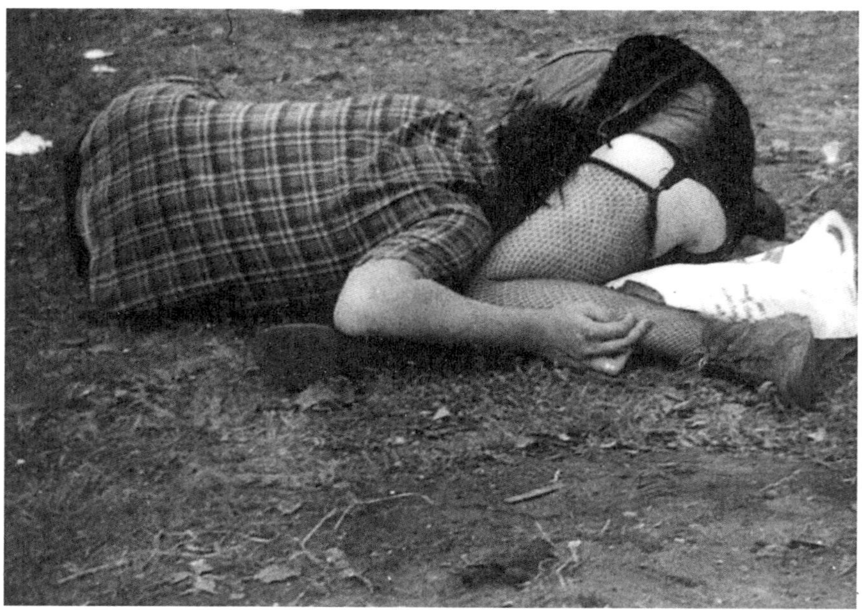

Otze und Annette beim Pressefest der »Freiheit« in Halle 1985

den Neunzigern habe ich ihn noch zweimal besucht, auch in Erfurt auf der »Nerven B«. Da wurde er zwei oder dreimal zwangseingewiesen, weil er auffällig war. Er ist ausgebüchst, sie haben in der ganzen Stadt nach ihm gesucht, sogar mit Hubschraubern. Er hat damals Sachen erzählt, die ich nicht verstanden habe. Sie haben ihn ruhiggestellt, aber es hat etwas rotiert in ihm, was keiner wissen konnte. Nervlich so ein Flattermann. Als ich ihn das erste Mal besucht habe auf der Nerven B, habe ich eine Flasche *Gotano* mitgebracht, ich dachte: ›Na dann trinken wir erst mal einen.‹ Als ich sie ihm zeige, sagt Dieter: »Nee, hier darf man nichts trinken, pack die sofort weg!« Ich sage: »Dieter, was issen mit dir los, haben sie dich hier rumgedreht? Wir wollen doch nur einen Schluck unter Freunden trinken!« »Nee, nee.« Also habe ich sie weggesteckt. Dieter hat mir auch Bilder geschenkt. Erst als er in psychologischer Behandlung war, hat er richtig angefangen zu malen.

Ich glaube nicht, dass ihm die Erfahrung in der DDR, der Knast und all das den Knacks gegeben hat. Das schlummert in jedem. Ich bin der festen Überzeugung, dass seine multitoxischen Erfahrungen die Verknüpfung freigeschaltet haben. Das hat das Ruder rumgeworfen, da war ganz viel aufgestautes Zeug, sind viele Schalter umgelegt worden. Wie es dann zu der Bluttat kam, weiß keiner genau.

Ich glaube, Dieter hat sich in Mühlhausen ungerecht behandelt gefühlt. Seinem toten Alten weinte nämlich keiner eine Träne nach.

Es gab die Theorie, dass die Medikamente Dieter fertiggemacht haben, auch wegen diesem plötzlichen Herztod. Er wurde ja permanent behandelt. Am Anfang konnte er noch Gitarre spielen. Er war renitent, sie haben ihm in der Anstalt immer mehr Freiheiten beschnitten. Stück für Stück ist alles bei ihm weggebrochen, die Rückzugsmöglichkeiten. Psychiatrie des 19. Jahrhunderts, könnte man sagen. Bei ihm war es irreparabel. Entweder wird ein Status quo gehalten, oder eine Abschwächung erreicht – aber eine Heilung, da habe ich Zweifel. Ich glaube nicht, dass er noch mal zu einer solchen Bluttat fähig gewesen wäre.

Dieter war für mich immer ein Kämpfer, wie viele von uns. Er hatte einen tiefen Gerechtigkeitssinn, bei allen Eskapaden. Wir waren keine engen Freunde, aber Kumpels auch nicht. Weniger als das erste und mehr als das letzte.

Zu Dieters Beerdigung war ich da. Dippel, Krätze, sonst keiner von außen. Es blieb im engen Kreis von standhaften Haudegen. Von den Verwandten eine Großtante, die mit ihm gut stand, dann noch ein Pfleger, ein Mitgefangenen-Patient. Die Schwägerin, Klaus, ein kleines Grüppchen.

Die einen gehen früher, die andern gehen später. Helden müssen immer früh sterben.

Wolfgang Musigmann, Diakon, ausgebildeter Diplom-Sozialpädagoge, seit 1979 für die Offene Arbeit und den Evangelischen Kirchenkreis Erfurt tätig

1979 ging das in Erfurt los mit der Offenen Arbeit. Es wurde möglich, etwas Neues zu beginnen. Ein Experiment. Es gab eine Gruppe von Menschen in der DDR, die versuchten, anders zu leben. Sie trugen Jeans und lange Haare. Sie hatten nirgends einen richtigen Platz, bei der FDJ nicht und bei der Kirche auch nicht. Denn die Kirche war eher bürgerlich ausgerichtet.

Wir haben versucht, Formen zu entwickeln, damit solche Leute bei der Kirche mitmachen konnten. Das ist gelungen, seit 1980 gab es wöchentliche Treffen. Es hat sich schnell gezeigt, dass jene, die kamen, etwas mit Kunst, Kultur und Musik zu tun hatten. Wir haben bald kleinere Konzerte in Kirchenräumen organisiert. Das war spektakulär, uns besuchten plötzlich zwei-, dreihundert Leute, die alle nicht in das offizielle Jugendbild passten. Ende 1980 kamen auch junge Erwachsene, die anfingen, Punks zu sein, die das gut fanden. Ihre Frisuren und die Kleidung entwickelten sich in diese Richtung. Sie kannten die Offene Arbeit und haben gelegentlich geguckt, was das so ist.

Die erste große Sache hat sich im Herbst 1980 entwickelt, mit den »Vorpunks«. Wir haben ihnen die Möglichkeit gegeben, ein Konzert zu machen, das war sensationell. Im *Johannes-Lang-Haus* fand das erste Konzert statt. Die CREEPERS waren aus Weimar und SCHLEIMKEIM aus Stotternheim. Die Besucher waren unangepasste Intellektuelle, auch noch mit langen Haaren, die eher vom kulturellen Hintergrund des Rock kamen. Das mischte sich noch mit den ersten Punks und normalen Jugendlichen. Vor dem Fest fand ein Kinderfest statt, es war eine Gesamtveranstaltung vom Nachmittag an. Das eigentliche Konzert fand im großen Saal im ersten Stock statt, dort passten dreihundert Leute rein. Vielleicht waren zweihundert da und wir hatten nicht die richtigen Vorstellungen von Statik, deshalb mussten wir manchmal das wilde Tanzen stoppen. Wir hatten Angst um den Saal. Die freitragende Decke hat geschwungen, sie hat es bis heute ausgehalten. (Lacht)

Seit 1980 ist die Offene Arbeit observiert worden. Wir dachten immer, wir werden abgehört, aber inzwischen wissen wir, dass die Staatssicherheit mit Personen präsent war. Sie waren im Nebel versteckt, heute sagt man IM. Damals sagten wir Spitzel. Wir sind eher naiv gewesen. Über 45 IMs haben im Laufe der Jahre unsere Arbeit »betreut«.

Für die Staatssicherheit war es eigentlich nicht denkbar, dass es Punks gibt. Weil hier ja alles in Ordnung war in der DDR. Es ist ja angeblich alles für die Jugend gemacht worden. Sie dachten, das ist ein Phänomen der dekadenten, bürgerlichen, kapitalistischen Gesellschaft. Plötzlich waren die Punks da, bei uns in der Offenen Arbeit. Das war ein wichtiger Grund, uns zu beobachten. Natürlich auch die Friedens- und Umweltarbeit. Oder dass Schriftsteller, die nicht im Verband waren, bei uns lesen konnten. Dass Ausstellungen stattfanden von Künstlern, die sonst nicht ausstellen durften. Dass frei gesprochen werden konnte.

Die Punks wussten nicht wohin in Erfurt. Bei uns wurden sie nicht schräg angemacht, konnten in Ruhe ein Bier trinken. Schnaps gab es nicht, aber Bier, Wein und Cola. Zu einer gewissen Musikkultur gehört auch, dass man einen Schluck dazu trinkt. Die Kirchenoberen deckten das. Superintendent und Propst, die entsprechenden Gremien, Kreiskirchenrat und so weiter. Da gab es ein Grundvertrauen gegenüber meiner Person und allen anderen, welche die Offene Arbeit entwickelt haben. Wir sind in Erfurt mehr unterstützt als gebremst worden. Wir hatten großes Glück, dass wir in der Kirchenleitung große Persönlichkeiten hatten, zum Beispiel den Propst Heino Falcke. Er war einer der evangelischen Theologen in Ost-Deutschland, der sich für eine offene Gesellschaft eingesetzt hat, für einen verbesserbaren Sozialismus. Der hat innerkirchlich gesagt, wir müssen alles transparent machen, keine Geheimdiplomatie, wir wollen eine Kirche für Andere sein. Es gab auch kritische, konservative Kreise in der Kirche. Auch IMs, die Zwietracht gesät haben, aber sie haben sich nicht durchgesetzt. Wenn jemand geworben werden sollte, haben wir es rumerzählt, dann war Ruhe. Ich wurde mehrmals ins Rathaus zitiert und indirekt von der Staatssicherheit zu bestimmten Handlungen oder Unterlassungen aufgefordert. Aber wir haben standgehalten. In den zehn Jahren Offene Arbeit sind sie nur einmal damit durchgekommen, etwas zu verbieten.

Ein Punkkonzert war für uns religiös, weil es eingebettet war in eine Gesamtveranstaltung. Die hieß *Werkstatt*, es fand auch immer ein Gottesdienst statt. Das brauchte man nicht anmelden, weil ein gewisser Rahmen drum herum war. Bei dem ersten Konzert lief das so, dass mich die jungen Leute angesprochen haben. Die wollten was machen. Alles weitere lief über Mundpropaganda. Dieter Ehrlich kam ins *Lang-Haus* und ich habe ein paar kennengelernt, die schon mehr Punk waren als er. Man kannte das nicht, als 1980 das erste Mal angefangen wurde, Pogo zu tanzen. Ich wusste von Woodstock, aber das war mir neu. Die haben sich an keine gesellschaftlichen Normen gehalten, Kippen wurden auf dem Fußboden ausgemacht. Das war schon blöd, weil andere das immer wegräumen durften. Wir mussten die Kirchenräume ja im schicken Zustand übergeben, dafür hatten die kein Verständnis.

Zum nächsten Konzert habe ich dann Bands eingeladen, über Personen oder Briefkontakt. Die Bands haben von uns die Fahrtkosten bekommen und Getränke frei. Eintritt haben die Konzerte nie gekostet. Die Dresdner Band Zwitschermaschine spielte, die waren schon professionell, haben auch eine gute Anlage mitgebracht. Sascha Anderson war dabei, der hatte ein anderes Format, eine Musikausbildung und war etwas älter. Anlagen wurden sonst irgendwie zusammengestückelt, jeder hat einen Teil mitgebracht. Das zweite Konzert fand im Erdgeschoss des *Lang-Hauses* statt. So hatten wir das Problem mit der Decke nicht. Bei dem Punk-Konzert im Sommer 1981 waren zwei alte Damen aus einem Schwerhörigenkreis dabei. Die sagten hinterher, ach war das schön, wir haben endlich mal wieder Musik gehört! Der Propst Heino Falcke war zugegen, der war richtig durchgeschwitzt. Wir hatten die Fenster zugelassen, wegen der Anwohner. Das Konzert fand nachmittags statt, so fünfzehn bis achtzehn Uhr. Danach ist die Punktruppe zu einer privaten Party weitergezogen. Die Werkstatt lief über zwei Tage, mit mehreren Bands, Gemeindefest, politischem Anspruch, Vortrag, Kinderfest, liturgischem Abend. Die Punks waren abends weg.

Dieter Ehrlich hat schon herausgeragt. Er ist gelegentlich zu den wöchentlichen Kreisen gekommen, dort wurden unterschiedlichste

Themen behandelt. Zum Beispiel die Frage, ob es richtig ist, dass SS-20 Raketen von der Roten Armee in der DDR aufgestellt werden. Dass Pershing 2 im Westen aufgestellt werden? Wie kann man Einfluss nehmen auf die Gesellschaft? Was politisch ist, ist auch kirchlich. Für mich ist das miteinander verknüpft. Wir waren stark für eine sozialistische Gesellschaft. Die Verstaatlichung von Produktionsmitteln fanden wir richtig. Den Anspruch der SED im Gegensatz zur Wirklichkeit – darüber haben wir diskutiert.

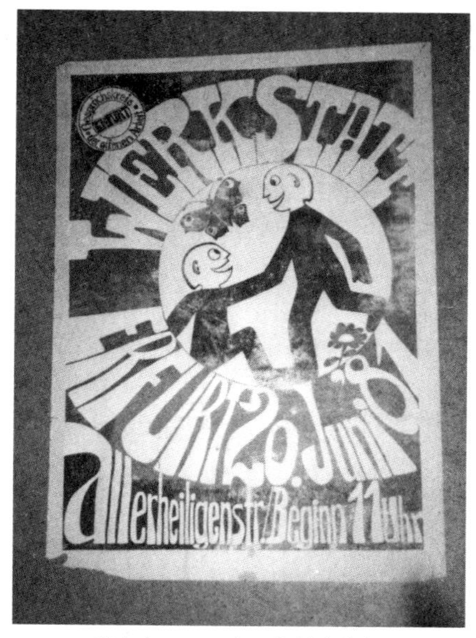

Plakat zum zweiten Schleimkeim-Konzert in der Offenen Arbeit 1981

Dieter kam spontan vorbei, um zu trinken, Leute zu treffen. Und mich zu fragen, ob ich mit meinem Auto mal einen Verstärker abholen könnte, in Stotternheim. Es hatte ja kaum einer ein Auto. Das habe ich ein paar Mal gemacht, Zeug hin und weggefahren. Nicht nur um zu helfen, sondern auch, um Kontakt herzustellen. Dieter Ehrlich war eine wesentliche Figur in der heranwachsenden und sich etablierenden Punkszene. Das Besondere war: Er sah nicht aus wie ein Punk. Er sah aus wie ein normaler jugendlicher Erwachsener. Kein Irokese, nicht so zerlumpt wie manch andere. Es schien mir immer so ein Widerspruch zu sein, dass er *der* Punk, der Anführer war, der sehr viel zu sagen hatte, auch weil er diese Band hatte. Er war sehr kräftig, das zählte unter Punks, und dass er sich artikulieren konnte. Bei den Konzerten hat er die Haare auch ein bisschen nach oben gemacht, Kettenhemd und so weiter. 1985 hat er ein Konzert gegeben in der Offenen Arbeit, vielleicht auch '86. Dafür haben wir den vorderen Raum im *Lang-Haus* genommen, der war ziemlich klein. Wenn man die Tische rausnimmt, passen vielleicht siebzig, achtzig Leute rein. Vierzig Punks kamen, noch zwanzig Sympathisanten und zwanzig andere. Ich habe die Aggressivität gespürt, als sie Pogo tanzten.

Im Anschluss an dieses Konzert, so drei oder vier Wochen später, habe ich Dieter Ehrlich und anderen aus der Punksszene ein paar Fotos vom Konzert gezeigt, das fanden sie cool. Ich saß an einem anderen Tisch und habe später gesagt, ich will die Bilder wiederhaben. Und er wollte sie mir nicht wiedergeben. Ich sagte: »Das sind meine Bilder«, und habe sie mir genommen. Er sprang auf und wollte sich sofort auf mich stürzen. Das haben andere gesehen und ihn abgehalten. Er wollte mich niederschlagen, weil ich ihm widersprochen und die Bilder zurückgefordert habe. Ich hatte ihm Paroli geboten und nicht damit gerechnet, dass er so was macht. Da habe ich zum ersten Mal erlebt, dass jemand in so eine Gewaltbereitschaft reingeht. Nur weil ich ihm etwas nicht erlaubt habe.

Ich hatte schon vorher gesehen, dass er andere negativ beeinflusste. Er hat Leute in der Öffentlichkeit vorgeschoben. Anfangs hat er selbst noch nicht so viel getrunken, aber andere immer dazu animiert. Es war ein gespanntes Verhältnis. Ich war Mitarbeiter und auch Mittelpunkt in der Offenen Arbeit, da musste ich öfter sagen: »So nicht!« Die kamen ja auch rein und haben gesungen, wenn sie sich für ein Thema nicht interessiert haben. Wenn die als Gruppe erschienen, so ab '82, '83, waren sie meistens betrunken. Außer Dieter Ehrlich. Und sie haben nur an ihr Zeug gedacht! Es gab dauernd Auseinandersetzungen mit anderen Besuchern der Offenen Arbeit wegen Lärm und Besoffensein. Dieter Ehrlich legte Wert drauf, dass Punks scheiße drauf waren, und er hatte das Sagen. Mir waren die Weimarer Punks lieber, mit denen konnte man anders umgehen. Wenn Dieter Ehrlich mit 15 Leuten kam, war nicht mehr viel möglich. Mit Einzelnen ging es gut, in der Masse nicht. Über die Jahre hat das die Arbeit belastet.

Es gab auch Spinne, der war Kunstpunk, wie noch ein paar andere. In der teilbesetzten Kürschnergasse organisierte Spinne Lesungen und Ausstellungen. Spinne ist heute noch unser Gast, der hat mich auch auf dem Laufenden gehalten über Dieter. Ich war relativ erschüttert, als ich von dem Vorfall '99 gehört habe. Es passte leider in mein Bild von Dieter Ehrlich. Jähzornig, gewalttätig. Der Suff. Zwischen den beiden Männern muss vieles nicht geklärt gewesen sein. Dieter Ehrlich kam nicht in Einklang mit sich.

Zu DDR-Zeiten war er ein kräftiger Typ, der deutlich wusste, was er wollte. Der aber auch zu Hause wohnte und eingebettet im Familien-

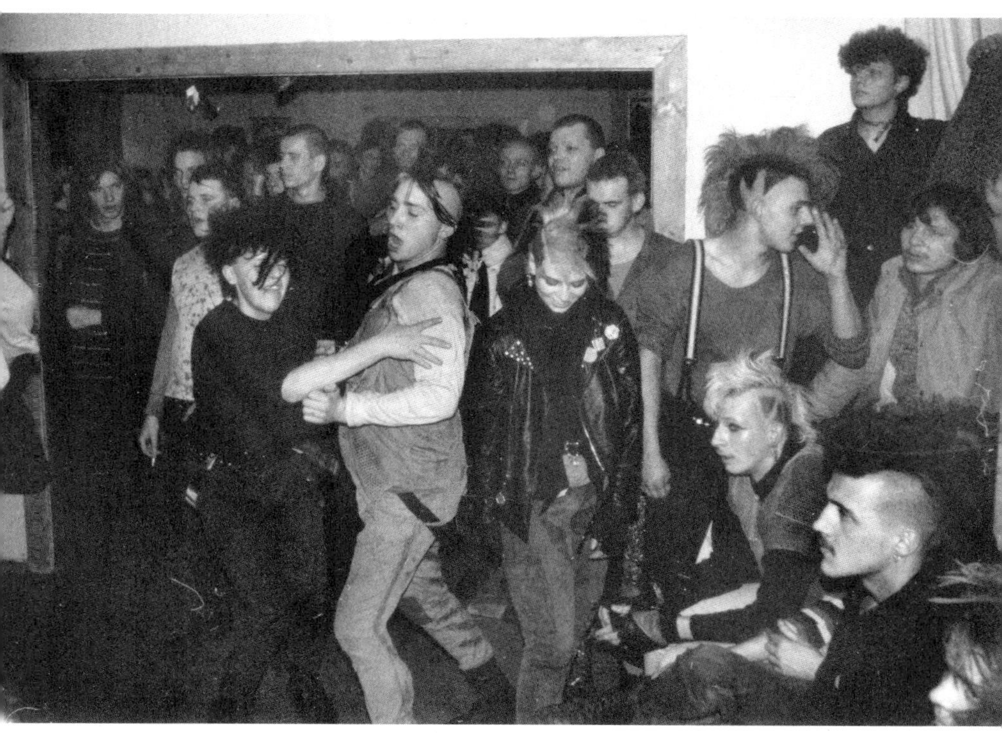

Publikum während eines Punkkonzerts im Rahmen der Offenen Arbeit 1986

leben versorgt wurde, was andere Punks nicht hatten. Ich hatte den Eindruck, der ging von Stotternheim los, trieb sich in Erfurt und der Welt rum und zog sich dann wieder zurück und erholte sich ein bisschen. Wie seine Höhle. Wer ihn angehimmelt hat, den hat Dieter Ehrlich instrumentalisiert.

Ich habe frühzeitig mitbekommen, dass er mit Vertretern des Staates gesprochen hat. Einmal ging es um ein Punkkonzert in Leipzig. Es ist immer wieder passiert, dass die Transportpolizei die Punks gehindert hat, zu Konzerten zu fahren. Und Dieter Ehrlich hat mit denen gesprochen und erreicht, dass sie fahren durften. Das hat er mir erzählt. In den Akten kann man nachlesen, dass er manchmal mit der K1 gesprochen hat, dafür hat er Gegenleistungen bekommen. Zum Bei-

Gen. Edelhof zum Verbleib OV „Anarchie"

erfurt 24.I.86 116

BStU 000133

info.-bericht zu dieter ehrlich

[geschwärzt] berichtet mir im m.-kaffee das dieter ehrlich am I6.I.86 in den räumen der o.arbeit randaliert haben soll. anlaß dazu war, das dieter starke(hennes) die ersten bilder der extra punk - veranstaltung am II.I.86 in o.a. gezeigt hatte. ehrlich sammelte alle fotos auf denen er abgebildet war ein u. wollte sie behalten. als w.m. ihn mehrmals aufforderte diese zurückzugeben, da dieses eine erstauflage ist u. später die möglichkeit bestünde käuflich welche zu erwerben, spielte hrlich verrückt schmiß mit sachen umsich u. trat so derb vor einen tisch das dieser zerbrach, u.wie er selber erst später merkte ihm der zehnagel herausgerissen war.
[geschwärzt] befürchtet das dies in der zukunft wieder konsequenzen für die punks bedeudet.

Auszug aus einem IM-Bericht

spiel, dass sie zu Konzerten fahren konnten, er und seine Freunde. Das ist eine gewisse Macht, wenn man das spürt, als junger Erwachsener. Ich kann hier was bewirken! Nach der Wende habe ich mit ihm nicht darüber gesprochen. Es gibt Leute, die der Meinung waren, sie haben die Staatssicherheit im Griff. Sie sind die Bestimmer. Das ist zwar ein Trugschluss, aber sie haben es so gesehen. Vielleicht war es bei Dieter Ehrlich ähnlich, er dachte, er sagt denen nur Sachen, die unwichtig sind. Aber er hat mit denen gesprochen. Zu welchem Preis? Ich will das nicht beurteilen. Das ist auf jeden Fall verwerflich, dass jemand, der in einer gewissen Szene eine solche Schlüsselposition innehatte, über seine Kumpels et cetera mit Vertretern des Geheimdienstes spricht und kein anderer das weiß. Das ist ein schwarzer Fleck in seiner Biografie. Passt aus meiner Sicht zu der Persönlichkeit des Dieter Ehrlich, der viele Sachen gemacht hat, die zu seinem Vorteil waren. Ich versuche sachlich zu bleiben. Dieter war sich selbst der Maßstab. Ich glaube, die Kunst des Lebens besteht auch darin, einen Interessensausgleich mit anderen zu finden, auf andere zu achten. Das war bei Dieter nicht richtig angekommen.

Die Punks und die Offene Arbeit haben sich getrennt, es war ein langsamer Prozess. 1987 wurde das unerträglich und wir haben uns

Beratung geholt. Den Psychoanalytiker aus Halle, Joachim Maaz. Der hat letztlich den steilen Satz gesagt, dass man Konflikte auch so lösen kann, indem man sich trennt. Wir haben den Punks dann keine Auftrittsmöglichkeiten mehr gegeben. Einzeln durften sie kommen. Sie haben sich nach der Wende schnell ein autonomes Jugendzentrum geschaffen, wo jederzeit Punk war.

Kermit, bürgerlich Göran Wächter, geboren in Sangerhausen, lebte gut 15 Kilometer entfernt von Stotternheim, Mitgründer der Sömmerdaer Punkband BRECHREIZ, später BRECHREIZ 08/15, dort von 1982 bis 1986 als Schlagzeuger aktiv, lebt heute in Sömmerda

Das ist der selbstgebaute Proberaum in Stotternheim. Er war innen mit Eierpappen und Zeitungen beklebt, wegen der Schallisolierung. Das ist Otzes altes Harmonium. Otze war ein genialer Musiker! Er hat sich alles autodidaktisch beigebracht, er konnte Harmonium spielen, Bass, Gitarre, Klavier und Schlagzeug. Er hat so lange geübt, bis die Sachen perfekt waren. Angefangen hat er Ende der Siebzigerjahre mit einer Bowdenzug-Gitarre. Da hat er sich einen Besenstiel genommen, Tonabnehmer draufgeschraubt, zwei Bowdenzüge drüber und hat dann den Besenstiel gebogen und dadurch verschiedene Töne erzeugt.

Ich habe Otze '81, '82 kennengelernt. In Erfurt, gegenüber von der U-Haft, in der Andreas-Gemeinde. '81 oder so hat mal in Sömmerda die Gruppe KEKS gespielt und bei dem Konzert habe ich den Erfurter Punk Tim getroffen. Wir in Sömmerda hatten sonst wenig Kontakt zu anderen Punks. Tim ist richtig verschärft rumgelaufen. Der hatte sich von Erfurt nach Sömmerda verlaufen und wir hatten eine lustige Runde, haben noch ewig gesessen und uns unterhalten. Tim hat uns eingeladen und die Kirchenbude beschrieben. Ich bin mit einem Schulkameraden hingefahren. Ich bin Baujahr '65, also war ich siebzehn. Ich hatte mich aufgestylt: Ein bisschen grün in die Haare, da bist du ja schon aufgefallen, da warst du ja schon aussätzig. Haare hoch, zerruppte Jeansjacke an, auf nach Erfurt. Richtung Domplatz, wo das sein sollte. Plötzlich kam uns einer entgegen, bei dem ich zum ersten Mal im Leben einen richtigen Irokesenschnitt gesehen hab! Der hieß Frank Oxfort, wir sind gute Kumpels geworden, lebt leider schon lange nicht mehr. Er hat über die Straße gewunken: »He, wo wollt ihr 'n hin? Kommt her, in die Andreas-Gemeinde!« Wir hingelaufen. Vor der Tür stand ein *Kugel-Porsche*, ein 501er-Trabbi mit übelsten Leuten drin, Blueser von der Kirche. Lange Haare, Bärte, ZZ-Top-Zopf, keimisch. Die haben gerade ausgeladen und wollten drinnen Mucke machen, haben uns begrüßt wie alte Kumpels! Na, da haben wir uns reingehockt, ein paar Karo geraucht, Alkohol gab es da nicht. Dann flog die Tür auf und es kamen die wüstesten Gestalten rein, die ich jemals gesehen habe. Zerruppte Lederjacken, Totenköppe hinten drauf, alles voller Sicherheitsnadeln, Haare hoch, ein riesengroßes Tonband in der Hand – ich weiß nicht, was das war, ein *B-93* oder so. Und das waren Otze, Klaus und noch ein paar andere. Otze hat das Tonband angeschmissen, damit war der Blues ad acta, und hat uns ein paar Sachen vorgespielt. Wir haben uns lange unterhalten und die ganze Musik angehört, das waren noch Uraufnahmen von SK. Gibt es leider nicht mehr. »Ein Kranz für den Franz«, »Verpestung« und ein Haufen improvisiertes Zeug. Otze hat 'ne Menge einzeln eingespielt und dann mehrspurig übereinander geschnitten. Wir sind in unregelmäßigen Abständen nach Erfurt gefahren, haben den Rummelplatz ein bisschen unsicher gemacht, uns mehrfach in der Andreas-Gemeinde getroffen. So fing das an, sie haben uns nach Stotternheim auf das Gehöft eingeladen. Wir sind des öfteren mit dem Motorrad hingeknattert, wenn Proben gewesen sind. Schön Bier getrunken, mit seiner Mutter erzählt. Bisschen seltsam, aber ganz nett: Wo andere Mütter die Hände überm Kopf zusammengeschlagen hätten bei den ganzen Punks, da hat sie eine Platte gebracht mit Abendbrot, Wiener Würstchen und Gurken, all so was! Der Vater war alkoholabhängig und sah auch schon richtig unsympathisch aus. Der hatte auch keinen Kontakt zu uns. Der hatte eine komische Macke, trank Bier nur aus grünen Flaschen. Das hat keiner gemacht im Osten.

Wir waren bei vielen Proben dabei und haben viel mitgespielt, ich habe auch meine eigene Musikalität da entdeckt. Übelst Fez hat das gemacht, das waren eher Feten, die Proben! Da ging richtig die Sau ab. Die Foto-Session bei SK im Proberaum haben wir gemacht, weil wir das mal festhalten wollten. Wir waren schon Fans von denen, das war echter DDR-Punk aus der eigenen Gegend! Richtig gutes Zeug! Und im Untergrund, das war verboten und dadurch sowieso toll. Otze ist immer der Kopf von der ganzen Sache gewesen. Klaus war ruhig, zurückhaltend, immer im Hintergrund. Guter Gitarrist. Er hat allen Scheiß mitgemacht, aber nicht so viel gesoffen. Der ist nicht ausgetickt. Die Schwägerin war da eher ausgeflippt, schon immer. Für alles, was Untergrund war, war sie zu haben. Ist da voll drin aufgegangen, überall mit rumgezogen. Otze hat musikalisch alles geleitet, hat meistens den Jungs vorgespielt, an ihren eigenen Instrumenten, wie es klingen soll! Für mich einer der genialsten Punkmusiker, den es je gegeben hat! Der hat Sachen vorhergesehen und in seinen Texten beschrieben. Wie es mal kommen könnte, mit dem ganzen Umschwung. Wie es am Ende auch gekommen ist. »Ich wär so gerne in der Bundesrepublik als Manager bei Thyssen oder Flick«. Das ist ja zu Ostzeiten entstanden! Er hat den Leuten in seinen Liedern Tipps gegeben, sie angestachelt. »Ihr müsst euch nur finden und zusammenhalten, dann könnt ihr euch selbst verwalten.« Direkte Aufrufe an die Untergrundszene. Er hatte Hass aufs System gehabt, aber er hat selten rumpolitisiert. In seinen Texten hat er offen das Regime angegriffen. Prinzipiell. Er wollte Leute aufrütteln, anstacheln, aufmerksam machen. Gegen die Stasi und die allgegenwärtige Spionage. Otze hätte nie, auf gar keinen

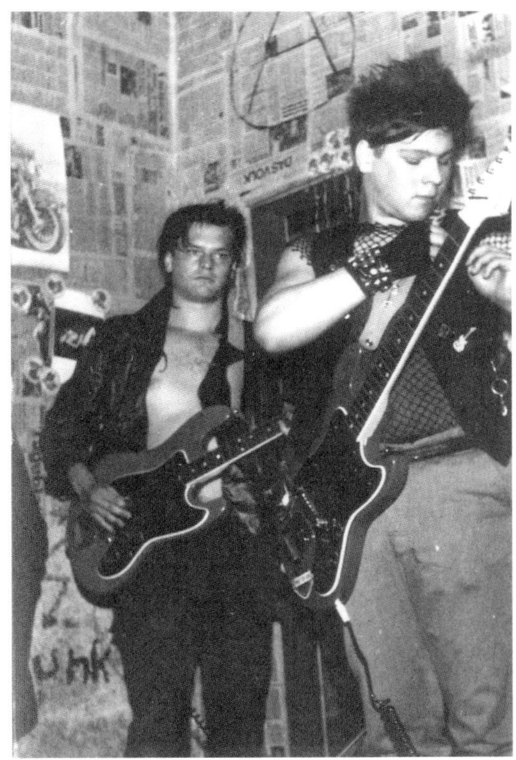

Otze und Klaus im Proberaum, Mitte der Achtzigerjahre

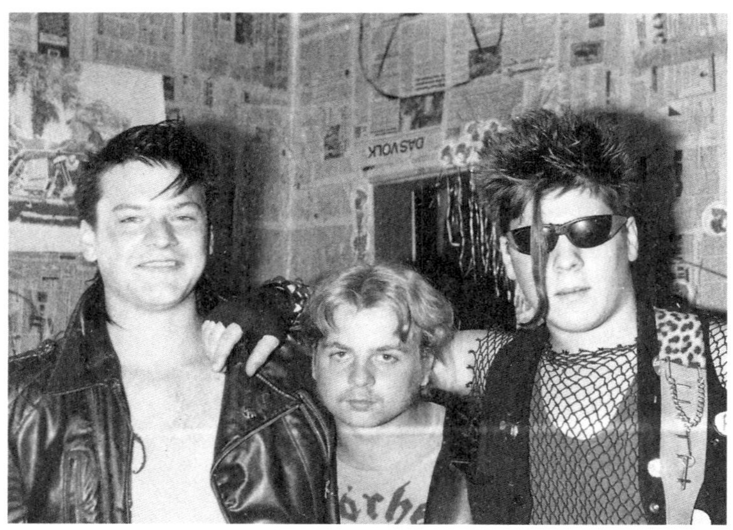

Otze, Göran und Klaus im Proberaum

Fall, jemals mit denen zusammengearbeitet. Sie haben ihn mehrfach gefragt, er war tief in Kreisen drin, die bis in die damalige Musikprominenz gegangen sind. Wie damals die Platte »DDR von unten« entstanden ist, hat mir Otze selbst erzählt. Texte und Lieder hat es gegeben, aber SK wollten eine Platte machen, was in der Hand haben, was eigenes. Durch Kontakte sind sie irgendwann an den Schlagzeuger von den Puhdys, den Wosylus (Gunther Wosylus: 1969 bis 1979 Schlagzeuger bei den PUHDYS, nach wie vor aktive Rockband der DDR) gekommen. In dessen Privatstudio haben sie die Platte aufgenommen, abgemischt und ein Westberliner Punk hat die Aufnahmen rübergeschmuggelt und bei *Aggressive Rockproduktion* pressen lassen. Das ist ziemlich schnell rausgekommen, auf der Rückfahrt von den Aufnahmen haben sie Otze hochgenommen und damit konfrontiert. Er muss deswegen gesessen haben. Eine von den Platten hat Otze später von den Westberliner Punks bekommen, rübergeschmuggelt aus Westberlin.

Wir haben dann die Kassetten nach Sömmerda gebracht, uns das von Otze aufnehmen lassen und weiterverbreitet. Das ging über mehrere Jahre und ist eingeschlafen, weil Otze immer seltener zu Hause war. Die waren viel unterwegs, haben auf irgendwelchen Kirchentagen

Konzerte gegeben. Wir haben uns um unsere eigenen Sachen gekümmert.

Ich habe nie ein komplettes Konzert von SK erlebt, das war meist zu weit weg, in Rostock oder Berlin. Ich hatte Kassetten und war sogar stolzer Besitzer eines Mitschnitts der Platte »DDR von unten«. Die Platte von Otze hatte ich selbst in den Pfoten, er hatte das Original. Die hat sein Vater kaputt gemacht, bei der Aktion, wo Otze ihn dann erschlagen hat.

Otze hat oft seltsame Sachen erzählt, war irgendwie abgedreht! Experimente, Satansbeschwörungen, alles so mystisches Zeugs. Er hat Streichhölzer beschworen und geworfen, die sollten dann auf irgendeinen Ungläubigen zeigen, und die haben dann angeblich auch immer in die Richtung gezeigt. Lauter magisches Zeug. Ich war nie dabei, aber er hat sehr oft von so was gesprochen. Hat alles ausprobiert, mit Drogen experimentiert.

Und mit dem Vater, das war '94, '95, auf keinen Fall später! Ich lag noch im Bett, es war früh am Morgen, da kam meine Frau rein und sagte, gerade eben haben sie in den Nachrichten gebracht, dass einer aus Stotternheim seinen Vater mit einem Beil erschlagen hat! Da habe ich im Halbschlaf den Kopf hochgenommen und gesagt: »Das war Otze!« Und weitergepennt. Als ich munter wurde, wusste ich davon nichts mehr! Hat mir später meine Frau noch mal erzählt. Und es war so. Schon eine seltsame Geschichte! Irgendwie hatte ich, seit wir uns kannten, eine spirituelle Bindung zu ihm.

Otzes Mutter ist relativ früh gestorben. Sie hatte eine Verbindung zu den Jugendlichen und der Bewegung. Sie war auch gegen den Staat, hat nur über die Stasi geschimpft, auch lauthals, offiziell. Einmal, kann ich mich erinnern, hat sie aus dem Fenster geguckt und rausgeplauzt: »Wenn die Scheiß-Stasi sagt, wir wären Assis, dann können wir uns och so benehmen!« Über ihren Tod ist Otze nie weggekommen und in den Drogen-Sumpf abgerutscht. Und sein Vater, der Erbe von dem Gehöft war und permanent unter Geldnot litt wegen dem Suff, wollte Otze und die anderen Jungs raus haben. Damit er das Gehöft verklingeln kann. Und die ganze Kohle versaufen, auf gut Deutsch gesagt. Otze hatte seine ganzen Sachen da drin, seine Plattensammlung, auch die »DDR von unten«. Irgendwann im Suff hat sein Vater das kurz und klein geklimpert und aus dem obersten Stockwerk auf den Hof geworfen, daraufhin ist Otze ausgeklinkt, hat ein Beil genommen, ihn erschlagen. Und wollte ihm mit der Kettensäge beigehen, da ist dann wohl sein Bruder dazu gekommen und hat die Bullen geholt. Die Einzelteile wollte er in der Klärgrube versenken … Das war eine Verkettung von unglücklichen Umständen, sein Vater war teilweise selber mit dran schuld. Aber nichts rechtfertigt so eine Tat … Die Scheiß Drogen!!! Zu irgendeiner Verhandlung hat Otze wohl gesagt, dass er Satan vernichten wollte, dann ist er endgültig in die Psychiatrie eingefahren.

Vor dem Tod hatte Otze überhaupt keine Angst, er hatte schon mal eine Nahtoderfahrung, hatte den Tunnel gesehen und das weiße Licht. Er wusste, dass es danach weitergeht. Otze war ein sehr spiritueller Mensch.

Holger Friedrich, seit 1979 Frontmann der Weimarer Band MADMANS, verdient heute als Wirt der Henrys Bar in Weimar seine Brötchen

Otze, was war denn das? Ja, ich hatte mal eine Viola, die soll ich Otze mal geborgt haben. Kann ich mich nicht dran erinnern. Das gibts doch gar nicht.

Mit den anderen MADMANS hab ich Otze auch Anfang der Achtziger ein paar Mal in Stotternheim auf seinem Hof besucht. Mit dem Zug über Erfurt. Das war immer total schön. Wir waren da immer willkommen, haben da gefeiert, alle in einem Raum gepennt. Mit Otzes Familie, abgesehen von Klaus, der ja auch in seiner Band gespielt hat, hatten wir keinen Kontakt. Der Hof war so groß, von der Verwandtschaft hab ich nicht viel mitgekriegt. Der Innenhof war gepflastert, es gab eine Scheune, ein richtiger Bauernhof war das eben. Wir sind dann immer Baden gefahren, an einen See, der war in der Nähe von Stotternheim. Ob Otze schwimmen konnte, weiß ich nicht mehr. Danach sind wir dann wieder in sein Zimmer. Ich konnte ja kein Instrument spielen, die anderen haben ein bisschen rumgeklimpert. Privat war Otze damals ein netter Kerl, nicht vergleichbar mit dem Tier, was er auf der Bühne gab. Von Wahnsinn keine Spur.

Otze war der uneingeschränkte Chef von SCHLEIMKEIM. Wir aus Weimar, wir waren immer so ein bisschen naiv. Der Otze, der war richtig fit und abgebrüht. Das siehst du auch an den Texten, die er gemacht hat: ganz klar in den Gedanken. Einfacher Punkrock, aber er konnte gute Texte schreiben. Wahrscheinlich mit das Beste, was im Osten unter Punk lief. Und die konnten auch ihre Instrumente gut spielen. Wir waren eher versponnen, bei Otze war alles messerscharf. Otze war der Chef, er musste ihn nicht spielen. Er war ruhig, überlegt, eine Autorität.

Ich kenne ja nur die Konzerte von Schleimkeim im Erfurter *Lang-Haus*, Anfang der Achtzigerjahre. Das war schon ganz schön hart, deren Auftritt, Otze mit Ketten behangen. Da waren wir Madmans brave Waisenknaben. Erfurter und Weimarer Punks waren nie eine Gemeinschaft. Wir waren eher artverwandt. Größer war der Kontakt nach Jena, dort traten wir auch häufiger auf. Ich kann mich auch nicht erinnern, dass SK jemals in Weimar gespielt hat, nicht mal nach 1989 im besetzten Haus Weimars, der Gerber.

Um 1990 kam Höhnie zum ersten Mal aus Niedersachsen nach Thüringen. Er war sofort von Otze und Schleimkeim begeistert und hätte wohl alles von Otze auf Vinyl gepresst, außer Elektronik vielleicht. Otze und Höhni waren innige Freunde. Nach der Wende waren Otze und Schleimkeim dank *HöhNIE Records* in der Punkszene kleine Stars.

Wir haben uns Anfang der Neunziger irgendwann mal getroffen, ich weiß nicht, ob es bei einem Konzert war. Da hab ich von Otze ein Fernrohr gekauft: Plötzlich packt der den Koffer aus, und ich sehe dieses riesengroße und schwere russische Armeeteil drin. Ein teures Stück.

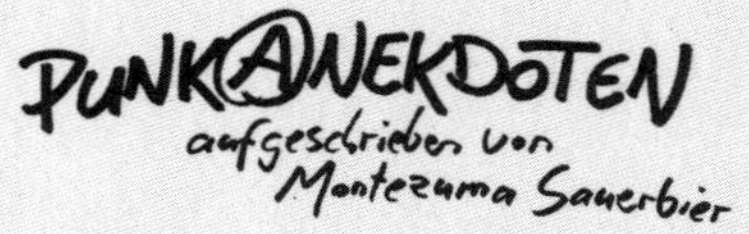

Ausschnitte aus dem Leben der sozial unterminierten Punks zwischen Stotternheim und anderen Unbekannten auf der Landkarte

Folge 1: Heini Biernoth, ehem. Wirt der Gartenkneipe Rote Nelke, Sömmerda

»Ich konntes mir nich leistn, die Bankerte nich mehr rein zu lassen. Warn gut fürs Jeschäft. Dass die so laut warn, ist mir off de Nervn jegang, awer die ham jesoffen, wie de Löcher. Machmal ham se leider in de Piss-rinne jekotzt. Awer einmal bin ich hinterher. Da ham se mir 'n Schaukasten zerkloppt. Awwer wie ich se mir an dr Frohndorfer Straße greifen will, da kullern se sich schon besoffen off dr Fernverkehrsstraße rum un ich muss se runterzerrn, damit se nich vom Laster üwerfahrn wern. Mar hats schonn nich leicht. Die aber och nich.«

Ich weiß nicht mehr, was ich bezahlt hab, ob hundert Mark oder fünfzig oder zwanzig. Auf alle Fälle war es Hehlerware. Und es war zehnmal mehr wert, als ich dafür ausgegeben hab. Da hab ich gedacht: ›Ach, na ja, da ham sie 'n Bruch irgendwo gemacht.‹ So, das war ein schönes Fernrohr. Fand ich ja nicht so schlimm. Die Fernrohrgeschichte war unser letztes Treffen.

Otze war so richtig konsequent, hat sein Ding voll durchgezogen. Eine Frau an Otzes Seite hab ich nie gesehen. Wir waren ein kleiner Männerklub. Die einzigen Auftritte zusammen mit SK fanden im Erfurter *Lang-Haus* statt. Da hatte Otze schon seinen Spitznamen weg. Wo der herkam? Keinen Schimmer, der hieß eben so.

Ich kann mich kaum noch an was erinnern, mir fehlt da ein Gen, blöd.

Walter Schilling, 1930 in Thüringen geboren, Studium der Theologie in Münster, Heidelberg und Jena, seit 1957 Gemeindepfarrer der Thüringer Kirche in Braunsdorf-Dittrichshütte bei Saalfeld, baut als Kreisjugendpfarrer ein Jugendheim auf, öffnet seine Kirche für unangepasste Jugendliche und initiiert damit die *Offene Arbeit* der Evangelischen Kirche, die in vielen Städten und Gemeinden der DDR einen Schutzraum bietet, entwickelt mit anderen die Kirche von unten, enttarnt nach '89 etliche Kirchenmitarbeiter als MfS-Zuträger, ab 1990 wieder Leiter des Heimes für *Offene Arbeit* in Braunsdorf, 2013 in Saalfeld gestorben.

Die Anfangs-Punks, die 80er-Punker, waren zum Großteil politisch denkende Leute. Die wollten mit ihrem Punk-Dasein aber auch Spaß haben, die haben gern Leute verscheißert. In Weimar war das stark ausgeprägt. Sie tendierten auch nach Jena, in Erfurt war das anfangs ähnlich. Spinne ist mir ein Begriff. Die nächste Punker-Generation drei Jahre später war dann schon gestaltloser. Nicht mehr richtig greifbar, wenig Kommunikation. Und die dritte Generation waren die Suffi-Punks, die uns mächtig Kummer gemacht haben. Regional gab es viele Unterschiede. In Weimar brachten die Leute einen natürlichen Intellekt mit, siehe Kid. Manchen reichte ihr Anderssein nicht und sie drifteten zu den Rechten ab. Auf den Schlägertrip.

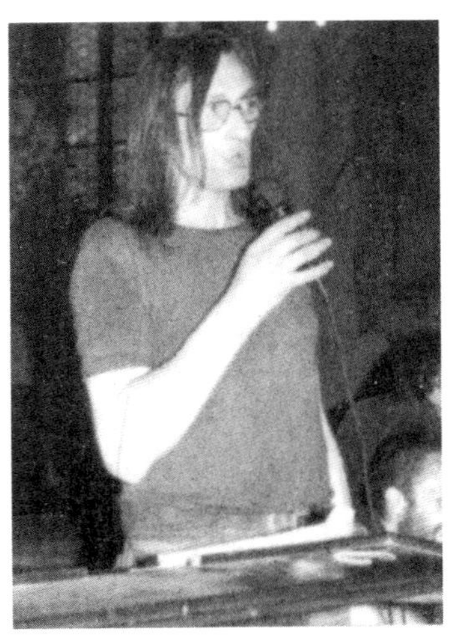

1968, '69 ging die Offene Arbeit los. Man hat mich mal Vater der Bewegung genannt, aber inzwischen bin ich der Opa. Das Unbehagen eines Teils der jungen Generation, die 68-Bewegung, schwappte zu uns herüber. Der Vietnam Krieg, die versteiften familiären Lebensformen, dagegen musste man sich wehren. Im Westen war der Protest studentisch geprägt, allein in der DDR waren die Studenten ja weitgehend angepasst. Hier war es die intelligente Arbeiterschicht, die aufbegehrte. Gezeigt haben sie es mit der Musik und den langen Haaren. Jeder hat sich seinen Platz gesucht. FDJ kam nicht in Frage, deshalb Bahnhof, Anger. Im Winter wurde es schwierig, die Bevölkerung war nicht die netteste. Wir waren Gammler für sie, die man zu vergasen vergessen hatte. Irgendwann haben die Kirchen ganz langsam ihre Räume aufgemacht. Evangelische Kirchen. Nur in Jena gab es einen katholischen Kaplan, der aufgemacht hat. Es hing immer von Personen ab. In Saalfeld hatten wir ein Jahr lang einen halblegalen Klub. In Zella-Mehlis gab es auch einen Treff, und in Plauen durfte in der Kirche musiziert werden. Es gab Krach mit Kirche und Staat. Ich hatte Glück, ich hatte ein Heim in Braunsdorf. Eine durchquatschte Nacht war durch nichts zu ersetzen!

Die Werkstatt in Rudolstadt entstand 1978, wir nannten sie *June,* alle Langhaarigen der Republik sind angereist, außer aus zwei DDR-Bezirken. Die Kunden strömten, beim ersten Mal 1200, 1300 Leute. 1979 waren es dann schon 2000, daraufhin wurde es verboten. Die Begründung der Kirche: Rudolstadt sei zu klein und zu spießig. Damit hatten sie nicht ganz unrecht. Die Bevölkerung hat beschissen reagiert. Die Versorgung der Massen war ungemein schwierig. Die Stasi hat ebenfalls kräftig mitgemischt. Ein Stasimensch hat zum Beispiel ein Buswärterhäuschen mit »June« beschmiert, was uns angerechnet wurde – dabei hatte ja nur die Stasi in der DDR Sprühdosen.

1986 haben wir es einfach noch mal probiert, haben es *Jugend 86* genannt. Da war die widerständige Szene bereits total auseinandergedriftet. Ökogruppen, Schwule, erste Esoteriker, Schmuddelkinder und so weiter. Wir wollten eine Basis bilden und alle beteiligen. Auch die Punker mit ihren eigenen Interessen. Das ist uns nicht richtig gelungen. Die Suffi-Punks haben uns ein bisschen das Konzept versaut. Man musste eben in Kauf nehmen, dass da geprügelt wurde oder einer auf die Straße kotzt. Die Punker, das waren so einhundertfünfzig, haben die Stadt aufgemischt.

Am Anfang hat sich die Offene Arbeit in Erfurt für die ältere Punkgeneration engagiert, in Jena war das genau umgekehrt. Musigmann war der Kopf in Erfurt und er tat sich vielleicht ein wenig schwer mit den Punks. Da gab es mal furchtbaren Krach, zum Beispiel in der Allerheiligen Kirche. Musigmann wollte, dass sie sich an gewisse Regeln halten. Aber Punkern darfst du nicht mit Regeln kommen. Du kannst ihnen höchstens Grenzen setzen. Da haben wir uns angelegt, ich wollte, dass auch die Punker Musik machen dürfen, habe gesagt, von acht bis halb neun seid ihr dran, das war die Grenze. Natürlich ging das völlig schief. Damals ist mein Rezept entstanden: Wenn du ein Punkkonzert machen willst, musst du zwanzig Punkbands einladen. Wenn du Glück hast, kommen zehn. Wenn du weiter großes Glück hast, sind von den zehn Bands sechs spielfähig. Wenn du noch größeres Glück hast, bringen es drei von denen fertig, über die Einspielphase hinauszukommen. Wenn du unmenschliches Glück hast, bringt es eine Gruppe fertig, eine halbe Stunde lang zu spielen. Und das mit mehr als drei Griffen!

Zu jener Zeit gab es viele Reibereien. Die Stasi hat, wie wir heute wissen, viele gegeneinander ausgespielt, innerhalb der Kirche. Es brauchte bloß Misstrauen gestreut zu werden. Irgendwann waren die Punker weg. Aber 1984 waren die meisten der ersten Generation ausgereist, bei der Armee, bürgerlich geworden oder im Knast.

1987 in Berlin haben wir den *Kirchentag von Unten* gemacht. Ab Mitte der Achtziger hatte sich das Zentrum der Szene nach Berlin verlegt. In Thüringen hatten wir traditionell eine große Verbundenheit untereinander, in Berlin war das lange schwierig. Die Offene Arbeit hat sich nie als eine Gruppe unter vielen verstanden. Wir haben nach dem Motto gearbeitet, die anderen sind der Zähler, wir sind der Nenner, die Basis für alles. Aber es ist nicht so gelungen, streckenweise vielleicht. Beim *Kirchentag von Unten* – ja. Wir haben innerhalb weniger Monate ein Programm auf die Füße gestellt. Wir wollten die Medienpräsenz in Berlin nutzen und etwas anderes zur 750-Jahrfeier anbieten. Nur was? Die einen brüllten Thema Frieden, die anderen Thema Öko. Einige wollten sich einordnen, die anderen Stunk machen und mit Farbbeuteln schmeißen. Wir einigten uns darauf, ein zehntes Zentrum zu machen, das im Gegensatz zu den neun anderen stehen sollte. Wir bekamen aber kein Zentrum. So sagten wir den Kirchenoberen, wir besetzen eins. Das wäre ein gefundenes Fressen für die Westmedien gewesen. Man bot uns bald eine Kirche an. Es war letztlich jene, die wir hatten besetzen wollen, die Pfingstkirche am Bersarin-Platz. An drei Tagen sind viertausend Leute durchgegangen, mit Unmengen unterschiedlichster Veranstaltungen. Das Büro war allerdings fest in Feindeshand, wie wir heute wissen …

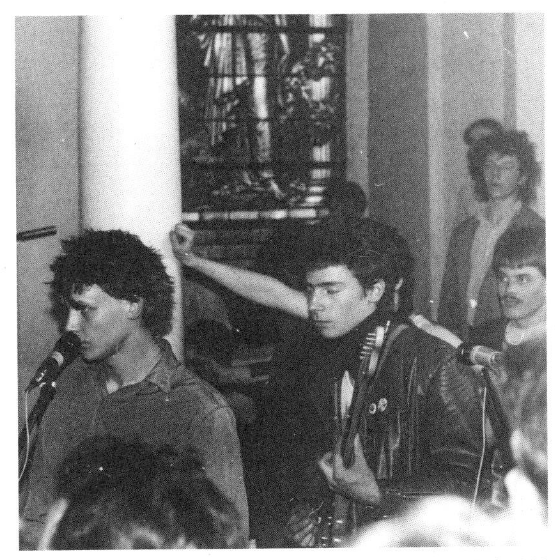
Jamsession in der Offenen Arbeit 1986

Mit den Punks war es schwierig. Du konntest die nicht irgendwo hinbestellen. Du durftest nicht Bescheid sagen, dann kamen sie vielleicht. Auch äußerlich, ihre Umgangsweise, das war ruppig, chaotisch. Trotzdem sind die Punker als Teil dieses Zentrums gesehen worden. Bei einem Gespräch, das ich leitete, setzte sich ein Magdeburger Punk mit hin, der nach rechts tendierte. Das ging einigen so. Sie hatten das Gefühl, sie können so mehr Zoff machen. Ich konnte das ein bisschen nachvollziehen, auch wenn es falsch war.

Schleimkeim habe ich öfters erlebt. Bei dem schon erwähnten Auftritt in der Jungen Gemeinde Erfurt zum Beispiel. Bis halb neun

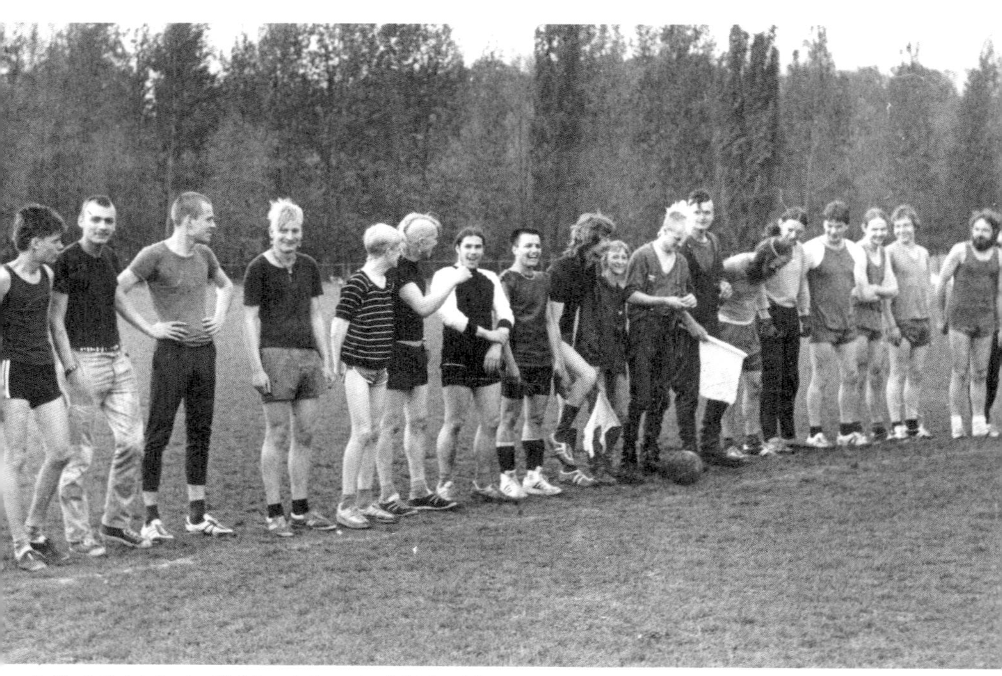

Fußball-Match Punks–Christen, Anfang der Achtzigerjahre

haben die geklimpert und kamen aus dem Übungsstadium nicht raus. Dann war Schluss, da Musigmann so spät keinen Lärm mehr zulassen wollte. Kam natürlich nicht gut an. Bei einer Friedenswerkstatt lernte ich Otze näher kennen. Das war ein ganz schwieriges Ding. Er hat dem ein oder anderen Pfarrer mal aufs Maul gehauen. Das ist eine Demütigung. Ich kam besser mit ihm klar. Aber Otze war von Natur aus ein mit Aggressionen vollgepackter Mensch. So habe ich ihn immer empfunden. Seine Aggressionen waren nicht richtig greifbar, ich kannte die Wurzeln nicht. Er konnte urplötzlich explodieren, blitzartig umkippen, wie ein Tier. Da habe ich mir gesagt, mit Otze muss man anders umgehen. Immer mit Samthandschuhen, bloß nicht reizen. Und nichts tun, was an seinem Ansehen kratzt. Ihm war schon bewusst, dass er mit Schleimkeim eine bestimmte Bedeutung hatte, dass er wer war.

Er hat immer darunter gelitten, ein vermeintliches Nichts zu sein. Das hat er auch erfahren. In der Schule, der Lehre. Vielleicht von Kindheit an. Er musste etwas kompensieren. Als Kind kann man das nicht überschauen, bei Erwachsenen ist das eine Frage der Intelligenz. Und ich denke nicht, dass Otze furchtbar intelligent war. Und zweitens ist es schwierig, wenn bestimmte Verhaltensweisen sich schon so festgesetzt haben, dass sie nicht mehr veränderbar sind – und das war bei Otze so. Ich habe ihn also vorsichtig angefasst und versucht, ihn ernst zu nehmen. Ich kann mich entsinnen, dass ich bei der *Blues-Messe* in Berlin einen guten Draht zu ihm hatte. Eine gute Erinnerung. So toll war die Musik nicht, aber SCHLEIMKEIM war wer. Melodiös ist Punk nicht allzu sehr, das lebt vom Rhythmus und von Glück. Ein Schlagzeug braucht man am meisten.

Danach habe ich ihn sehr lange aus den Augen verloren. Gehört habe ich immer mal von ihm. Die Band war ja vor der Wende schon Kult. Das machte der Name, der macht einen an. Und dann haben sie sich immer richtig in Szene gesetzt. Mit dem aufmüpfigen Charme. Welche Rolle die Texte spielten, weiß ich nicht, ich habe sie nie verstanden.

Zuletzt habe ich ihn in der Straßenbahn in Erfurt gesehen. Er stand auf einmal an der Haltestelle und stieg ein. Das war eigentümlich. Ich hab ihm alles aus der Nase gezogen. »Was machsten so, was macht SCHLEIMKEIM?« Da kam nichts, er war abweisend, abwesend. Er war normal gekleidet, unauffällig. Unscheinbar. Sonst ist er auch über seine Bewegungen aufgefallen, aggressive Bewegungen und Strömungen, die waren nun nicht mehr da. Da kam keine Energie mehr rüber. Ich konnte auch mit keinem darüber reden, aber Gedanken habe ich mir schon gemacht. Heute würde man vielleicht sagen, er hatte eine Borderline-Persönlichkeit. Jemand, der sich eigentlich selbst nicht leiden kann. Jemand, der ein dauerndes Versager-Gefühl hat, deshalb muss er ständig Grenzen überspringen, um überhaupt wer zu sein. Das können unmotivierte, blödsinnige Handlungen sein. Die Anwesenheit von Hassliebe. Anziehung und Abstoßung. Das hat ihn geprägt, da kam er nicht mehr raus. Die persönliche Geschichte Otzes ist desaströs, während seine Wirkungsgeschichte komischerweise positiv ist.

Geralf Pochop, Jahrgang 1964, Halle (Saale), 1982 Hausbesetzer, Punk, Gelegenheitsjobs, politische Haftstrafe, Ausreise in die BRD, nach dem Mauerfall Betreiber diverser Punklabels und Plattenläden, Autor, Musiker bei GLEICHAUFSCHWANKUNG

Meine erste Begegnung mit Otze war vermutlich am 19.6.1982. Laut Stasiakten sei an diesem Tag auch SCHLEIMKEIM bei einer Werkstatt in der Lutherkirche in Halle aufgetreten, neben WUTANFALL und GRÖSSENWAHN. In Halle kann sich daran niemand erinnern. Doch vor kurzem erfuhr ich auf der WUTANFALL-Ausstellung in Leipzig, dass bei besagter Veranstaltung am Nachmittag Otze wirklich ein Schlagzeug im Gemeinderaum bearbeitet hätte. Zu dieser Zeit war aber noch fast niemand vor Ort, so dass das vermeintliche SK-Konzert quasi ohne Publikum stattfand. Und hätte die Staatssicherheit nicht so akribisch Tagebuch geführt, wäre wohl dieser »Auftritt« aus der Geschichtsschreibung für immer getilgt.

Anfang der achtziger Jahre gab es in Naumburg vier Punks. Genau genommen drei männliche Punks und V1, eines der ersten Punkmädchen der DDR. Mit vier Punks war eine kleine Stadt wie Naumburg damals eine richtige Punkmetropole. In Halle erzählte man sich, dass mehrere von ihnen etwa zur selben Zeit Geburtstag hätten. Aus diesem Anlass sollte im Sommer 1983 eine riesige Punkerparty mit Konzert stattfinden. Angeblich wusste die Staatssicherheit von der geplanten Zusammenrottung, die Naumburger Punks waren bereits verhört worden. Dort hätten sie angegeben, dass die Geburtstagsfeier eine Woche später stattfindet, als es tatsächlich der Fall war. Das Gerücht verdichtete sich. Am 22. Juli war es soweit.

Die Gegner des Punkrocks hatten vermutlich dank der Fehlinformation dienstfrei und wir quasi »sturmfrei« in Naumburg. So war es anfangs kein Problem, unbeschadet vom Bahnhof bis zum Gemeindehaus zu kommen. Am Bahnhof und auf dem Weg zum Kirchengelände kam es zu riesigen Aufläufen braver Naumburger Bürger, die wohl dachten, ein Ufo wäre in ihrer kleinen friedlichen Stadt gelandet. Sie trauten ihren Augen kaum. Viele blieben mit offenem Mund stehen. Andere gestikulierten und zeigten immer wieder auf die wilde Meute.

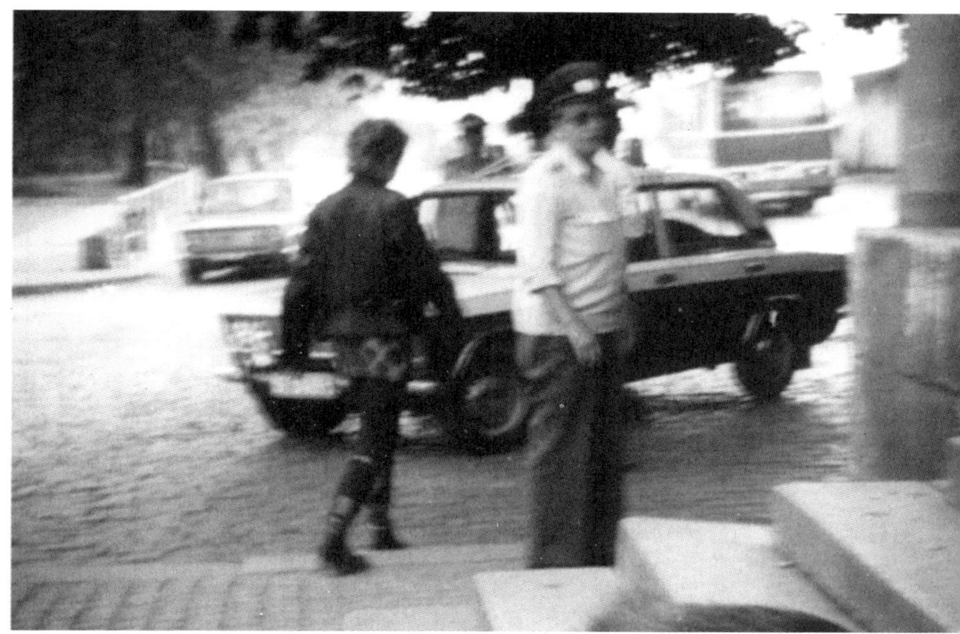

V1 und VP in Naumburg, 1983

Autofahrer bremsten ruckartig, um einen Blick erhaschen zu können. Ich sah sogar, wie ein Trabi mit lautem Knall in das Auto vor ihm krachte, weil der Fahrer seine Glotzaugen nicht auf die Straße richtete.

Natürlich dauerte es nicht lange und unsere Staatsorgane bekamen Wind von der Sache. Sobald ein Punk aus einem Zug stieg, ging das Spiel los. Sofort losrennen und schneller sein als die Häscher. Wer geschnappt wurde, der konnte definitiv nicht zur Party. Und das war noch die geringste Strafe, die einem blühte. Da die einheimischen Punks genau wussten, welche Züge aus welchen Städten wann ankamen, wurden einige nicht so auffällige Partybesucher zum Abholen geschickt. Dank dieser Begleitung konnten die ortsfremden Punks direkt vom Zug aus zielsicher rennen. Wer zu langsam war, wurde weggefangen. Wer schnell genug war, erreichte das Gemeindehaus und damit den Schutz der kirchlichen Räume. Hier griff eine Art Kirchenasyl. Den Staatsdienern vor dem Tor zeigten wir dann die lange Nase.

Während drinnen die Punkparty tobte, rottete sich draußen auf der Straße das Unheil zusammen. Stinksauer über ihr verpatztes Wochenende standen die Bullen mit hochroten Köpfen machtlos vor dem Gemeindehaus und hätten das Kirchengelände am liebsten mit Waffengewalt erstürmt, um das gesamte Punkgesocks einbuchten zu können. Doch sie wagten es nicht, auf das Gelände vorzudringen. Plötzlich fuhren mehrere Autos der höheren Preisklasse auf das Gelände. Einige ältere Herren in Anzügen stiegen aus den Fahrzeugen. Schnell machte das Gerücht die Runde, die Stasi hätte die Kirchenleitung aus Magdeburg nach Naumburg beordert. Natürlich konnten die älteren Herren mit unserer Zusammenrottung in den kirchlichen Gemäuern auch nicht viel anfangen. So kam es zu einem ungewöhnlichen Deal, die Herren traten ans Mikrofon und verkündeten, dass das Kirchengelände bis zu einem festgesetzten Zeitpunkt »freiwillig« von den Punks geräumt werden müsse. Im Gegenzug wurde ein erhandeltes freies Geleit der Punks zum Bahnhof verkündet. Wenn die Punks nicht darauf eingingen, werde man den »Schutzraum« Kirche aufheben und die Staatsorgane auf das Gelände lassen. Am Ernst ihrer Entscheidung ließen sie keinen Zweifel. Wir Punks und Anarchos waren stinksauer. Vor dem Gelände beobachteten wir immer wieder kleinere Tumulte und Verhaftungen, sobald jemand seinen Fuß auch nur einen Meter vor das Tor setzte.

Jung und unerfahren wie ich damals war, schoss ich ein paar Fotos mit meiner Billigkamera *Beirette*. Damit hatte ich mich in den Focus gerückt. Von der Straße weg wurde ich verhaftet. Reflexartig schmiss ich einen verknipsten Film einem Berliner Punkmädchen zu. Gleichzeitig versuchte ich den Fotoapparat während meiner Verhaftung zu öffnen, um den anderen Film, der noch in der Kamera lag, zu belichten und damit für die Staatssicherheit unbrauchbar zu machen. Während ich die Kamera öffnete, schlug ein Stasimann schnell den Deckel wieder zu. Kamera und Film wurden beschlagnahmt. Ob noch was drauf war, weiß ich nicht. Ich wurde ebenfalls »beschlagnahmt« und verbrachte die nächsten Stunden in einer Verhörzelle. Irgendwann wurde ich zum Bahnhof gefahren und musste in einen Zug Richtung Halle steigen.

Im Gemeindehaus spielten Terror Kids aus Weimar, Restbestand aus Magdeburg, das Gaskammerorchester und eine Band, die Otze zu heißen schien. Ein ziemlich besoffener Punk aus einem Dorf bei

Erfurt bearbeitete wild ein Musikinstrument. »Otze! Otze! Otze!«, feuerten die anwesenden Punks den Typen in Sprechchören an. Er hatte eine Stimme wie ein Presslufthammer und brüllte wie ein Tier ins Mikro: »Spione im Café, wenn ich so was seh, tut mir alles weh, von der Schnauze bis zum ...« Plötzlich fiel er mit Getöse vom Hocker und lag auf dem Fußboden. Sofort waren seine Freunde da und halfen ihm unter weiteren »Otze! Otze! Otze!«- Rufen wieder hoch. Aus dem Mikro ertönte: »Untergrund und Anarchie, Untergrund ist Strategie ...« Wieder gab es einen lauten Rums und er lag erneut auf dem Fußboden. Begraben von seinem Instrument.

»Otze! Otze! Otze!« Angefeuert von den Sprechchören versuchte er, wieder auf den Hocker zu gelangen. Mühselig dort angekommen, schaffte er es nur durch ihn stützende Freunde, das Gleichgewicht zu halten. Das Konzert ging weiter.

»Der Russe ist dran schuld, der Ami ist dran schuld. Wer hat denn nun die Schuld? Wer hat ...«, und schon lag er wieder auf dem Fußboden. Dieses Prozedere wiederholte sich etliche Male. Wie lange der Aufritt dauerte, weiß ich nicht – vielleicht eine halbe oder ganze Stunde. In der Zeit wurden ungefähr sechs Songs gespielt. Ob eines dieser Lieder wirklich durchgespielt wurde, weiß ich nicht mehr. Trotzdem sind mir von allen Bands, die dort aufgetreten sind, genau diese Person und diese Wahnsinnsstimme im Gedächtnis geblieben. Was ich damals noch nicht wusste: Ich hatte soeben mein erstes SCHLEIMKEIM-Konzert erlebt. Erst später erfuhr ich, dass Otze der Spitzname des SCHLEIMKEIM-Sängers Dieter Ehrlich war und nicht der Bandname.

Zu Otze fällt mir ein Udo Lindenberg-Zitat ein: »Wahnsinn und Genie gehen Hand in Hand«. Otze konnte innerhalb von Sekunden vom höflichen netten Menschen zum wahnsinnig wirkenden Tier oder zum begnadeten Musiker mit unvergleichlicher, nicht nachahmbarer, sich überschlagender Stimme mutieren. Otze vereinte meiner Meinung nach sehr verschiedene, gegensätzliche Charakterzüge in sich. Er war Proll, Genie und Musiker in einem.

Otze war in den 80er Jahren oft in Halle. Er tauchte regelmäßig zum Pressefest der Zeitung »Freiheit« auf der Peißnitz-Insel auf und SK spielten häufig in der Hallenser Christusgemeinde. Auch war ich oft in Erfurt. Otze nahm mich anfangs kaum wahr, obwohl ich einige Konzerte in der Christusgemeinde mit organisierte. Das änderte sich 1988 nach meiner Entlassung aus dem Gefängnis. Während meiner politischen Haftzeit saß auch der Erfurter Punk »Absi« aus Otzes engem Umfeld mit mir ein. Als ich danach in Erfurt auftauchte, traf ich zusammen mit »Absi« auf Otze. Er erzählte von unserer Haftzeit und Otze war wie ausgewechselt. Als sei mein Ansehen plötzlich gestiegen. Da ich kein »Otze-Groupie« war, war mir das im Prinzip egal, aber sein verändertes Verhalten mir gegenüber fiel schon auf. Nach der Wende habe ich SK auch noch häufig live gesehen. Und ich kann mich noch an den Tag in Karl-Marx-Stadt erinnern, an dem die Live-LP mitgeschnitten wurde. Da saß Otze im Backstage und musste nüchtern bleiben. Darauf achtete nicht nur Höhnie, sondern die gesamte Band. Man merkte, wie Otze das ankotzte, dass er nüchtern spielen sollte, damit die Aufnahmen für die LP nicht versaut werden. Naja, die LP kommt ja meiner Meinung nach auch nicht wirklich authentisch rüber.

Die Songs von SK begleiteten mich die ganzen achtziger und neunziger Jahre. Spätestens seit der Radiosendung, bei der die SK-Songs der »DDR von Unten«-LP im Westradio gespielt wurden, die ich durch Zufall auch hörte und auf meinem Sonett 77 mitschnitt, liefen die Songs bei mir hoch und runter. Die Auftritte waren immer spektakulär. Durch die Radiosendung und die Schallplattenveröffentlichung im Westen kannte wirklich jeder die Songs und alle konnten textsicher mitgrölen. Da war es nicht mehr wichtig, ob Otze besoffen nicht mehr richtig spielen oder singen konnte.

Mein Lieblingssong ist »Kriege machen Menschen«. Dieser Song war und ist immer noch so brandaktuell und bringt den Lauf und das Übel der kranken Menschheit auf den Punkt. Aber auch »Faustrecht«, »Spione im Cafe« und »Spitzel kriegen grüne Ohren« gehören nach wie vor zu meinen Lieblingssongs.

Den Song »Faustrecht« habe ich mit meiner Band Gleichlaufschwankung vor vielen Jahren in einer sehr eigenwilligen Version gecovert. Zusammen mit dem legendären Andre Z., der als meckernder Proll im schlimmsten Hallenser Dialekt »ihr könnt e ma Faustrecht heeßen, macht ja, dass ihr das Geplärre ausmacht, anständche Bürcher müssen gleechen ...« den Song wütend beendet. Das Ganze wurde damals auch auf einem Sampler und unserer LP »Punks verstehen keinen Spass!« veröffentlicht. Ab und zu spielen wir diese schräge Version noch mal live.

Und schlussendlich war der SK-Song »Sigrun« Namensgeber für eines meiner Kinder. Diese lieben inzwischen auch Otzes musikalische Meisterwerke. Da die Texte ja doch sehr schwierig für Kinder (naja oft nicht nur für Kinder) zu verstehen sind, entstanden viele eigenwillige Versionen, mit denen sie mich und ihre Mutter Tanja Trash oft zum Schmunzeln bringen. So grölen sie gerne aus voller Kehle: »Spizone im Cafe, wenn ich sowas seh, krieg ich eine Schnauze bis zum Zeh! Der Rüssel ist der Schoß, der Rammi ist der Schoß, wer hat denn nun den Schoß?«

Wir als Punks lebten in der DDR freier als alle anderen Menschen in dieser Diktatur. Das mag angesichts der Repressalien, die wir erdulden mussten, seltsam klingen. Doch gerade diese willkürliche Verfolgung seitens des Staates ließ uns überhaupt keine Wahl, als unsere eigenen Freiräume zu finden, zu formen und zu erkämpfen. So kam es, dass aus einer anfänglich fast unpolitischen Jugendbewegung eine teilweise hochpolitisierte Jugend wurde, auf die der Staat keinerlei Einfluss mehr hatte und die seine Häscher immer mehr in den Wahnsinn trieb.

Wir nahmen uns alle Freiheiten heraus, von denen »normale« DDR-Bürger nicht einmal zu träumen wagten: Wir warteten nicht zehn Jahre auf eine Wohnungszuweisung – wir besetzten Wohnungen! Wir versuchten nicht, als Bausoldaten den Ersatzwehrdienst zu leisten – wir gingen nicht zur Armee! Wir redeten nicht verdeckt hinter vorgehaltener Hand um den heißen Brei – wir redeten, wie uns der Schnabel gewachsen war! Wir setzten bei den Wahlen nicht die Kreuze an die richtigen Stellen, um keine gesellschaftlichen Nachteile zu bekommen – wir erkannten die Wahlen nicht an und boykottierten sie, indem wir nicht hingingen! Wir arbeiteten nicht von früh bis spät wie alle anderen am »Kampfplatz für den Frieden« – wir arbeiten einfach nicht oder schafften uns eigene Arbeitsplätze, außerhalb der sozialistisch orientierten und kontrollierten Kollektive.

Der Staat hatte uns über etliche Jahre wegen unseres Musikgeschmacks und unseres Äußeren wie Feinde behandelt. Diese Rolle hatten wir irgendwann angenommen. Wir nutzten unsere schwer erkämpften Freiräume nicht mehr nur, um unser Lebensgefühl auszukosten, sondern hatten im DDR-Untergrund ein Netz aus komplett autonomen Strukturen aufgebaut. Wie heißt es so schön: Wir waren in Grenzen frei!

Fozzy, bürgerlich Andreas von Nida, geboren in Erfurt, spielte von August 1984 bis 1986 bei SK Schlagzeug, gründete danach in Eisenach die Punkband DIE FANATISCHEN FRISÖRE, lebt heute als Schlagzeuger (Freejazzrockavant) wieder in Erfurt

Ich bin im August '84 bei SCHLEIMKEIM eingestiegen. Dippel musste zur Armee. Dieter hat den Bass übernommen, ich das Schlagzeug, Klaus blieb an der Gitarre. Vorher hab ich bei KONSTRUKTIVES LIEBESKOMMANDO gespielt. Eine Kellerband aus der *Kürschnergasse 7*, kam nie über die Übungsphase hinaus. Trotzdem eigentlich die erste Erfurter Punkband, Stotternheim ist ja nicht direkt Erfurt. Dieter fand KLK o.k., endlich eine zweite Punkband in Erfurt. Dieter hat mich quasi abgeworben, das war es dann mit KLK …

Meine Lehre hab ich nicht beendet, die haben mich nicht mehr in die Schule gelassen. »So 'ne Drecksau kommt hier nicht mehr rein!« Erfurt-Nord, Umformtechnik. Na gut, dann geh ich wieder. Dann hat die »Abteilung Inneres« beim Rat der Stadt versucht, mich ein bisschen zu zivilisieren. Hat nicht geklappt.

Ich war einer aus der anderthalbsten Punkgeneration. Nicht die erste, nicht die zweite. Da geht es ja, wie wir alle wissen, heute manchmal um Tage und Stunden.

Ab '84 haben die beiden Brüder und ich zwei- bis dreimal die Woche in Stotternheim geprobt. In der ehemaligen Kartoffelkohlenundsoweiterscheune. Das war immer viel zu laut. So haben wir einen Kasten reingebaut, einen Proberaum. In den Stall reingesetzt, mittenrein. Dort stand unsere Anlage, alles bestens verkabelt, für Aufnahmen. Selbstgebastelte Elektrogeschichten, die hat Otze gelötet, geschraubt, bisschen rumprobiert, angeschlossen: plötzlich war kein Rauschen mehr auf dem Tape!

Der Vater war immer arbeiten. Ab und zu kam er mal rein und hat gemeckert. »Macht nicht so laut hier, Mensch!« Die Mutter, ja, die Mutter war eine imposante Person. Die hat das Heft in der Hand gehabt. Otzes Zuhause, da kamst du zur Tür rein, unten war die Wohnung der Großeltern, Treppe hoch, vier Zimmer, Küche, noch eine Treppe hoch, da wohnte Otze unter dem Dach. Dachboden und eine Kammer. Der ist da schon als Junge hochgezogen.

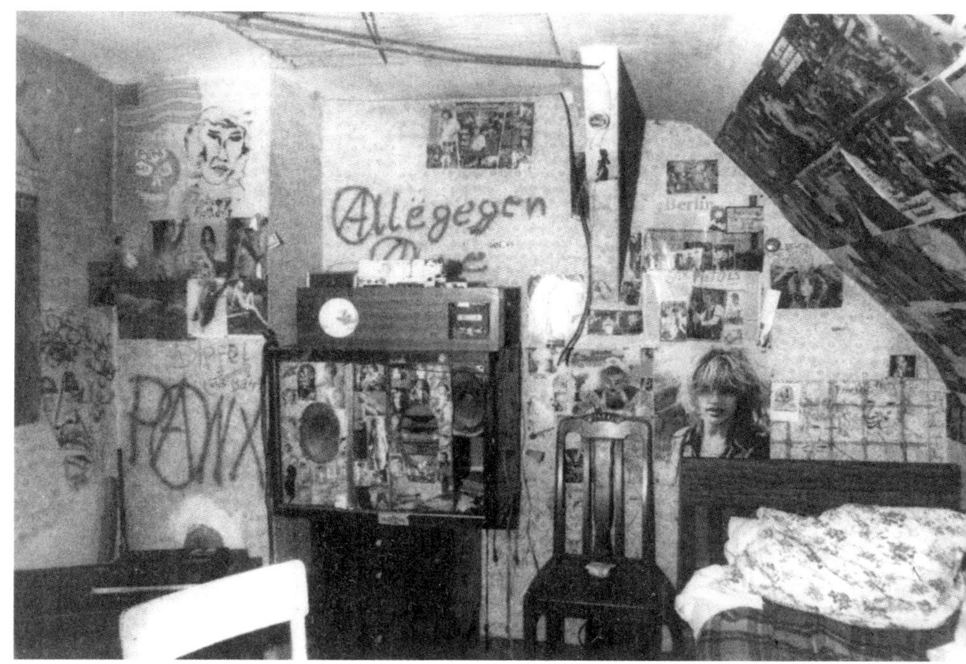

Otzes Zimmer auf dem Dachboden. Foto aus Hausdurchsuchungsunterlagen von 1983.

Zu Konzerten sind wir mit dem Zug gefahren, einzeln am besten. Sonst bist du abgefangen worden. Es sprach sich rum, wann Konzerte waren, man hat sich untereinander besucht.

SK ist nie öffentlich aufgetreten, immer nur in Kirchenräumen. So zehn-, zwölfmal in den drei Jahren, die ich dabei war. In der Offenen Arbeit in der Andreasstraße, später in der Hans-Sailer-Straße, konnte man gut unterschlüpfen. Wir haben Forderungen gestellt, den Pfaffen die Pistole auf die Brust gesetzt. »Wir wollen auch unser Ding machen, wollen auch in der Kirche spielen.« Das geilste Konzert lief bei der Werkstatt '85 der OA, im Lutherpark auf einer Freilichtbühne. Dippel kam auf Urlaub von der Armee, wir traten zu viert auf.

Der Kirchenkreis war voller IMs, auch in der Führungsebene. IMs waren in unserer Szene allgegenwärtig. Einige Kirchenleute haben versucht, uns von der Offenen Arbeit fernzuhalten.

Leutnant Birkner, »unser« Bulle bei der Kripo 1, war ein Arschloch, obwohl der kein Dummer war. Er hat ein bisschen auf Papi gemacht. Und auf böser Bulle. Ich weiß nicht, wie oft mir das passiert ist, dass ich als IM der Kriminalpolizei oder der Staatssicherheit angeworben werden sollte.

Dieter war in der Punkszene der Zone anerkannt, hat sich drin gesuhlt, hatte Spaß dran, war aber kein Poser. Klar war er der Chef, aber er hat auch ziemlich viel angebracht. Ideen, Stückchen. »Da, probiert mal, hier ist ein Text, die Gitarre geht so und so und der Rhythmus so und so.« Das war so üblich, er selbst hat Schlagzeug gespielt und Dippel Bass. Und Dippel hat sich ein paar kleine Melodien ausgedacht, so Riffs zur Gitarre von Klaus, und dann war das Lied fertig. Aber die Songs entwickelten sich immer weiter, und wenn jemand anders Schlagzeug spielte, dann konnten andere Ideen mit einfließen. Klaus hat an der Gitarre gespielt, was Dieter ihm gezeigt hat. Klaus hatte Lust am Musizieren. Als er ausstieg, hat er all die Jahre über alleine weitergespielt.

Ich hab noch ein uraltes Proberaumtape von 1985 zu Hause, einfach mitgeschnitten. Ist viel langsamer als auf den Platten. Eine Playlist hatten wir nie, so viele Lieder waren es ja auch nicht, für eine Stunde höchstens.

Bis '86 war ich dabei, bin dann nach Eisenach, der Liebe wegen. Es wäre kein Problem gewesen, hin- und herzufahren, aber ich hab mich eben auf andere Dinge konzentriert.

Klaus ist '86 ausgestiegen, er ist öfter mal raus, mal wieder rein, es war ein Durcheinander. Der kleine Bruder, er hat es immer abgekriegt. Irgendwann ist ihm die Hutschnur geplatzt, er hat die Gitarre weggestellt und gesagt: »So, ich mach nicht mehr mit!« Ich war noch dabei, als Klaus ausstieg. Dann gab es eine kurze Zeit, da haben wir versucht, Anthony anzulernen. Der hatte auch bei KLK mit mir gespielt. Otze war sehr ehrgeizig, der wollte unbedingt Musik machen, aber Anthony konnte nicht wirklich Bass spielen. Nach '89 wurde er als IM geoutet, wie auch Andreas Hempt, der ebenfalls ein kurzes Intermezzo bei SK gab. Beide zu schlecht, nicht nach Otzes Geschmack.

Damals hieß Otze noch Dieter. Otze kam erst später. Den Namen erhielt er von mir. Ich habe gesagt, Dieter, das geht doch nicht. Das ist kein Punkname! Noch ein bisschen rumüberlegt: »Otze! das isses! Da kannste 'n V davor machen, 'n R oder 'n K, da ist alles drin.«

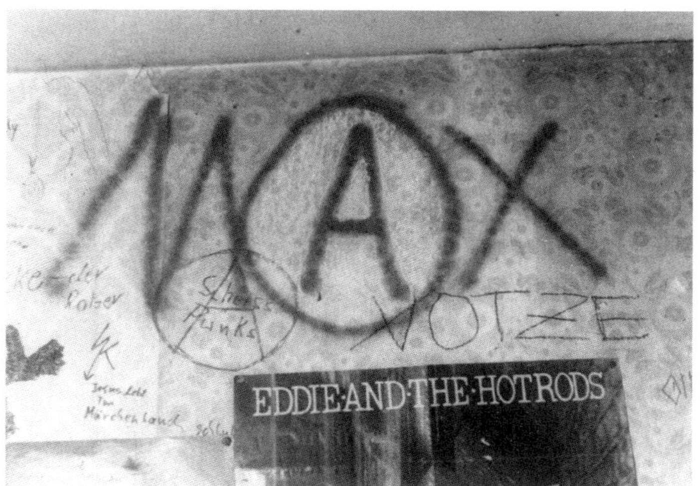

»Otze! das isses! Da kannste 'n V davor machen, 'n R oder 'n K, da ist alles drin.« Die Umsetzung an Otzes Zimmerwand (Foto aus Hausdurchsuchungsunterlagen vom März 1983)

Zur *Coswig Intermedia 85* sind wir angereist, aber der Auftritt hat nicht geklappt. Wir hatten Zeug dabei, aber wir haben nicht gespielt, warum, war nicht klar. Wir waren ja verschrien. Ich war nicht so ein Spaß- und Sauf-Punk. Eher etwas militant. Die nächste Generation Punks, die waren ein bisschen blöder und noch mehr besoffen. Natürlich nicht alle. Für den Erfurter »Punkpöbel« waren wir später die »Anti-Punks«, die »Intelligenzler«.

Als ich nach Eisenach ging, fand Otze den Weg nach Gotha zu Lippe. Auch Dippel kam nach der Armeezeit eine Weile zu SK zurück. In Gotha hab ich Otze nie besucht. Ich bin später mehrmals eingesprungen, kann mich an Halle und Leipzig erinnern. Da hab ich erst mit den Frisören gespielt, danach mit SK.

Otze war ein kräftiger Kerl und prügelte sich gern. Seine Stimme war wie zwei Stimmen gleichzeitig, eine tiefe und eine hohe. Otze war nicht vornehmlich Punk, seine Haltung, er war anders. Bisschen Kunst, bisschen Tradition, bisschen Gefühl, bisschen Anarchie. Der letzte Punk. Otze war nicht politisch. Radikal vielleicht. Er hatte auch »Mein Kampf« gelesen, aber sicher nicht zu Ende, so ein unlesbarer Scheißdreck. Otze hat gern die frühen Onkelz gehört. Alle Texte von SK stammten von Otze, außer »Spitzel«, der war von Lutz Rathenow.

Im Proberaum waren selten Leute, die Mutter hat die eiskalt rausgekachelt, wenn die besoffen waren. Raus am Schlafittchen. »Raus ihr Schweine!« Otzes Mutter war ziemlich groß, 'ne unglaubliche Maschine. Breit und kräftig, gewaltig, kreischende Stimme. Sie hat jede Möglichkeit genutzt, um sich lautstark aufzuregen. Otze hatte ein sehr, sehr liebevolles Verhältnis zu seiner Mutter, er war ihr liebster Junge. Eine Geschichte: Wir haben im Proberaum Rabatz gemacht. Sie hat dagegen gebummert und gekreischt: »Ihr Schweine, macht nicht so 'n Krach hier!« Otze hat »Psst« gemacht, das Mikrofon genommen, an die Tür gehalten und aufgenommen, wie sie rumzetert draußen. Dann hat er das ganz laut abgespielt, über die Anlage. Sie hat kurz Ruhe gegeben. »Was 'n das?« Dann: »Du Schwein! Ich komm gleich rein!« Da gab es einen Riesenalarm, ich dachte, die kommt durch die Tür, die war so derbe. Bisweilen war sie unglaublich lieb, zu mir auch. Aber es gab Leute, die hatte sie gefressen. Pörtzel zum Beispiel hieß bei ihr »der rote Baron«, der kam nicht zur Tür rein. Mutter Ehrlich war ein liebevoller Drachen, hat auch mal dem einen oder anderen eine gescheuert.

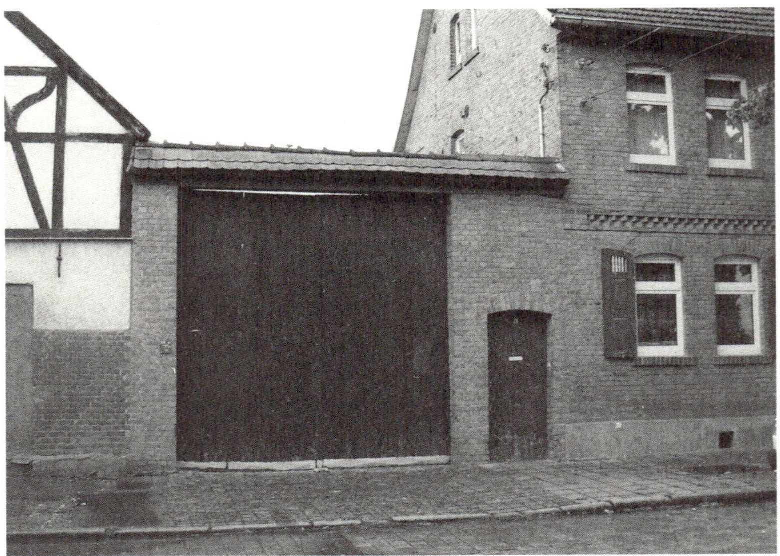

Otzes Elternhaus in Stotternheim

Einmal hab ich heimlich bei Otze im Zimmer unterm Dach übernachtet. Ich liege noch im Bett, da kommt sie rein. Ich dachte, ich bekomme jetzt eine gescheuert und fliege raus. Doch sie sagt: »Fozzy, Mittag ist fertig«. So nahm ich an der Tafel der Familie Platz, war sozusagen aufgenommen. Mit Großeltern insgesamt zehn Leute. Mutter Ehrlich hatte mich in ihr Herz geschlossen. Danach sind wir in den Proberaum und haben die Verstärker richtig aufgerissen.

Der Vater war Bauer, hatte Felder. Der Hof war bewirtschaftet, Schweine, eine Kuh, Hühner, Karnickel. Otze hab ich nie mit der Mistgabel in der Hand gesehen. Der große Bruder hat nur in seinem Zimmer gehockt und über die DDR gemeckert, dem hat Dieter den Titel »Wohnzimmerrevolutionär« gewidmet. Klaus ist nach der achten Klasse ab, kam in den Schlachthof, Schweinehälften tragen. Nach einem Jahr war Klaus sehr kräftig. Otze hat ihn oft verarscht, Klaus fühlte sich unwohl, hat aber alles geschluckt.

Otze hatte nie Bock zu arbeiten, das war bestimmt auch ein Grund dafür, dass er mit der K1 kooperierte. Er hat von den Bullen Geld dafür bekommen und wurde in Ruhe gelassen. Später hatte er immer mal kurze Zeit einen Hilfsjob in der *LPG*. In der frühen SK-Zeit war Otze ein lieber Kerl. Freundlich und lustig, auf die Tasse gehauen, viel getrunken. Gelesen hat er eher nicht.

Otze hat ein ziemlich schlechtes Deutsch geschrieben. Hat sich Dippel mal drüber lustig gemacht, als er das Textbuch gesehen hat, da gab es ohne Kommentar eine auf die Fresse.

Ich hab auch mal eine aufs Maul gekriegt. Wir saßen an der Krämerbrücke, haben ein paar Wessis angemacht: »Gib mal 50 Westpfennig« und so, rumgefrotzelt. Otze wollte die böse provozieren, aber ich sagte: »Nu lass mal, das findet keiner lustig.« Plötzlich hatte ich eine hängen, also haben wir uns geprügelt, uns aber schnell schlappgelacht, haben das nicht mehr ernst genommen.

Einmal hat er zehn Leute hintereinander verprügelt, es ist keiner der Anwesenden ohne Dresche nach Hause gegangen. Aus Eifersucht. Er hatte eine ziemlich raue Freundin, die war ein Flittchen. Sie war sehr clever, die war mit dreizehn schon für sich allein verantwortlich, ein Punkmädchen. Sie war öfters in Stotternheim, von der Mutter akzeptiert. Otze war schon ein Frauentyp. Jedenfalls ist er zum Schwein geworden, als er hörte, sie habe fremdgefickt. Hat die auch einfach so erzählt. Da hörte bei Otze der Punk auf. Stellvertretend für sie hat er in der Nähe unseres IGA-Treffpunktes zehn seiner Kumpels hintereinander vermöbelt. An dem *IGA-Kiosk* standen wir gern rum.

'96 bin ich wieder nach Erfurt gekommen. Ich hab versucht, Otze zu besuchen. Der Alte hat aus dem Fenster geglotzt und gesagt, »Dieter ist nicht da, mach dich weg.« Telefonmäßig kam man nicht ran, da war immer der Vater dran. Der hatte keinen Job mehr, der wollte keinen Besuch, gibt nur Ärger. Als ich Otze wiedertraf, waren ihm viele seiner Haare ausgefallen. Er hat jede Art von Drogen genommen und gesoffen, alles was es gab.

Dieter hat musikalisch noch rumgebastelt, Technokram, Texte draufgesungen, was Lustiges, nichts Großes, bevor dann endgültig Schluss war. Zum letzten Mal habe ich ihn so '98 besucht. Das Zimmer war leer. Er war einmal ein paar Tage weg gewesen, und als er zurückkam, waren seine Sachen fort. Er pendelte nur noch zwischen Klapse, leerem Zimmer, Dealer und Schnaps-Klauen in der Kaufhalle in Stotternheim. Die haben ihn da Schnaps klauen lassen. Er hat einfach drei Flaschen genommen und ist an den Kassiererinnen vorbeigegangen. Die haben vielleicht Angst gehabt vor ihm, er war unberechenbar.

Irgendwann hat er sich aufgerafft und mich besucht. Wir haben musiziert. Die Schwägerin wollte auch, dass wir noch mal was machen. Aber Otze war so desolat, da ging nichts mehr. Einmal haben wir oben im Königin-Luise-Gymnasium in Erfurt im Proberaum was versucht. Da saßen wir mit sechzehnjährigen Jungs rum, mit denen ich ein bisschen Musik gemacht hatte. Otze kam vorbei, hat Gitarre gespielt und gesungen, ich hab Schlagzeug gespielt, aus dem Nichts was zusammengespielt. Das ging. Davon gibt es leider keine Aufnahmen. Da hätte was draus werden können, aber Otze war nicht mehr da.

Zu Ostzeiten hat er immer gedacht, wenn er einen Jagdschein kriegt, ist er fein raus. Dass er dann nie wieder einen Finger krumm machen müsse. Dass Klapse auf jeden Fall eine Variante für ihn sein kann. Durch die Drogen und die damit verbundenen Aufenthalte in der Klapse fand er die Idee nicht mehr so genial. Ich wollte ihn noch bei mir aufnehmen, hatte gerade eine Zweiraumwohnung bekommen. Er sagte nur: »Geht nicht, tut mir Leid«, ist wieder fort. Als ich ihn das letzte Mal sah, war er auf Heroin. Dann kam die Tat, vielleicht war es für ihn genug mit dem Alten, vielleicht war es Wahnsinn.

In der Klapse kam ich nicht an ihn ran, nur Verwandtschaft ersten Grades.

2005 hat mir einer auf der Straße zugerufen: »Eh Fozzy, weißt du, Otze ist tot?« Damit konnte ich erst mal nichts anfangen und hab am nächsten Tag Spinne gefragt, der hat es bestätigt. Am Grab war ich nicht, so eine Kultur sagt mir nicht so viel, ich erinnere mich, wenn ich mich erinnern will.

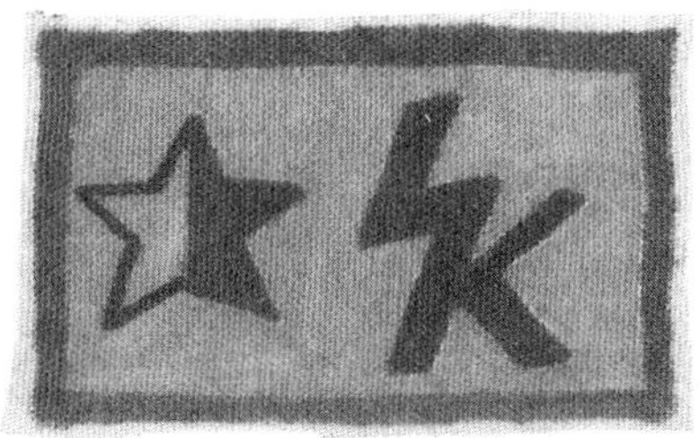

Selbstgemalte Aufbügler wurden von SK bei Konzerten verschenkt

Die Schwägerin hat erzählt, dass von Höhnie kaum Geld geflossen sei, es ist gut zu wissen, dass Otze Geld bekommen hat. Allerdings hat er mit keinem seiner Mitstreiter geteilt.

2006 bin ich mit Spinne nach Sömmerda gefahren, die SK-Allstars sollten spielen, Geld für Otzes Grabstein sammeln. Knapp fünfhundert Leute waren da. Wir haben uns nur gewundert: SK war eine Brechreiz Oldstar Band, inklusive Klaus, Otzes Bruder. Ich hab gefragt, ob ich mitmachen kann. »Nein, kannste nicht.« Die haben ein komplettes Programm durchgespielt, ein Lied am anderen, wie ein verdammtes MEDLEY!! Na ja, die Leute haben gepogt, denen war es egal, wer auf der Bühne stand. Hauptsache es klang irgendwie nach SK. Neulich hab ich einen sechzehnjährigen Punk aus Lübeck kennengelernt, der meinte: »SK, das ist so dreckig und geil, das gibts nicht noch mal.«

Pankow, bürgerlich Michael Boehlke, war von 1980 bis 1983 Sänger der Ostberliner Punkband Planlos, lebt als Kulturschaffender in Berlin, unter anderem 2005/2008 Projektleiter und Kurator der Ausstellung »ostPunk!«, Dokumentarfilm »ostPUNK / too much future«, 2007

Wir haben schon vorm ersten gemeinsamen Auftritt Schiss gehabt. Das war 1981, Planlos hat in Erfurt auf Kirchengelände gespielt, mit Wutanfall und Schleimkeim. Man kannte sich nicht, aber einige verstörende Geschichten über SK waren bereits an unser Ohr gedrungen. Wenn wir irgendwo gespielt haben und SK war

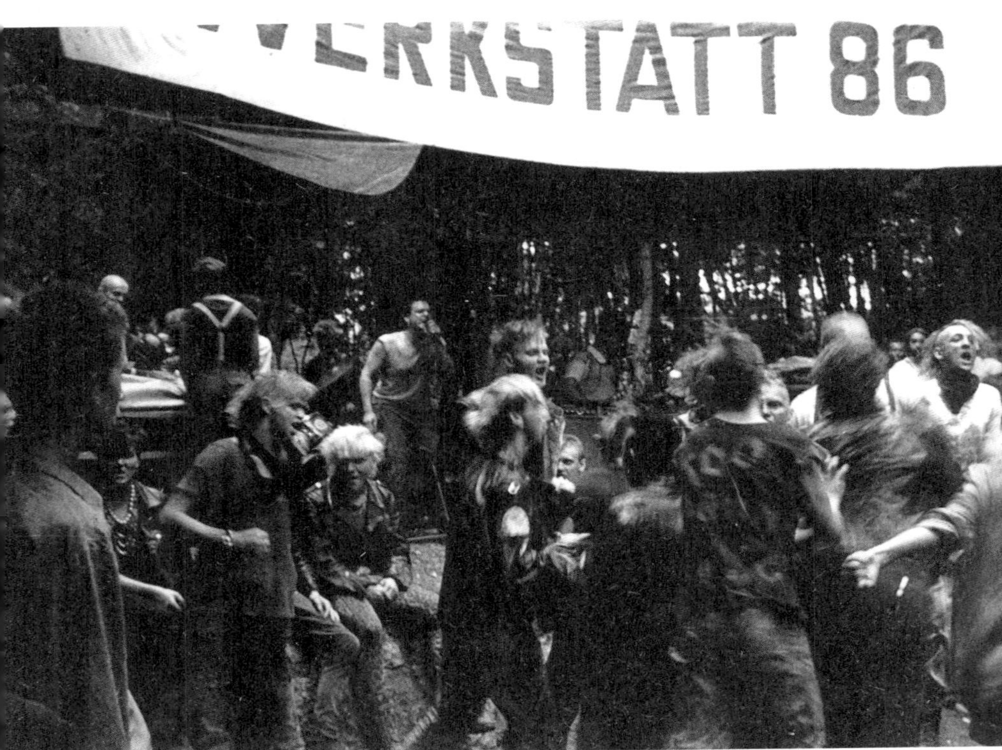

Schleimkeim bei der Punkwerkstatt in Erfurt 1986

dabei, gab es immer den Stress, welche Band nun die Hauptband sei. SK wollte das immer, wir auch. Wutanfall sahen das entspannter. Wir von Planlos verstanden uns eher als intellektuelle Politpunks. Bei unseren Konzerten gab es nie Schlägereien, im Gegensatz zu Otze und Konsorten waren wir die zarten Typen.

Als wir damals in Erfurt ankamen, spielte SK schon. Unsere Anreise hatte sich verzögert, da uns die Bullen mal wieder einkassiert hatten. Gut, in Erfurt pogte der ganze Saal. Hauptsächlich krasse Typen in schweren Lederjacken. Alle waren betrunken, volles Rohr. Otze trommelte wie ein Geisteskranker an seinem Schlagzeug. Den Rest der Band hast du kaum wahrgenommen. Es herrschte eine aggressive Stimmung im Saal, was wir von unseren bisherigen Auftritten nicht so kannten. Wir haben uns kurz mit SK unterhalten, Punkerblabla. Otze war misstrauisch, er mochte uns nicht. Na eben Berliner, die sind immer so arrogant. Als wir dann nach SK gespielt haben und sozusagen der Hauptgig waren, hat ihn das tierisch angekotzt. Er hat unseren Auftritt sehr deutlich boykottiert. Seine Leute auch. Die hatten keinen Bock auf uns und fanden unsere Musik Scheiße. Unsere Musik war viel melodiöser, langsamer. Vielleicht war das für SK gar kein Punk mehr, kann auch sein.

Danach sollten wir in Karl-Marx-Stadt mit SK spielen, es war ein Open-Air-Konzert. Wir hatten gerade die Instrumente aufgebaut. Plötzlich erschien die Wildschweinherde, wie aus dem Nichts kam so eine Truppe um die Ecke. Die war grau und schwarz und voller Energie. Sie kamen direkt auf uns zu. Otze und Kollegen, stark unter Alk. Das war für mich immer ein Alptraum. Ich hatte andauernd Schiss, vor die Fresse zu bekommen. Diese prollige Energie, die ich nicht mochte. Das Schärfste war, die hatten einen Typen im Schlepptau, der hieß »Dreckmüller aus Erfurt«. Der hieß nicht einfach nur Dreckmüller, der *war* Dreckmüller. Da gab es einen Fleck, wo nur kaputte Flaschen lagen, nur Scherben. Die ganze Wiese daneben war frei. Man hätte sich bequem auf dem Rasen langmachen können. Dreckmüller aus Erfurt hat sich genau in den Scherbenhaufen gesetzt. Alle riefen: »Ey, du nimmst Schaden«. Dreckmüller aus Erfurt: »Mir doch scheißegal.« Irgendwann stand er auf, die ganze Hose zerrissen, der Arsch blutig. Der rannte während des ganzen Konzerts so herum, mit Scherben im Arsch.

Sonst hatten wir keinen Kontakt zu SK, bei Konzerten wurden die nötigsten Worte gewechselt. Wir haben sicher fünf- bis sechsmal mit denen gespielt. In der Regel fanden die Konzerte in Kirchenräumen oder auf Kirchengelände statt. Selten private Partys. Öffentliche Räume gab es für Punkkonzerte natürlich in der Zone nicht. Punk war illegal. Die Auftritte wurden meist mündlich abgesprochen. Telefon gab es kaum, Briefe waren zu unsicher, also kam Pfarrer Sowieso in Berlin vorbei und dann wurde das im kleinen Kreis abgekaspert. Manchmal war es auch ziemlich absurd. Irgendwer meint, »Ihr könnt da eventuell dann und dann spielen, da ist eine Bluesmesse, oder eine Friedenswerkstatt.« Wir haben Gitarre und Bass mitgenommen und sind hingefahren. Natürlich mit dem Zug, hatte ja keiner ein Auto. Es ist auch einige Male passiert, dass wir irgendwo hingefahren sind und dann gar nichts los war. Standen wir einsam in Sachsen. Manchmal war keine Anlage da oder kein Schlagzeug. Geld gab es nie dafür. Für uns war es Ereignis genug, endlich öffentlich zu spielen. Bei einer Bluesmesse in Berlin haben wir uns mit reingedrängt, obwohl eigentlich nur eine Band spielen sollte. Die Konzerte wurden über Flüsterpropaganda publik gemacht. Natürlich hat die Stasi stets Wind davon bekommen und war vor Ort. Wir haben auch manchmal versucht, Konzerte zu sprengen und die Veranstaltung zu übernehmen. Ich denke, SK war da noch viel radikaler. Es gab mal eine Geschichte in Coswig, da sollte SK spielen und ist bis zum Schluss rausgedrängelt worden. Das sollte eine »Kunst und Punk«-Geschichte sein. Aber natürlich hatten alle Schiss vor SK. Keiner wollte, dass die wirklich spielen. So wurden sie immer weiter nach hinten gereicht und haben am Ende gar nicht gespielt. Da konnte sich wohl Otze mit seiner Manneskraft nicht richtig durchsetzen.

Bei SK gab es eine ganz klare Hierarchie. Otze war der Patriarch. Man kannte den Namen Otze DDR-weit. Otze war Programm. Man hörte wohl, ein Bruder Otzes solle bei SK mitspielen. Mit seinem Schlagzeug war Otze extrem präsent, auch mit seinem Gesang. Er war das Tier am Schlagwerk, immer ein Blickfang. Mir war unklar, wie man als Schlagzeuger überhaupt so eine Präsenz haben kann. Otze hat am Schlagstock das Tempo mörderisch lang halten können. Mit seinen angespannten Armen wirkte es, als könne er den ganzen Rhythmus nur mit der Körperkraft halten. Als Punkschlagzeuger war er überragend, es gab nicht sehr viele gute in der DDR. Der ist ja zwischendurch auch aufgestanden und hat Typen vor die Fresse gehauen, wenn die seinem Schlagzeug zu nah gekommen sind. Das konnte auch der beste Kumpel sein – wer in sein Schlagzeug fiel, war fällig. Obwohl SK die klassische Aufstellung hatte, Schlagzeug hinten, Bass und Gitarre vorn, war Otze immer irgendwie vorne.

Ich hab Otze auch mal als Sänger vorn mit Gitarre gesehen, der konnte offensichtlich bei SK jede Rolle übernehmen. SK hatte jede Menge Fans, die Punks haben bei Konzerten immer SK verlangt. Ich hab im Osten nie darüber nachgedacht, dafür auch Geld bekommen zu können. Eine Einstufung kam natürlich nicht in Frage, unsere Musik war ein klares politisches Statement gegen den Staat. Das haben SK auch sehr gut rübergebracht, eine Einstufung im Osten kam für die ebenfalls nie in Betracht.

Drogen gab es ja im Osten eher selten. Alkohol floss in Strömen. Planlos hat sich darum aber nicht gekümmert. Wir haben als Band gesagt, wir trinken keinen Alkohol. Damit waren wir eine Minderheit unter den Punks. Wir waren Malzkaffeetrinker. Mit einem Kumpel hab ich es geschafft, acht Stunden im *Cafe Tute* zu sitzen und eine Tasse Malzkaffee für siebenunddreißig Ostpfennig zu trinken. Wir hatten keine Kohle, der Kellner hat voll abgekotzt. Wir haben immer einen ganz kleinen Rest in der Tasse gelassen. Wenn er abräumen wollte, wiesen wir darauf hin, noch nicht ausgetrunken zu haben.

Ich hab damals zur sogenannten Alexgang gehört. Das waren vielleicht fünfzehn Leute, Planlos inklusive. Wir haben gesagt, wir wollen uns nicht vernebeln, sondern ganz klar sein. Hier in diesem Staat haben wir eine Aufgabe, eine Mission: den Staat verändern. Wir wollten auch nicht in den Westen ausreisen, sondern in der DDR etwas entwickeln. Immer sagen, was wir denken, dafür einstehen. Wir haben in der Straßenbahn Leute angesprochen, um sie von unseren Ideen zu überzeugen. Frühs haben wir die Knuffer gefragt: »Warum geht ihr arbeiten? Was wollt ihr im Leben?« Die Musik war für uns ein Mittel, das auszudrücken. Da konnten wir doch nicht mit 'ner Bierpulle in der Hand durch die Gegend rennen. Wir wollten ernst genommen werden. Punk war für uns Avantgarde. Wir trugen Sakkos statt Lederjacken. Natürlich waren wir als Mode- und Politpunks verschrien und wurden wegen unserer Abstinenz permanent verarscht. Das war schon in Ostberlin schwierig. Extrem wurde es, wenn wir Leute wie Otze trafen. SK war immer steif, mindestens auf dem besten Weg, besoffen zu werden. Allezeit Springerstiefel, verkeimte Lederjacken und -hosen. Wenn ich mich mit Otze unterhalten habe, hat er den Eindruck eines pöbelnden Bauern vermittelt. Wobei ich glaube, dass er das auch kultiviert hat. Der hat das absichtlich gemacht, um zu provozieren. Er war vielleicht nicht intelligent, aber er hatte einen guten Instinkt für Situationen. Emotionale Intelligenz. Er hat es relativ schnell gemerkt, wenn irgendjemand gefremdelt hat oder sich für intelligenter hielt. Dann ist er schnell in die Prollnummer gegangen. »Wenn du meinst, dass ich blöde bin, annnuuuy, bin ich das jetzt. Und wenn du Angst hast, eene vor die Fresse zu bekommen, dann kriegst du och eene.« Otze hat die unsichtbaren Schwingungen in die Realität umgesetzt.

Otze war furchtlos. Wenn Ärger nahte, ist er auch auf sechs gleichzeitig los. In Rudolstadt sind wir einmal alle zusammen losgelatscht. Eine große Gruppe Idioten näherte sich, SK war an vorderster Front. Wir wollten uns keine Blöße geben und haben mitgehauen. Es gab diese Kameradschaft. Wenn ein kleiner Punk von Prolls eine vor die Fresse bekam, war Otze immer der erste, der ihm geholfen hat. Der hatte was Soziales, fast Fürsorgliches für die Punksippe. Die Kleinen haben sich hinter Otze eingereiht. Der hat gebrüllt: »Schnauze halten«, fühlte sich als Papa, als Oberpunk, der sich um seine Herde kümmert. Wenn nichts zu Essen da war, ist er in den Konsum und hat Essen geklaut. Ich hab nie Wildschweinfrauen gesehen. (Lacht) Auch in Erfurt waren die solo.

In Berlin hat man sich manchmal mit Otze getroffen, auffem *Pläntie* zum Beispiel. Man hat sich respektiert. Ich war ja auch ein arroganter Typ.

Als die LP »DDR von unten« geplant wurde, trat Sascha Anderson an Planlos heran. Erst sollte Rosa Extra auf die A-Seite, als die ablehnten, wurden wir gefragt. Wir haben abgesagt, da uns die Geschichte komisch vorkam. Wir hatten den Eindruck, da hängt die Stasi mit drin, irgendwas ist unsauber. Eine Platte im Westen rausbringen, es war klar, wenn du das machst, gehst du sofort in den Knast. Außerdem sollte SK auf die B-Seite, und eine Platte mit SK zu machen, erschien uns völlig absurd. Wie es dann zu Zwitschermaschine kam, war schon ganz schöner Käse. Eine Art-Band mit SK auf einer LP. Letztlich bespielte Zwitschermaschine die A-Seite und Schleimkeim, alias Saukerle die B-Seite. Aber kein Punk, der diese Platte gekauft hatte, hörte sich je die A-Seite an!

SK fand ich gut. Gerade »Spione im Cafe« oder »Sieh dort«. Das waren schon geile Songs. Mein Lieblingssong ist »Sieh dort«. Insgesamt hat es die Szene im Osten nicht interessiert, dass diese Platte rauskam, da es sowieso nur fünf dieser Platten in die Zone schafften. Da hatte die Stasi mehr Interesse dran als die Punks. Wichtig warst du im Osten, wenn du spielen konntest, eine Präsenz vor Ort hattest. Bis 1989 entstanden sehr viele Punkbands im Osten, die nie aufgetreten sind. Die haben ihre Lederjacke mit ihrem Bandnamen beschmiert, hatten ihren Proberaum, aber nie ein Konzert. Es gab gewiss zehn Bands, die Betonromantik hießen. Anfang der Achtziger existierten höchstens vier bis fünf Bands, die überhaupt aufgetreten sind. Planlos hat maximal zehn Konzerte gegeben. Von 1980 bis 1983, die meisten davon in der Kirche.

Nach der Maueröffnung hab ich von Otze lange gar nichts mehr gehört. 1991 hab ich ihn mal im *Tresor* getroffen. Da war er richtig ordentlich auf Speed. Alles, was er an innerer Anspannung und Gewaltpotential sowieso hatte, kam noch krasser raus. Er hat damals ziemlich viel mit Bastian aus dem *Zapata* abgehangen. Ich hab dann eine Ausbildung als Physiotherapeut gemacht und eine ganz andere Richtung eingeschlagen.

Das Letzte, was ich von Otze hörte, war, dass er seinen Vater getötet hatte. Das war 1999. Damals hatte ich schon mit der Planung zu einem Dokumentarfilm über Punk in der DDR begonnen. Eine der ersten Ideen war damals auch, Otze zu interviewen. Das hat sich aus verschiedenen Gründen dann wieder zerschlagen. Die Produktionsfirma hatte seinerzeit sogar schon bei Otze im Knast angefragt, bei ihm war eine Bereitschaft auszumachen.

Kurios war schon, dass nach der Wende Schleimkeim lange Zeit die einzige Band blieb, von der im Westen Platten erschienen.

Geplant war, Schleimkeim mit in unsere Ausstellung »ostPunk!« zu nehmen. Wir hatten einiges an Material und traten über Höhnie mit den Erben von Otze in Verbindung. Anfangs war das kein Problem,

PUNK@NEKDOTEN
aufgeschrieben von Montezuma Sauerbier

Folge 2: Bernhard M., Stotternheim

»Die wohnten bei mir ja direkt in der Straße. Ich habe das immer gehört, wenn die nachts angesoffen nach Hause gegangen sind. Zwei Brüder. Ein Krach war das auf der Straße. Da kann ja kein Mensch schlafen. Einmal haben sie mitten in der Nacht mit einer Bierdose auf der Straße Fußball gespielt. Man muss sich das mal vorstellen. Sowas gabs ja bei uns nicht. Da rennen die extra in den Intershop und geben das gute Westgeld für Bierdosen aus. Um damit Fußball zu spielen. Ich sag doch, die haben sie nicht alle. Jedenfalls tritt einer von den Chaoten statt vor die Dose voll in mein Kellerfenster. Da bin ich aber am nächsten Vormittag rüber zu denen und habe sie rausgeklingelt. Die waren noch völlig verpennt. Ich sag: ›Spinnt ihr, mir mein Kellerfenster einzutreten? Bis ich an ein neues rankomme, habe ich die Bude voller Mäuse.‹ Der eine winkt nur ab und verdrückt sich wieder, der andere guckt mich an, als wolle er mich fressen. Der sagt aber auch nichts. Schiebt mich nur beiseite und geht auf die Straße. Ich hinterher. Und ehe ich mich versehe, greift der sich die Katze von der Nachbarin – das blöde Vieh liegt immer auf dem Postkasten in unserer Straße – und pfeffert sie voll durch mein Kellerloch. ›So‹, sagt der Typ, ›jetzt haste keine Mäuse mehr.‹«

die waren angetan und wollten sich mit mir treffen. Dann bekam ich nach einigem Hin und Her einen Brief, der ungefähr auf Folgendes hinauslief: Nein, sie möchten nicht, dass irgendetwas über Otze und Schleimkeim veröffentlicht wird. Alle wollten nur Geld machen, deshalb hätten sie sich die Rechte nun gesichert. Die hatten Geld gewittert und waren null bereit. Ich habe einen kurzen Brief geschrieben, dass mich das überhaupt nicht interessiert. Habe klarzumachen versucht, dass SK dazu gehört, wenn man eine Ausstellung über Punk in der DDR macht. Unser Projekt war nicht kommerziell, trotzdem kam es zu keiner Lösung. So haben wir SK aus der Ausstellung genommen. Gab es SK eben im Osten nicht, fertig. Wir haben mit unserer Ausstellung nicht den Anspruch der letzten Wahrheit und der absoluten Vollständigkeit. Da hab ich irgendwie noch die alte Punkmentalität. ›Wenn ihr nicht wollt, Scheiß drauf!‹

Es gab dann natürlich viele Anfragen, auch Vorwürfe, warum wir SK weggelassen haben. Ich hatte wenig Bock, mich immer wieder zu erklären und in dem Fall auf die Erben verwiesen. Nun machen wir einen Sampler, wo alle DDR-Punkbands vertreten sein sollen. Mal gucken, ob da SK dabei sein wird. Wir wollen sie natürlich drauf haben. Am Ende ist das auch nur Geschichtsschreibung; wenn die Leute nicht wollen, ich kämpfe nicht dafür.

Bastian, gehörte in den Achtzigerjahren zum engeren Kreis der Magdeburger Punkszene, zog 1987 nach Ost-Berlin, betrieb von 1992 bis 2006 mit anderen das Café Zapata im Kunsthaus Tacheles

Ich habe Otze eines Sommertages im Jahre 1985 auf der legendären *Marietta-Bar* kennengelernt. Da saß er mit Magdeburger Bekannten rum, und ich hab gefragt, wer er sei. Er sagte, »Ich bin Otze von Schleimkeim«. Da ich aber SK von Tapes her gut kannte und das eine wichtige und tolle DDR-Punkband war, hab ich das natürlich nicht geglaubt und ungefähr geantwortet: »Du olles Schmuddeltier kannst das ja gar nicht sein!« Otze hat das so hingenommen. Es war ihm egal. Das fand ich ziemlich spannend. Ich habs ihm bald abgenommen, denn er hat sich dementsprechend unkultig benommen, er war eben Otze. Damals ist er vielleicht zwei, drei, vier Wochen in Magdeburg geblieben. Er war auf der Flucht, kam gerade aus dem Gefängnis. Er hatte eine seltsame Erzählweise, aber wir haben uns auf Anhieb verstanden. Ich habe bald festgestellt, dass an seinen Geschichten immer etwas dran war. Am selben Abend ist er bei mir eingezogen, ich verfügte damals glücklicherweise alleine über eine große Wohnung, da meine Mutter am Schweriner Theater arbeitete. Wir haben schnell über Themen wie Sascha Anderson und die Platte »DDR von unten« geredet. Ich kannte Sascha, weil er mit meiner Mutter befreundet war. In der DDR-Künstlerwelt galt er als absolute Pop-Ikone. Er hatte in Magdeburg gelesen und war mir als interessanter Mensch aufgefallen, aber auch schnell als Arschloch. Sascha hatte mir fest versprochen, aus Westberlin irgendwelche tollen Punkplatten mitzubringen, was er nie einlöste. Otze war der erste Mensch in meinem Leben, der mir ganz andere Sachen über die Personalie Anderson zu berichten wusste. In seiner schroffen, kurzen Art hat Otze mir erzählt, dass Sascha ein Stasischwein ist und ihn in den Knast gebracht hat. Er schuldete ihm Geld. Otze hatte doch die Aufnahmen für die Platte nicht für Ruhm und Ehre gemacht, da ging es um Westgeld. Ein paar Bierchen, über die Runden kommen. Es war sicher nicht viel, was Sascha ihm versprochen hatte, aber für Otze wären 500 Mark schon ein heißer Preis gewesen. Das wollte er gerne haben. Mir hat er erzählt, dass er bald nach Berlin fahren will, um Sascha aufzuspüren und sich zu holen, was ihm zusteht. Was Otze tatsächlich auch gemacht hat, er ist nach Berlin gefahren und hat Sascha Anderson in dessen Wohnung überrascht. Sascha saß dort im Schaukelstuhl. Otze hat ihn gefesselt und dazu gebracht, sich nicht in seine Untersuchungen einzumischen. Otze hat die ganze Bude nach Bargeld durchsucht und ist auch fündig geworden, hat zu Sascha gesagt: »So, das ist jetzt hier für die ganze Scheiße, die du mir eingebrockt hast, auf Wiedersehen!« Sascha hat die unangenehme Geschichte wohl nie angezeigt.

Es war Sommer damals und wir haben uns viel unterhalten, nicht nur gesoffen. Uns haben die gleichen Dinge beschäftigt und Otze wurde mir bald sehr wichtig. Er war eine schräge Type, das hat mich nie abgeschreckt, eher fasziniert. Den Namen Otze hatte er da schon weg, die Geschichte hat er mir auch erzählt. Er war bei einem Fußballspiel bei

Rot-Weiß-Erfurt und hatte sich einen Hammerkopf in die Tasche gesteckt, um wehrhaft zu sein. Dann gab es Stress. Otze hat ausgeteilt und die Schlacht gewonnen. Danach nannte man ihn Hammerotze, das ist wohl die Bezeichnung für einen Schmied in der Region. Von Hammerotze blieb bald nur noch Otze übrig.

Er hat sich nie angekündigt, tauchte immer einfach auf. Man konnte sich auf keinen Fall mit ihm verabreden. Wenn man Otze in drei Tagen für irgendwas brauchte, mit ihm wegfahren wollte oder so, musste man einfach bei ihm bleiben, das war bekannt und die sicherste Variante. Selbst wenn er abends noch mal losging und sich noch ein Bier holen wollte, konnte es passieren, dass du ihn erst drei Tage später irgendwo wieder getroffen hast. Er hatte kein Gepäck, manchmal hatte er eine Tasche mit Kram, Tauschobjekten. Aber eine Zahnbürste oder einen Wechselschlüpfer, nee. Er war eben ein richtiger Punkrocker. Duschen musste nicht sein. Er hat das nicht gespielt, er hat streng gerochen. Es sei denn, wir wollten in eine Disko gehen, dann hat er schon mal ein bisschen Aftershave von mir aufgetragen. Er wusste die jungen Mädchen zu betören, wenn er auch nicht der Chancenklaus Nr. 1 war. Rein äußerlich haben die Damen nicht so zu ihm gepasst. Otze hatte Charme und wusste durch sein Charisma zu beeindrucken. Mit Kathrin aus Gotha war er länger zusammen, die hat er auch mal mitgebracht nach Magdeburg. Das war schon später, als er nicht mehr in Erfurt war. Gewohnt hat er in Erfurt auch nie, er ist von Stotternheim nach Erfurt gekommen und hat sich da rumgetrieben. Schlafen war ihm auch egal. Für mich war das ganz schön stressig, weil ich trotz aller Unternehmungslust ab und zu mal ein bisschen schlafen wollte. Das war nie vorgesehen in seinem Leben. »Wie, schlafen? Na wenn du müde bist, schlafen wir eben.« Dann sind wir in einen Keller gegangen und haben uns da hingelegt, oder auf einen Boden. Es war ja nicht immer Sommer, manchmal war es kalt und eklig. Das war auch das Einzige, woran ich frühzeitig gemerkt habe, dass das richtige Punkrockleben nichts für mich ist. Eine Zeit lang o.k., aber dann ging es heim. Otzes Ruheinsel war die Mutter, war Stotternheim. Da kam er wie ein Straßenkater nach Haus, die Mutter hat sich wirklich gefreut, hat aufgebacken, ein paar Minuten lang gab es Schelte, wo er herkommt und wie er aussieht, und dann lag frische Wäsche parat und so weiter. Als sie gestorben ist, ist ein wichtiger Teil seines Lebens zusammengebrochen.

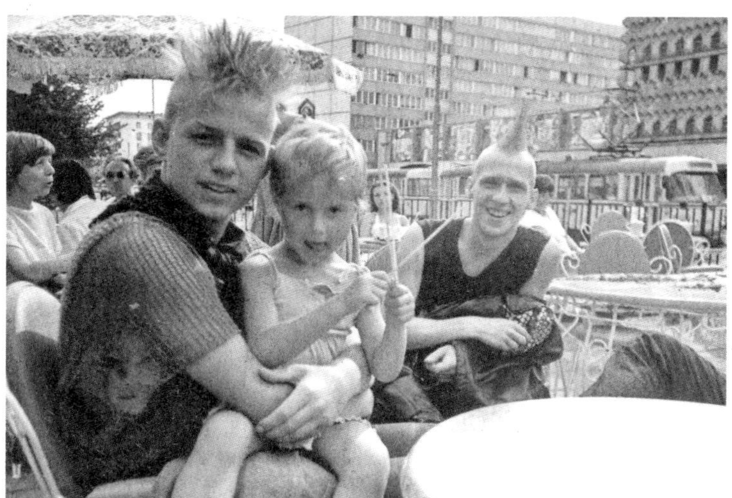

Punks am Treffpunkt *Marietta-Bar*, Mitte der Achtzigerjahre, Magdeburg

Ich war mehrfach in Stotternheim, das war großartig, hat mich begeistert! Viele Punkfreaks, also die richtig harten Typen, hatten meist nicht so eine Bindung zum Elternhaus, wie Otze sie hatte. Das war damals unvorstellbar, dass er mal seinen Vater erschlagen würde! Zu seiner Mutter hatte er eine zärtliche, ja eine Art Liebesbeziehung. Zum Vater hatte er auch eine völlig akzeptable Beziehung, wenn es nicht so gewesen wäre, hätte er es mir erzählt. Er hielt ihn einerseits für einen Schwächling, war aber andererseits auch stolz auf ihn. Die Familie ist mit ihrem Riesengehöft nicht in die *LPG* eingetreten, deshalb waren sie auch gemieden im Dorf. Wenn das Hoftor hinter einem zufiel, war man in einer geschützten Burg. Das war ein schönes Gefühl, auch für Gäste. Wir haben uns nicht benehmen müssen wie die braven Jungs, wir waren genauso drauf wie draußen, haben die ganze Nacht gesoffen und laut Musik gehört. Der Schweinestall war als Proberaum umgebaut, isoliert mit Eierverpackungen. Und da haben wir Bier getrunken und geredet, Musik gehört, sind auf irgendwelchen Matratzen eingepennt und morgens hat der Vater die Tür aufgemacht und zwei Einweckgläser mit Leberwurst und Blutwurst und ein Brot reingeworfen. »Ihr müsst doch was essen!« Ich hab harmonische Erinnerungen daran, Streit gabs auch, das ist klar. Wie überall. Die haben auch mal den Strom abgestellt, aber wir haben es ja wie immer übertrieben.

Wenn man Otze besuchen wollte und wusste, er ist in Stotternheim, dann hat man unten geklingelt. Die Chance, eingelassen zu werden, war alleine am größten. Mit Furz und Feuerstein brauchtest du da nicht aufkreuzen. Wenn ich geklingelt hatte, kam Gisela, hat sich aus dem Fenster gelehnt und so getan, als würde sie einen nicht erkennen. »Dieter is nich da«. Ich: »Dieter ist da, ich weiß das!« Sie blieb am Fenster hocken wie das Wachpersonal und sagte, er sei nicht da. Das ging eine ganze Weile hin und her und irgendwann machte dann Otze die Hoftür auf und man war drin. Und drin war alles gut. Die Mutter hat ihn beschützt. Otzes älterer Bruder saß immer im Wohnzimmer rum und hat gebastelt, der war Hobbyfunker.

Nach der Wende war ich nicht mehr in Stotternheim, da hat man das auch nicht mehr nötig gehabt. Davor, wenn man im Winter drei, vier Tage irgendwo rumgehangen hatte, brauchte man einfach mal einen Stützpunkt zum Energietanken. In der Küche wurde für 20 Leute gekocht und gebraten, man ist reingegangen, hat sich den Teller vollgehauen und hat das dann irgendwo gegessen.

Otze und ich waren allein unterwegs, aber wir haben immer schnell Cliquen um uns geschart. Alleine war man flexibler. Wenn man mit einer Zehnerbande rumrennt, geht der Quatsch schon los, mit Demokratie. Das war nicht so unser Ding, wir wollten machen, wozu wir gerade Lust hatten. Wenn uns zuviel Leute begleitet haben, sind wir eben weggegangen. Otze hatte da einen Geheimsinn. Er war im Gegensatz zu vielen Leuten aus der Bewegung ein sehr wacher, intelligenter Mensch. Er hatte die Gabe, Geschichten erzählen zu können, hat sich mit vielem beschäftigt und hat einen immer wieder überrascht.

Mir hat er mal an einem Abend ein altes Radio repariert, danach ging sogar das Kassettenteil wieder. Die Tapes von SK, die vor der Wende kursierten, hatte er meist selbst eingespielt. Auf mehreren Spuren, das war unglaublich, ohne digitale Technik! Das sind für mich auch die besten Songs. Er war ein geschlagener, getretener Hund, der es vielleicht dadurch geschafft hat, sich künstlerisch brillant auszudrücken.

Otze hat viel inszeniert, diese Otze-Superstar-Geschichten wurden meist mit Erfolg gekrönt. Zum Beispiel, wie wir was zu trinken besorgen können, ohne Geld auszugeben. Und ohne zu klauen, weil die Gefahr, erwischt zu werden, für Otze zu groß war. Eine leere Weinbrandflasche wurde mit Tee gefüllt und in die Tasche gesteckt. Dann ein Geschäft gesucht, das diesen Weinbrand verkaufte und eine Flasche in den Korb getan. Als es ans Bezahlen ging, hat Otze noch eine andere Kleinigkeit verlangt und der Andere hat die Flasche schon eingepackt. Dann sagte Otze: »Gib mal Geld, du hast doch das Geld!« Ich sagte, »Ich dachte, du hast das Geld.« »Ach, dann können wir das doch nicht kaufen«, sagte er und ich holte die Flasche wieder raus – natürlich die falsche, die wurde wieder weggestellt. Wir gingen mit dem Weinbrand aus dem Laden.

Solche Pläne hat Otze gemacht. Oder die Geldtauschgeschichte: Er hatte einen Hundertmarkschein von 1910, der war blau. Wie der Hundert-DM-Schein. Das Wappen war auch drauf, die Zahl stimmte. Dann ist er los, hat den Schein zusammengekniffen und auf der Straße Leute angesprochen. Er hat erzählt, er sei Binnenschiffer aus Duisburg und im Magdeburger Hafen an Land gegangen. Jetzt hätte er eben nur noch 100 Westmark und müsse ganz schnell Lebensmittel kaufen, ob ihm jemand helfen könne. Er möchte eins zu eins tauschen. Den Schein hielt er ganz klein gefaltet in der Hand und schaute nervös um sich, weil das ja verboten war, und die braven Bürger sahen die Chance ihres Lebens. Eins zu eins! Das hat geklappt, so etwas hat er öfters gemacht! Manche Geschichten waren sehr kompliziert. Einmal hat er eine Flasche Schnaps vor einer Disko unter einem Stein vergraben und später eine Wette abgeschlossen, wenn er vergrabenen Schnaps finden würde, müsse man ihm noch eine Flasche dazu spendieren. Manchmal ging mir das am Arsch vorbei. Das waren seine Storys und es gab immer ein großes Hallo bei allen, die ihn noch nicht kannten.

Die dollste Geschichte war, als er mich ärgern wollte. Otze hatte eine Briefmarkensammlung in Stotternheim, was ich ihm natürlich anfangs nicht geglaubt habe. Das war oft so, er hat dann nur »Wirst schon sehen!« gemurmelt. Ich selbst hatte schon eine beachtliche Sammlung gehabt, einige schöne und wertvolle Stücke. Wir waren in einer Disko und haben zwei Mädchen kennengelernt und beide mit zu mir genommen. Am Ende war ein Mädel weg und das andere bei mir im Bett, und Otze meinte, die wäre seine gewesen. Ich hab ihm einen Vogel gezeigt. Otze hat die ganze Nacht geschmollt und im Nebenzimmer rumrumort. Dort lagen auch meine Alben. Am nächsten Morgen bin ich aufgestanden und wollte aufs Klo gehen. Ich sah eine Briefmarke im Flur liegen, die etwas angekohlt war, das Klo selbst war verstopft mit angebrannten Briefmarkenresten. Ich ging in die Küche, wo Otze saß, und fragte: »Was'n los?« »Ja, ich war gestern Abend richtig sauer auf dich, wegen dem Mädchen. Ich hab die ganzen Marken durchs Klo gespült, tut mir Leid, du kannst auch alle meine Briefmarken haben. Ich schäme mich ja auch. Ich hab sie verbrannt.« Na, ich dachte, der spinnt und Otze führt mich runter auf den Hof, da war ein kleines Häufchen Asche, wie ein Scheiterhaufen. Es guckte noch eine Zacke raus. Ich wurde langsam richtig sauer, die Alben waren leergeräumt, vor allem die wertvollen Stücke fehlten. Otze sagte immerzu: »Es tut mir Leid, du kriegst meine Marken«, aber ich wollte die ja gar nicht, wurde pampig. »Bist du total bekloppt, du Arschloch?« Otze sagte: »Komm, lass uns mal Kaffee trinken gehen, zieh dir was Schönes an und dann gehen wir los.« Ich sagte: »Ich will nicht Kaffee trinken gehen, du Arschloch«, aber er betonte vor allem, dass ich etwas Schönes anziehen sollte. Also spielte ich mit, er meinte noch, »Hier die Blümchenjacke, die steht dir doch besonders gut.« Das war so ein besticktes Sakko, das er selbst gern getragen hat. Also haben wir in der Nähe einen Kaffee getrunken und er fing immer wieder an, wie schön doch meine Jacke sei. »Haste die mal richtig angeguckt?« Und endlich hab ich gemerkt, dass was mit der Jacke sein muss und das Futter befühlt, und richtig, da hat es geraschelt, da hatte er meine Briefmarken reingenäht. »Tja, ich musste dich ärgern«, sagte Otze, »die ganze Nacht hab ich überlegt, womit ich dich ärgern kann. Und, ist es mir gelungen?«

Dann war es wieder gut, aber das war harter Tobak. Nach der Wende hätte er die Marken verbrannt. Als Freund muss ich konstatieren, dass ihm die Drogen, an die er zu DDR-Zeiten nicht herankommen konnte, nicht gut getan haben. Vielmehr spielt wohl eine Rolle, was ihm angetan wurde, wenn er immer wieder weggesperrt wurde. Otze hat vor keiner Droge halt gemacht, hatte keine Angst vor dem Tod, er war sozusagen mit dem Satan im Bunde. Andere hat er beschützen wollen, hat gesagt: »Lasst mal, das ist alles für Dieter. Ich hab 'nen Pakt mit dem Teufel, für euch ist das nichts.«

Er hat die irrsten Geschichten erzählt, und manches Mal hab ich gesagt, bis hierher hab ich dir geglaubt, aber jetzt nicht mehr. Hier ist Schluss. Und dann war doch noch was dran. Wie die wüste Sache auf dem Alexanderplatz. Da war Otze mit einer Horde RWE-Fans unterwegs, Erfurt sollte gegen den BFC-Dynamo spielen. Die Skins vom BFC standen auf einmal den Punks aus Erfurt gegenüber. Otze sagte zum Chef der Glatzkopfbande: »Pass auf, lass meine Erfurter Freunde in Ruhe! Wir kämpfen jetzt gegeneinander, es reicht doch, wenn die Anführer das unter sich klären.« Sein Problem war nur, dass er total betrunken war. Er war ein leichtes Fressen für den Schlägertypen, der hat ihn in Nullkommanichts zusammengehauen und alle dachten schon, oh Gott, jetzt haut er Otze tot. Der Typ hat sich auf seine Schultern gekniet und ihm rechts und links eine reingehauen. Und Otze ist gestorben. Er ist aus seinem Körper hochgeschwebt, hat sich von oben gesehen, wie er da lag und zusammengeschlagen wurde und dann hat eine Stimme zu ihm gesagt: »Du bist nicht tot.« Er ist aufgewacht und war wieder in seinem Körper, hat keine Schmerzen gespürt, war frisch und nüchtern. Dann ist er aufgestanden und hat den Typen zu Brei geschlagen. Diese Geschichte hat er mir erzählt, und ich hab geantwortet, »Otze, hör auf!« Aber später hab ich die Geschichte von einem Erfurter Punk gehört und ein andermal von einem Erfurter Fußballfan, der auch mit dabei war, und ein BFC-Fan hat mir das erzählt. Alle kannten Otze, er hatte einen gefährlichen Ruf. Alle haben gesehen, Otze war schon fertig und hat am Ende doch gewonnen. Mir hat er das erzählt, als wir mal übers Sterben und den Tod gesprochen haben, es war was dran an dieser Geschichte. Der Tod war ihm vertraut seitdem.

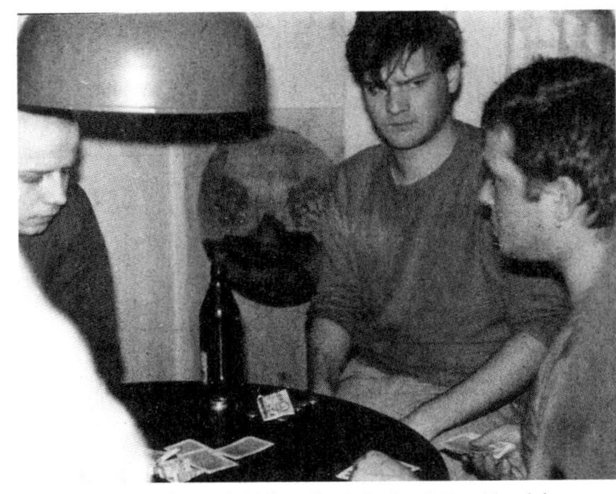

Otze beim 17-und-4-Spiel, Mitte der Achtzigerjahre, Magdeburg

Wenn wir uns monatelang nicht gesehen haben, war Otze manchmal im *Zuckerhäuschen*. Was ihm dort angetan wurde, hat ihm langfristig mehr geschadet als die ganzen Drogen. Es gab keine Vorwarnung, er war vogelfrei. Wenn er aufgegriffen wurde, haben sie ihn weggesperrt und irgendwann war er wieder da. »Die Arschlöcher haben mich wieder eingebuchtet.« Das war alles, was er gesagt hat. Ich habe manchmal leise Stimmen gehört, die meinten, wie kann denn das sein, dass sie den immer einbuchten und dann wieder rauslassen? Ist er am Ende bei der Stasi? Darüber hab ich gelacht, jeder, aber nicht Otze! Ich könnte mir höchstens vorstellen, dass er glauben wollte, auf eine diabolische Komponente einzugehen, aber kooperieren mit dem System, nee. Spinne hat mir sowas mal erzählt, in der intellektuellen Szene Erfurts galt Otze eh als schmierige Ratte, der man nicht trauen konnte. Aber das hat mich nicht interessiert. In Erfurt war generell ein anderes Klima als in Magdeburg, viel brutaler. Die Heavy Metals, die Fußballfans, haben Jagd auf Punks gemacht, in den Dörfern um Erfurt ging es dumpfer und härter zu als in der Börde. Die Künstler-Szene wollte nichts mit ihnen zu tun haben … Bei uns war es entspannter, durch die leichte Mischung der Szenen gab es andere Impulse. In Magdeburg haben sich Otze und die anderen Punks wohler gefühlt.

Otze war nicht gewalttätig, das war nur eine Möglichkeit, auf eine ordentliche Provokation zu reagieren. Wenn man ihn gereizt hat, konnte er bestialisch sein. Mich hat er niemals auch nur angefasst oder mir gedroht. Im Gegenteil. Wenn wir in Kneipen saßen, waren wir die Zielscheibe, die Schießbudenfiguren. Wir sind bewusst und vor allen Dingen mit Otze in solche Kneipen gegangen und es war wunderbar zu beobachten, wie Otze gewaltbereite Leute verbal in Schach halten konnte. Teilweise war das kaum zu glauben. Er hat sie tatsächlich dazu gebracht, dass die sich an unseren Tisch gesetzt und Bier ausgegeben haben. Wenn es gar nicht anders ging, hat er die Sache sehr schnell für sich entschieden. Mit allem, was zur Verfügung stand.

Otze hatte ein starkes Gerechtigkeitsempfinden. Mit dem Alltag in der DDR kam er nicht klar, ich weiß nicht, was ihn geprägt hat, als er klein war. Er hat sich immer stolz als den ersten Punk Thüringens, Erfurts, der DDR, gar der Welt bezeichnet. Und er war es auch. So ein Original aus einem Kuhdorf, wenn der schon 1979 auf dem Trip war, dann stimmt es schon.

Jeder, der Otze länger kannte, hat eine gewisse Distanz zu ihm aufgebaut. Freunde hatte er eigentlich nicht. Nur Nils Kraushaar, genannt Sackhaar, der war später so ein bisschen sein Freund.

In Erfurt war Otze ein Einzelgänger. In Gotha war er eine Galionsfigur und genoss in der Szene einen besseren Ruf, als er ihn in Erfurt jemals hatte. Nach der Wende hab ich ihn einmal in Gotha besucht, er hat mit einer Frau zusammengelebt und es sah kurzzeitig so aus, als ob er sesshaft werden wollte. Er war sogar ein Kuscheltyp, das hab ich dort gesehen und gedacht: »Aha? Das traust du dem Hühnerdieb gar nicht zu.« Da sah er verhältnismäßig normal aus. Ich hab Fotos aus der Zeit, da trägt er Stonewash-Hosen und Schal. Dazu mein Blümchen-Sakko, das hat er irgendwann einbehalten.

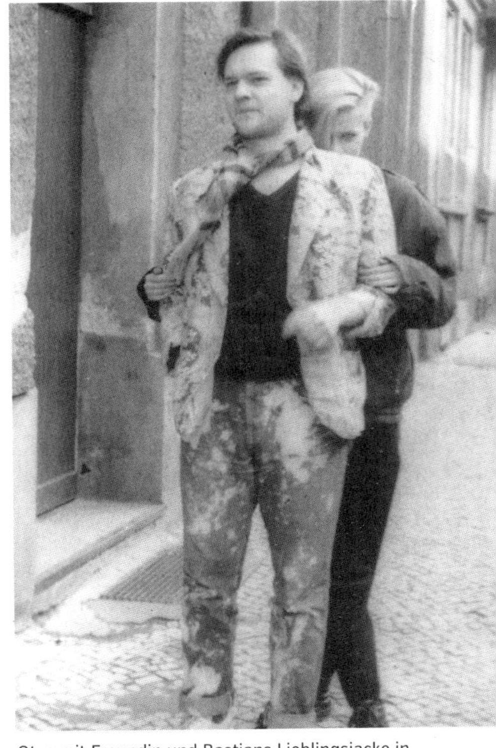

Otze mit Freundin und Bastians Lieblingsjacke in Magdeburg, Ende der Achtzigerjahre

Nach der Wende hat sich Otze schwer verändert. Vielleicht könnte ich auch sagen, ich habe mich verändert. Ich habe viel darüber nachgedacht, weil mir das weh getan hat. Er hat abgebaut, das war zu sehen. Anfang der Neunzigerjahre gingen Sachen nicht mehr, die vorher o.k. waren. Ich konnte ihn nicht mehr allein in meiner Wohnung lassen, weil er besoffen drin lag, als ich mal nach drei Tagen wiederkam. Die Tür stand offen, meine Sachen waren durchwühlt und Otze erzählte mir was vom Fuchs. Eine hanebüchene Lügengeschichte, die wirklich nicht mehr gestimmt hat. Ich sagte: »So geht das nicht mehr mit dir, du kommst auf einen falschen Dampfer in Berlin.« Ich wollte ihn zurück nach Erfurt, nach Thüringen schicken. Dreimal habe ich ihn zum Bahnhof gebracht und in den Zug gesetzt, und zweimal ist er wiedergekommen. War spätestens einen Tag später wieder da. Ich habe mich distanziert von ihm. Ich hätte mich vielleicht mehr um ihn kümmern sollen. Aber ich dachte, Berlin ist nicht gut für ihn, zu viele böse Drogen, zu viele Menschen, die ihn nicht lieben. Bestenfalls fand man ihn putzig. Am Ende hat er nur noch Müll erzählt. Die ersten zwei Jahre ging das noch, SCHLEIMKEIM spielte zwei, drei Mal im *Tacheles*. Auf der Platte »Mach dich doch selbst kaputt« mit dem Live-Mitschnitt aus Chemnitz ist ein Foto von einem Konzert im *Tacheles* auf dem Cover.

Ich glaube, Otze ist nach Berlin gekommen, um seine Musikkarriere zu festigen. Er wollte ein Punkrockstar sein. Aber es war schon vorbei, er hatte keine Band mehr. Die hatten alle schon die Schnauze voll. Das war Mitte der Neunziger. Zwei, drei Jahre vorher war es was anderes gewesen. Das war die Zeit, wo die jungen Punkleute aktiv SCHLEIMKEIM kennengelernt haben, da sind sie getourt. Es war eine neue Band, sie hatten ein Label. Aber dann gab es wahrscheinlich zu viel Alkohol, zu viele Drogen und Otze ist getillt. Es gab Spannungen zwischen rechts und links, und Otze war keineswegs rechts, aber auch nicht in der Lage und bereit, sich festzulegen. Die Antifa war ihm zu blöd, der Westscheiß ging ihm auf den Geist. Im Osten, alltagspolitisch, hat er was zu sagen gehabt. Aber eigentlich war er ein Rockballadensänger und Dichter. Schrieb Liebeslieder bizarrster Natur! Als reiner Künstler wurde er nicht ernst genommen. Das hat ihm bestimmt wehgetan, denn er hat sich zu Recht als Künstler gesehen. Da waren Parallelen zu schrägen Rockstars, die es immer wieder gibt, wenn man sagt, schade dass sie so labil sind, drogensüchtig und so wenig ehrgeizig. Auf der anderen Seite sind sie selbstbewusst und eitel und setzen sich gern in Szene.

Zu Ostzeiten haben wir schon Drogen genommen, aber in einer anderen Dimension. Tabletten, alles was da war, Antiepileptika, Faustan, Radedorm, Radepur. Was Otze sich dann später reingezogen hat, war mir zu doof. Da hab ich nicht mitgemacht. Ich hatte auch eine Freundin, die Drogenfeindin war. Und ihr war Otze äußerst suspekt. Otze hatte immer Paranoia, er hat sich permanent verfolgt gefühlt, aber ohne Angst zu haben. Als die Feinde weg waren, hat er sich was anderes konstruiert. Er war sinnlich, sensibel. Oft hat er gesagt, dass er sich mit dem Alten Tod unterhalten hat. Das war sein Freund, der hat eben auch gesagt, wir können weitertrinken, das ist o.k. Otze hat auch damit kokettiert, hat sich immer inszeniert. Er war seine eigene Kunstfigur.

1995 war ich in Portugal im Urlaub, da hat man mich angerufen und gesagt: »Dein Freund Otze, der dreht hier total durch im *Tacheles*, der ist mit einem Hammer bewaffnet und schlägt um sich!« Da wusste ich schon, dem ist nicht mehr zu helfen. Er wurde dann massivst rausgeprügelt. Zu der Zeit hat er unterm Tresen im Café geschlafen, bis mich das *Tacheles* beauftragt hat, »diesen Menschen« zu entfernen. Er hatte Zombieallüren. Die Leute hatten Angst vor ihm, er hat im ganzen Haus sein dubioses Unwesen getrieben. Ich sagte zu ihm: »Geh doch zurück nach Gotha«, davon hat er ja auch immer geschwärmt, wie schön es dort gewesen ist. Nachdem ich ihn zum dritten Mal in den Zug gesetzt habe, ist er weggeblieben und nicht wieder gekommen. Für mich war das Thema Otze abgeschlossen, ich hatte die Schnauze voll. Ich habe ihn nie mehr gesehen.

Jana Schloßer, Jahrgang 1964, war von 1983 bis 1987 Sängerin der Ostberliner Punkband NAMENLOS, seit 1993 Erzieherin

Ich bin in Halle geboren und hatte ein sehr engstirniges Elternhaus. Mit siebzehn, achtzehn hatte ich mich mit langhaarigen Kirchenfreaks angefreundet, weil die ein bisschen flippig waren, anders dachten. Zufällig hörte ich zu dieser Zeit auf meinem Sternrekorder, den ich zur Jugendweihe geschenkt bekommen hatte, eine Reportage über Punk. Schlechte Qualität, es rauschte nebenbei. Da wurde ich hellhörig. Sie erzählten über deren Ansichten und Aussehen, das gefiel mir irgendwie alles! Punks machen ihre Klamotten aus Müll – der Einheitsschick der DDR war mir auch nicht angenehm. Und die sind aggressiv, verstehen sich nicht mit den Rockern, Poppern und Pennern. Über die politischen Hintergründe und was da in England gerade los war, wusste ich wenig. Und dann kam ein Lied von den Sex Pistols, da war ich hin und weg. Das hat mich mitten ins Herz getroffen. Vielleicht war es »no future«, ich hatte kein Englisch in der Schule, ich hab gar nichts verstanden. Es war der Rhythmus, das Gefühl. Die hatten komischerweise genau mein Lebensgefühl eingefangen und ausgedrückt.

Mit einem Heft vom »Neuen Leben« und ner »Bravo«, wo Bilder von Punks drin waren, die ich total geil fand, hab ich angefangen, rumzuexperimentieren. Bunte Haare und Sticker aus Suralin, einer elend harten Knete. Das war nicht so einfach, die kleinen Sticker sind angebrannt oder haben sich gewellt. Man musste genau den richtigen Moment treffen und hinten noch ne Sicherheitsnadel einbauen. Vorne hab ich die müheselig beschriftet, mit Folien, von denen man Buchstaben abrubbeln konnte und sie mit Nagellack lackiert. Dann war gut. Anfangs mit ner Freundin, die zuerst begeistert war. Aber sie hat viel Ärger mit ihren Eltern und so bekommen und ist ausgestiegen. Ich war schließlich die einzige Punkfrau in Halle. Es gab nur Jungs. Das war 1982. Mir wurde schnell langweilig. Wir sind zu sechst, zu siebent rumgezogen und in mir reifte der Wunsch, die Stadt zu wechseln. Entweder Leipzig, da gab's mehr Punks, die ich kannte, oder Berlin. Ich hab rumgeforscht, wo würde ich mich wohlfühlen? In meiner »Bravo« stand, die Punks in Ostberlin würden sich dort auf dem Kulturpark treffen. Aber nicht, an welchen Tagen. Ich bin hingefahren, kannte mich überhaupt nicht aus. Hab rumgesucht und bin angesprochen worden, ob ich nicht als Gespenst in der Gespensterbahn arbeiten wolle.

Alleine war es immer ein bisschen schwierig, das Aufsehen auszuhalten, das man erregt hat. Die Anfeindungen, die Aufregung. Manchmal wollte man das, manchmal war es auch schwierig. Ich hab von den Geisterbahnbesitzern erfahren, dass die Punks an anderen Tagen kommen. Schöne Scheiße. Also zum Alex. Tute wusste ich noch. Am späten Nachmittag hab ich da zwei Punks getroffen. Wir haben gleich zusammen ne Grilletta gegessen, in Lichtenberg in solchen bescheuerten gekachelten Gängen. Haben bei einem übernachtet. Die Mutter war Alkoholikerin, wohnte in einem finsteren Loch. Das hatte ich noch nie erlebt. Alleinstehend, Kellerloch, du musstest runtergehen, die Fenster waren mit Brettern vernagelt, ich war erschrocken. Die Küche keimig, wir kamen nur rein, weil wir ne Flasche Schnaps mitbrachten.

Ich bin gleich nach Berlin gezogen, hatte über Freunde ne Adresse von Katrin Schilling, der Tochter von Walter Schilling, wo ich mich als Untermieterin anmelden konnte. Ich hab aber den Fehler gemacht, als Punk zur Meldestelle zu gehen und bin gleich auf dem Revier in Lichtenberg gelandet. Das Passbild stimmte nicht mit dem Aussehen überein, also ab zur Identitätsprüfung. Der Fotograf war als einziger nett, hat mich von allen Seiten fotografiert. Nach den langen Verhören sah ich jegnietscht aus. Ich musste unterschreiben, dass ich innerhalb von vierundzwanzig Stunden die Hauptstadt verlassen würde, zu meinen Eltern zurückkehre. Ich hab unterschrieben und sagte mir im Stillen, naja, ich find schon noch wat! Ich war anfangs in der Schönflie-ßer Straße bei meiner Freundin untergekrochen. Die hatte ein kleines Zimmer bei ihrer Tante Wilfriede, wo lauter kreative Leute, Sascha Anderson, Conny Schleime und andere ein und ausgingen. Mir war klar, dass die Bullen überwachen, ob ich die Auflagen einhalte, mich abfangen. Ich wollte unbedingt nach Berlin und dachte, die suchen doch einen Punk! Wenn du dir nun aber ein Kopftuch umbindest und einen langen Rock anziehst, und deine Nickelbrille wieder aufsetzt, was sowieso besser ist, weil du dann am Ende och besser siehst, dann erkennen die dich doch gar nicht! So war das. Ich hab die gesehen, die haben mich nicht erkannt. Ich bin eine ganze Weile so rumgelaufen. Hab mich Sieglinde genannt. Die Punks haben mich als Sieglinde natürlich absolut ignoriert. Hippieschlampe eben. Ich konnte mich dann später bei jemand anderem anmelden, das ging. Tschaka! Als ich die Adresse im Ausweis hatte, hab ich das Kopftuch weggeworfen!

Gewohnt hab ich bei meiner Freundin Mita. Mich hatten Künstlerkreise fasziniert und ich war schon in Halle mal kurz mit Moritz Götze zusammen, da tauchte auch Mita auf. In Berlin wurden wir schnell sehr eng miteinander. Sie machte ihre Töpferlehre und hatte ein Zimmerchen in der Werkstatt von Wilfriede Maaß. Wir wurden nur im Doppelpack wahrgenommen. Noch als Sieglinde hab ich einen Punk kennenglernt, aber dieser Micha hat mich erst wahrgenommen, als das Kopftuch runter war. Es wurde zu eng bei meiner Freundin und unser zukünftiger Gitarrist und Vater meines Sohnes hat mich aufgenommen. Es stellte sich schnell heraus, dass er schon mit einem Kumpel und Rostocker Punks versucht hatte, ne Band aufzuziehen. Es existierten Rhythmen und Texte. Ich hatte auch immer mal aufgeschrieben, was mich beschäftigt hat und gereimt. Mach ich heute immer noch gerne. Meine Freundin Mita hatte immer ein kleines Kinderköfferchen bei auf Reisen und zwei Schlagzeugstöcke und trommelte damit rum, das war gar nicht so schlecht. Sie hatte Talent, das war zu merken. Es ging ganz schnell, wir beschlossen, gemeinsam Musik zu machen. Unter der Töpferwerkstatt gab's einen leeren Keller, den haben wir isoliert mit Lumpen und Eierpackungen und hatten innerhalb von drei Monaten ne Band. Mit viel Energie und Freude haben wir alles aufgetrieben, ich hab mehr geschrieen und nicht so oft gesungen. Ich musste einen Punkt überwinden, wenn ich länger nicht gesungen hatte, dann ging's wieder mit der Schreierei. Das waren die Stimmbänder nicht gewöhnt.

Unseren ersten Auftritt hatten wir im April 83′ in Halle, durch Moritz Götze. Er hatte in der Christusgemeinde ein Konzert organisiert, wo auch seine Band GRÖSSENWAHN auftrat. Er hatte uns eingeplant, ein Plakat gestaltet und weil wir keinen Namen haben wollten, um nicht von der Stasi drangsaliert zu werden, hat Moritz eben NAMENLOS drauf geschrieben. Da hatten wir unseren Namen weg. Wir haben ein paar Melodien gefunden, Texte genommen und los ging's. Explosionsartig. Und schon ging ab zum Punkfestival. Ich bin von den Bullen in einen Zug zurück nach Berlin gesteckt worden. Unterwegs bin ich ausgestiegen und wieder nach Halle gefahren, hatte sehr große Angst, dass die mich nochmal abfangen am Bahnhof. Aber es herrschte Chaos, weil ein Fußballspiel war und den Bullen fiel eine einzelne Punkfrau nicht ganz so auf. Ich steckte plötzlich in einem Ring Fußballfans, die im Chor riefen, »jeder Punker ist ein Kranker«. Ich stand alleine in der Mitte und hab nicht reagiert. Wollte zur Kirche. Erstes Konzert ohne Sängerin, die waren aufgeschmissen ohne mich. Ich kam in dem Moment an, wo die Band schon auf der Bühne stand. Die ersten Songs, die Micha gesungen hat, waren schon gelaufen. Wir waren auch die letzten, danach hat keine Band mehr gespielt.

SCHLEIMKEIM hab ich auf Konzerten immer verpasst. »Komm zu mir Marianne, komm zurück Marianne …« das haben wir oft auf Zugfahrten gesungen. Aber das stammte vielleicht gar nicht von Schleimkeim. Nee, wenn ich nachdenke, das muss RESTBESTAND aus Magdeburg gewesen sein. In Karl-Marx-Stadt im Sommer 83 hab ich die auch nicht wahrgenommen, vielleicht haben da nur WUTANFALL, PLANLOS und wir gespielt. Bei PLANLOS waren alle noch ein bisschen gelangweilt, standen in der Gegend rum. Ein paar Langhaarige hüpften. Ich hatte den Frust von Pankow gespürt und dachte schon, ob das wohl bei uns auch so wird? Auf einmal füllte sich die Wiese, als wir anfingen. Wir hatten ein paar düstere Lieder, die nicht so klassischerer Punk waren, wo ich auch ganz hoch singe. Eher experimentell, wird am Ende noch zum Punk, da schreie ich. Das war es vielleicht, was die Leute hat aufhorchen lassen. Das hat Spaß gemacht! Wenn man singt und keiner reagiert, das war frustrierend, man hatte ja auch nicht so oft Auftritte. Wir

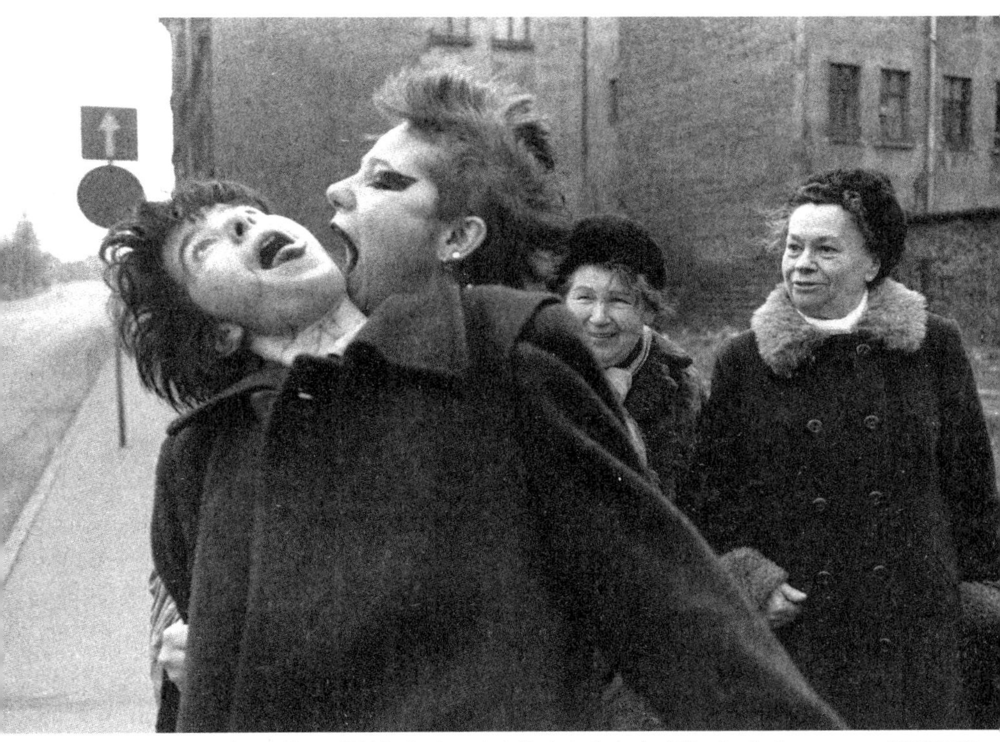

Mita und Jana, 1983 im Seeburgviertel in Leipzig, in der Nähe des Proberaums von WUTANFALL

haben dort gepennt, in einem Saal voll mit Schlafsäcken, ich bin mir fast sicher, dass SCHLEIMKEIM da nicht dabei war.

Ich hab den Otze erst kennengelernt, als er mit Cabi zusammen war. Lange ging das nicht, ein paar Monate. Er war männlich, dominant, nicht unsympathisch. Ein bisschen einfach gestrickt. Cabi hatte öfter heftige Typen. Otze und Cabi sind händchenhaltend rumgerannt, es war ersichtlich, dass sie ein Pärchen waren. Ein Erlebnis hatte ich mit ihm, da war er bei mir unten durch. Ich hatte auch als jugendlicher Punk gewisse moralische Vorstellungen im Kopf, wenn denen jemand nicht entsprochen hat, kam es eben vor, dass derjenige unten durch war. Es muss um 1986 gewesen sein, mein Sohn war schon geboren. Wir sind zusammen ins Kino gegangen. Kino International, da lief »Greystoke – Die Legende von Tarzan, Herr der Affen.« Das war ein sehr beeindruckender Film, es war eine moderne Verfilmung mit ökologischen Aspekten. Die englische Gesellschaft hatte Tarzan aufgenommen und er fand seinen Platz als Exot. In einer Situation, wo er ein Museum eröffnen soll, eine Art Naturkundemuseum, sieht er plötzlich ausgestopfte Affen, seine Familie sozusagen. Am Anfang des Films wurde gezeigt, wie er bei denen aufgewachsen war. In einem Hinterzimmer des Museums entdeckt er in einem Käfig seinen Vater, den Silberrücken. Das war emotional tiefbewegend. Wir kamen raus und saßen auf einer Wiese vor dem Kino und haben uns bei einer Flasche Wein unterhalten darüber. Wie schlimm das ist, im Sinne der Wissenschaft Tiere auszustopfen, die Umwelt zu verkaufen, zu vermarkten. Wir haben über solche Strukturen diskutiert und waren alle einer Meinung, allet Scheiße, nur wir nich! Wir gehen nie wieder inn Zoo und in so ein Museum! Später winkten wir ein Schwarztaxi ran, da hielt ein Ungar. Der wollte uns mit in sein Studentenwohnheim nehmen, da wäre noch Disko – es war ja im Osten immer Feierabend nach ner bestimmten Uhrzeit, also wollten wir. Ich weiß nicht mehr, wo das war, Neubauten mit Einlass, er hat uns vorbeigeschleust. Doch da war keine Disko mehr, öhh. Cabi und ich wollten noch ein bisschen mit dem Hintern wackeln und rumhopsen. Trinken wir noch ne Flasche Wein auf meinem Zimmer, meinte der Ungar. Sind wir mit hoch und dann hat der Otze uns immer angepriesen, als gute Frauen, uns auf die Schenkel geklopft, gute Frauen. Wir wollten noch Duschen und Weintrinken, zu Hause hatten wir ja nur ne Spüle zum Waschen, das war Luxus im Wohnheim. Der Ungar ging ne Flasche Wein holen und hat Otze vorher Westgeld auf den Tisch gelegt. Otze hat praktisch den Zuhälter markiert, ich fand das unmöglich! Er hat das Geld eingesteckt, ich hab Cabi mitgenommen, gesagt, wir gehen. Lass das Westgeld liegen! Ich wollte, dass er so fair ist und das Geld zurückgibt, aber Otze sagte immer nur, hab dich nicht so, damit machen wir uns jetzt nen schönen Abend! Haben wir doch jut jemacht. Das hat mir gar nicht gefallen, seitdem war er bei mir unten durch, auch wenn es ne Show war. Aber wenn wir gesagt hätten, ok, dann machen wir das jetzt, wäre es wohl so gelaufen. Das werde ich nicht vergessen, das hat mich auch zu Cabi auf Distanz gehen lassen.

Später hab ich nur die Sachen gehört, dass er drogenabhängig war und dass er seinen Vater erschlagen hat. Ich war entsetzt, aber das war nicht unvorstellbar für mich, rein intuitiv. Das klang nicht gut, was man von ihm hörte. Seine Musik erschien mir eher so wie jemand, der sehr brutal sein kann. Den Menschen wollt ich nicht näher kennenlernen nach der Geschichte. Was Conny Schleime sagte in dem Dok-Film, finde ich nachvollziehbar, Otze hat Schlagzeug gespielt wie ein Schlachter. So ging mir das auch. Die Musik hat für mich hintergründig Brutalität ausgestrahlt. Das ging einem nahe, aber es hat mich nicht im Herzen getroffen, wie die Sex Pistols. Es war Punk, aber mir ein Stück zu brutal. Oder primitiv.

Wir sind komischerweise genau an den Tag verhaftet worden, an dem wir beschlossen hatten, uns nochmal zusammenzusetzen und uns abzusprechen, wie wir uns im Falle einer Verhaftung verhalten. Das war große Scheiße, weil sich jeder von uns anders verhalten hat. Wir hatten damit gerechnet, verhaftet zu werden. Nicht damit, wie das dann aussieht. Mita hat gar nichts ausgesagt, was das Beste war. Ich hab gedacht, die wissen was, also gibst du ein paar Sachen zu und verheimlichst, was gefährlich sein könnte. Den Bassist haben sie erst später verhaftet, weil sie erst den falschen hatten. Die haben alles kaputt gemacht, unseren Enthusiasmus. Für Liedtexte. Im Strafvollzug war ich auf der Burg Hoheneck, da saß ich mehrfach im Arrest. Vorher auch schon, in der U-Haft. Ich wollte denen zeigen, dass ich mich nicht unterkriegen lasse. Da hab ich mich selber ganz schön geschädigt, indem ich mich in den Keller katapultiert habe, drei Wochen Einzelhaft und finsterste Bedingungen. War nicht so clever, aber das stellt sich ja erst im Nachhinein raus. Die Spätfolgen gehen erst so ab 30 los, wenn der Mensch zur Ruhe kommt, da brechen sich die traumatischen Sachen ihre Bahn.

Bei mir haben sie in der U-Haft probiert, mich zu terrorisieren, um mich zur Mitarbeit zu bewegen. Ich hatte damals gerade zwei Monate einen Hund aus dem Tierheim, den mir Colonel gebracht hatte. Der war mir sehr wichtig, weil er geschädigt war und gerade anfing, auf mich zu hören. Vertrauen zu entwickeln. An dem Punkt wurde ich verhaftet und dachte, »au scheiße, der arme Hund! Wenn der wieder ins Tierheim kommt, kriegt er ne Krise.« Ich hab immer wieder nachgehakt und mein Vernehmer hat geschnallt, wie wichtig mir das war und hat versucht, mich zu erpressen. Ich könne bald den Hund wiederhaben, draußen bei ihm sein, usw. Hinterher habe ich erfahren, dass der Hund ziemlich bald eingeschläfert worden war. Angeblich hätte er aggressiv reagiert auf Uniformen. Das hat mich jahrelang berührt. Ich hatte sogar eine Vollmacht unterschrieben, dass Colonel den Hund im Tierheim abholen darf, hab mich in dem Glauben gewiegt, dass es ihm gut geht …

Micha und ich haben am längsten gesessen, weil wir die Texte geschrieben hatten. Jeder von uns wollte den anderen schützen, hat sich selbst beschuldigt, die Texte geschrieben zu haben. Keiner von uns hatte einen Ausreisantrag gestellt, trotzdem wollten sie uns abschieben. Ich wollte den Osten verändern, das war immer noch da. Ich dachte, ich bleib hier, vielleicht wäre es besser gewesen, mich abschieben zu lassen. Ich wusste auch nicht, was in der Zeit in der Punkszene passiert war, viele waren erpresst worden, in die Armee gezogen – auf jeden Fall war eine Veränderung da, als ich raus kam. In mir selber und in der Szene. Ich hatte die Vorstellung gehabt, ich komme in den gleichen geborgenen Raum zurück. Den gab es nicht mehr nach anderthalb Jahren. Da entwickelt sich viel innerhalb einer Jugendbewegung. Die Leute waren anders und ich hab das auf mich bezogen, dass ich mich vielleicht geändert habe im Knast. Natürlich hatte ich mich verändert – und ich fühlte mich nicht mehr so richtig dazugehörig. Es war nicht zu beschreiben, was ich erlebt hatte. Es hat auch keiner groß gefragt. Ich hatte meinen Stolz, wollte damals nicht zugegeben, dass ich gelitten habe, soweit war ich noch nicht, oder es war mir nicht bewusst. Trotzdem hatte ich die Verletzungen und es war schwer für mich, klarzukommen. Die anderen waren draußen gewesen. Erst viel später habe ich mich Leuten verbunden gefühlt, die ähnliche Dinge erlebt hatten. Ich hab komischerweise damals kaum drüber geredet, auch mit Otze nicht. Obwohl man ja wusste, wer gesessen hat. Es schwebte immer im Hintergrund, ich hatte zwei Jahre Bewährung, weil sie mich hatten abschieben wollten und ich letztendlich zwei Monate früher raus kam. Das war ein Scheißgefühl, ich konnte nich mal ein Brett auf der Straße klauen. Micha war dann noch sehr aktiv mit Flugblättern usw., da hab ich mich rausgehalten, wir haben ja 86´ unser Kind bekommen und ich wollte dann nichts Genaues wissen. Hatte Schiss.

In den letzten Jahren hab ich auch immer wieder mal gesungen, als alter Zausel – nach 25 Jahren! Ich hab das der Band zu Gefallen getan und kam mir seltsam vor. Aber da kommen nun so süße Achtzehnjährige an und sagen, »och, das ich euch nochmal sehen kann, ist sooo toll. Ich hab die und die Sachen von euch, aber es gibt ja so wenig!« Das berührt. Ich hatte wahrscheinlich ne ganz andere Herangehensweise an Punk als SCHLEIMKEIM, vielleicht war ich der weibliche Part, auch auf jeden Fall gefühlsmäßiger. Ich hab nicht so den Draht dazu gefunden. War nicht mein Ding. Im Prinzip ist Punk ja primitiv. Drei Akkorde und man singt. Bei uns ist das Emotionale in die Musik eingeflossen. SCHLEIMKEIM war Schrummelpunk.

Mita Schamal, Jahrgang 1966, spielte von 1982–83 in der Ost-Berliner Band NAMENLOS, 1983 politische Haft, Taxifahrerin, Töpferin und Tonkünstlerin

Ich hab mit sechzehn im September 1982 meine Lehre angefangen bei Wilfriede Maas und war damit hauptsächlich in Berlin. Irgendwann bin ich auf dem U-Bahnhof Schönhauser Allee rumgelaufen und da kommt so ein Mob Punks entlang, ich hab interessiert geguckt und Colonel hat mich angesprochen, gefragt, ob ich mitkomme. Ich bin eingestiegen und mitgefahren, von da an war ich dabei.

Ich bin in Berlin geboren, aufgewachsen Prenzlauer Berg und zur fünften Klasse mit meiner Mutter und ihrem neuen Mann für ein Jahr nach Ahrenshoop, weil ihre Mutter dort lebte und Hilfe brauchte. Meine Mutter war schwanger, sie wollten raus aus Berlin. Nach einem Jahr haben sie ein Haus gefunden, gabs den Umzug in die Nähe von Berlin. Es ist ja vielleicht bekannt, dass in Randgebieten von Ballungszentren ziemlich dumme Menschen leben – und da musste ich hin! 7. bis 10. Klasse auf diesem Dorf. Ich hatte schon vorher alle meine Freunde aus Berlin nicht mehr gehabt und war vorpubertär, wollte ein Junge sein, hatte einen kleinen Bruder, einen neuen Vater und alles sowas und musste eben auf dieses Land mitziehen. Meine Eltern haben viel Zeit in das Haus investiert, umgebaut, ausgebaut – und hatten noch ein Kind. Um das ich mich dann gekümmert habe, hauptsächlich. Und auch gerne.

Nach der Zehnten wollten alle, dass ich Abi mache, aber ich hab gesagt, nein, ich will weg aus diesem Scheiß-Schulsystem und aus dem Dorf. Ich wollte Automechaniker werden, oder Töpfer, Hauptsache weg hier – ich kam nach Berlin und dachte, endlich raus! In diesem Zustand,

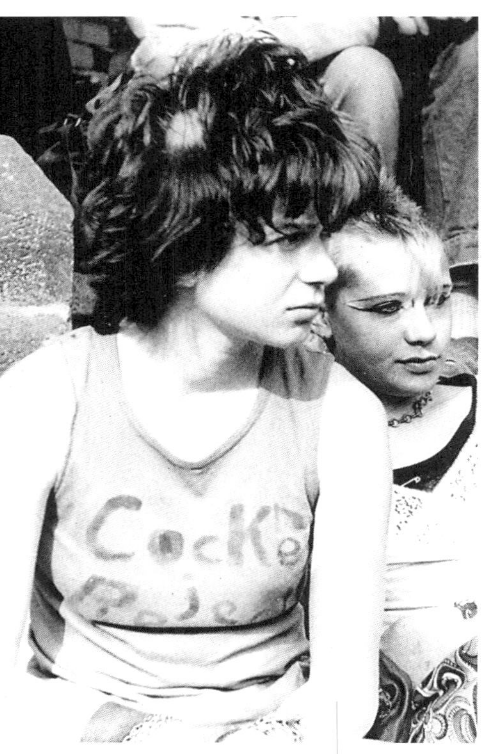

Mita und Jana in Karl-Marx-Stadt, 1983

oh toll, hier, mit sechzehn, wo man anfängt, sich zu verlieben und alles genießen zu wollen, stehe ich auf dem U-Bahnhof und da kommen diese Jungs, die toll aussehen und mir gefallen und mich auch noch einladen.

Jana kam erst später zu mir, sie kannte einen Freund, den ich auch kannte, aus Halle, wollte nach Berlin und hatte erfahren, dass man bei mir um Unterkunft anklingeln könnte. Sie kam und von da an waren wir befreundet. Waren immer zusammen, mit den Punks und ohne die Punks. Ich schätze, wir beide waren die einzigen Berliner, die rumgefahren sind in der DDR, und Punks gesucht haben, in größeren Städten. Wir hatten immer irgendwas erfahren, sind hingefahren und haben die gesucht. So war das auch mit Erfurt, wir wussten, da gibt es einen, der heißt Spinne, wir nach Erfurt, meist sehr abenteuerlich, mit schwarzfahren und so, aus- und wieder einsteigen, kamen an, sind auf den Anger und haben Leute gefragt, ob sie nicht Spinne kennen. Irgendwann fragten wir so einen Typen, der ziemlich punkig aussah, irgendwie geil, ob er Spinne kennt. Der hat gesagt, dass er den kennt, dass er das nämlich selber ist. Wir hatten ihn also getroffen, und von da an war klar, wir gehören jetzt zusammen. Das war sowieso immer so. Er hat uns mitgenommen in die Kürschnergasse, es gab ne Ausstellung, weiter weiß ich nichts mehr, nur, dass wir jetzt Verbindung hatten zur Kürschnergasse und den anderen Jungs in und um Erfurt. Mädchen waren Mangelware bei den Punks. Wenn da Mädchen waren, waren es keine Punks, sondern einfach so schicke Weiber, die dranhingen.

Wir kamen in das Haus in der Kürschnergasse, ein schönes kleines besetztes Häuschen. Zweistöckig, hinten ein kleiner Bach und unten drin ein Proberaum. Ein Lunger-Raum, in dem man auch Schlagzeug spielen konnte. Alle gehörten dazu, und einer, an den ich mich verschwommen erinnere, war hässlich, dreckig, laut. Und Punk. Das war ein Grundgefühl, ja, sie gehören dazu, auch wenn es irgendwie unangenehm ist. Im Unterschied zu Spinne und Tuckie und so waren die einfach nicht sensibel – ich stehe ja auf sensible Menschen. Spinne sieht äußerlich schon sehr sensibel aus, zart, schlank und schöne Hände – und Otze war das totale Gegenteil. Aber er war eben auch Punk und alle Punks gehören zusammen, klar.

Ich fand die Musik total geil, die Songs waren Spitze. Ich weiß nicht genau, woher ich die kannte, Kassetten wahrscheinlich, wir haben da bestimmt auch zusammen geprobt, ich erinnere mich besonders an den einen Song: »… wenn ich so was seh, tut mir alles weh, von der Schnauze bis zum Zeh.« Ich fand das phänomenal, dass es wirklich Menschen gibt, die so radikal das fühlen, was verdammt nochmal alle anderen sich nicht trauen zu fühlen und das dann auch noch sagen. Diese Energie kam nicht so sehr aus Berlin, ich weiß nicht, ob das stimmt, aber für mich war Berlin immer eher so Upperclass-Punk. Die hatten auch ihre Meinung, haben auch ihre Sachen gesagt, aber es war nicht ganz so rotzig, eben nicht so rotzig wie Schleimkeim! Das lag an der Stadt, der Geografie, Berlin ist die Hauptstadt und die Leute, die da sind, sind Hauptstädter. Einfach anders als alle anderen Städter. Das ist vielleicht in jedem Land so.

Ich persönlich mag Emotionalitäten, die nicht so hochnäsig sind, die pur sind. Ich hatte immer ein Faible für Halle, deshalb war ich auch lange in Halle und och verliebt und so. Ich liebe kleinere Städte immer noch sehr, oder Nicht-Hauptstädte, in denen so ein Kern ist, was schon optisch total angenehm ist, das findste hier ja kaum noch. Burg Giebichenstein zum Beispiel. Oder die ganze Umgebung von der Kürschnergasse. So was ist total schön. Da gibt es viel kulturelle Sachen und viel Austausch, das habe ich immer sehr gemocht. Ich bin im Wendejahr nach Halle gezogen und hab dort ne sehr intensive schöne Zeit erlebt, hab meinen Lieblingsmann und ne neue Band gehabt, und nen völlig anderen Grundduktus, andere Töne, andere Texte und fühlte mich total geborgen. Eher familiär.

Jana und ich sind rumgereist, das ist unglaublich schön gewesen, weil Jana hatte immer so ihre Liebhaber, ich war ja noch Jungfrau, und wir hatten unsere imaginäre Liste. Magdeburg, wir haben von Sid und Rotten gehört und irgendwann stand Rotten auf der Liste und irgendwann haben wir dann einen Haken gemacht, das war immer so lustig! Das ist einfach entstanden, der ist toll und den hätte ich gern, ok, dann machen wir einen Haken. Und ich immer mit. Ich fand Sid ziemlich attraktiv, aber ich war noch nicht so weit. Ich wollte da noch keinen Sex haben, das musste ich zum Glück noch nicht. Man ist unterwegs und lernt alle möglichen schnuckeligen Jungs kennen, die waren ja auch alle hübsch wie Sau. Es gibt wenige, die noch hübsch sind, aber damals waren alle hübsch. Außer Otze.

Wir waren in Rostock, Weimar, Erfurt, oft Leipzig, Halle weniger damals, dort war ich vorher schon privat, ich kannte ja Moritz und hatte schon geprobt. Der Schlagzeuger von GRÖSSENWAHN hat mir die Grundlagen des Schlagzeugs beigebracht. In Gussow, wo ich leben musste, hatte ich zu Weihnachten ein Schlagzeug geschenkt bekommen, für 100 Mark über eine Annonce, ein kleines süßes Ding, das hatte ein Becken mit Rasseln drin. Und Nieten dran. Das war bloß eine Hi-Hat, eine Snare, ein Bass und dieses Becken. Darauf hab ich in meinem Zimmer immer rumgekloppt wie eine Bekloppte, mit Hilfe der Anleitung von Eckstein. Moritz kannte ich aus Künstlerkreisen, vielleicht über Ekke. Eckehard Maas und Sascha Anderson. Ich war ja mitten drin im Nest. Aber vielleicht haben wir uns auch bei Klünders und Löbers, den zwei Töpferfamilien in Ahrenshoop, getroffen. Und in der achten Klasse bin ich oft nach Halle. Deshalb kam ich auch in die Band, mit Jana. Viele Leute sagen, daher hätte ich meinen Schaden, das sehe ich natürlich anders. Klar, im Zuge dessen gab es die Konzerte und die Inhaftierung und so weiter …

In der 9. Klasse ist man vierzehn, da hab ich schon Musik gehört und gemacht. Ich wollte immer Klavier spielen und wenn mir jemand was zeigen konnte, hab ich das gelernt, zum Beispiel von Ekke. Den blöden Biermann-Song, den kann ich immer noch, weil ich es damals gelernt hab. Dann kam die Schlagzeug-Lust, einfach so, das hatte nichts mit Punk zu tun. Einfach nur mit Musik machen. Ich bin in eine Zeit reingewachsen, in der Punk die einzige Möglichkeit war, mich auszudrücken. Als wir das gemacht haben, war nicht wichtig, wie sich das nennt, das war einfach ne Art, was zu machen und zu sagen. Ich hab mich supersauwohl gefühlt mit der Musik. Es ist immer ein supergeiles Gefühl gewesen auf der Bühne, das ganze Flair, alles, was dranhängt, diese Kollegen, Towaritschs, Genossen – einfach extrem cool!

Ich hab irgendwann versucht, Schlagzeug richtig zu lernen, hatte einen Lehrer, der ist an mir verzweifelt. Der wollte mir immer den Wirbel aufdrängen und ich konnte es nicht so, habe gesagt; ich kann gar nicht Schlagzeug spielen, das ist auch gar nicht wichtig. Das hat sich ein bisschen verlaufen. Jetzt mit meiner Tochter bin ich dran gewesen, habe mir ein elektrisches Schlagzeug gekauft, damit sie spielen lernt, das hat auch funktioniert. Sie kann auch den Grundrhythmus, das sollte jeder, und dann stand es sinnlos herum. Jetzt hab ich es verborgt und spiele Gitarre.

Unsere Band Namenlos hat an drei Konzerten aktiv teilgenommen, die waren alle 1983, in Berlin Rummelsburg, Halle und Karl-Marx-Stadt. Meine Mutter hat mich mit meinem kleinen Bruder nach Halle begleitet, wir waren zu dritt unterwegs und die Polizei konnte mich deshalb nicht hopsnehmen. Sie war mein Sicherungsanker und hat mich da reingebracht, in diese Kirche. Sie und mein kleener Bruder. Jana hatte es da schwerer, die kam ja wirklich erst, als wir schon gespielt haben. Wir hatten nur Ärger, alles war voller Spannung. Eine Tretmine nach der anderen. Ich weiß leider nichts Genaues. An Otze bei Konzerten kann ich mich nicht erinnern. Die gönnerhaften Kirchenmenschen wurden immer in den Arsch getreten von den Punks. Nichts hatte Wert und die immer mit ihrem »ja kommt doch zu uns«, und wir: »ja klar kommen wir zu euch, wir scheißen euch in die Küche! Wir geben euch nicht unser Dankeschön, weil, wenn ihr so blöd seid und uns Raum gebt, na bitte schön!« So waren wir, da hat keiner danke gesagt. »Bitte, wir kommen! Nicht: danke, dass wir kommen dürfen.«

Wir sind am 11. August 1983 verhaftet worden. Es ist bald wieder soweit, aber ich denke nicht dran. Ich war nur drei Monate drin, ich war siebzehn, im März danach bin ich achtzehn geworden. Ich bin durch verschiedene Umstände rausgekommen. Für mich war es so: Ich habe da drin Faxen gemacht und mein Vater als Ausländer war Pseudodiplomat und Filmemacher, hatte eine Beziehung zum kommunistischen Staat. Dann noch mein komisches Verhalten, keine Ahnung, die haben gesagt, das Kind muss untersucht werden, ob die psychisch richtig tickt. Ich wurde mit einer Minna in die *Klapper* gefahren, wo wirklich die Leute auf dem Flur rumsaßen wie im Film und du denkst – häh? Ich war bei einem Psychologen in einem Raum, der hat mit mir gesprochen, Spiele gemacht und Tests und Tests und irgendwann rief der an und sagt, er braucht noch drei Stunden und es ging weiter, den ganzen Tag. Das war total schön für mich, ich bin zurückgefahren worden und irgendwann war die Entlassung. Später hab ich das Schriftstück von diesem Psychologen in meiner Akte gelesen. In seinem Gutachten hatte ich den geistigen Stand einer Vierzehnjährigen und war somit nicht haftfähig! Der hat mir geholfen. Er war Mensch in diesem repressiven Staat.

Ob das gut war, weiß ich nicht. Als ich rauskam, war das Horror. Ich war die einzige, die draußen war und meine einzigen drei Freunde waren drin und ich hatte nichts getan. Nichts anderes als die andern. Erstens hatte ich das Gefühl, alle denken, ich bin bei der Stasi, zweitens fühlte ich mich nicht mehr lebenswert und was sollte ich denn jetzt machen ohne meine Freunde und meine Band? Ich kam nicht mehr klar mit den Genossen. Ich wurde depressiv und bin in der Klapper gelandet, nochmal sieben Wochen. Selbstmordversuch undsoweiterundsoweiter. Da ging die Depressionsschiene los und ich weiß nicht, was gewesen wäre, in welches Trauma ich geraten wäre, wenn ich wie alle anderen in Haft geblieben wäre. Und das durchgezogen hätte. Mit Jana in Hoheneck, warum nicht, weeßte, so? Sie hat auch überlebt. Aber sie hat total viele Leiden dadurch. Und ich hab meine Leiden. Wir sind kalt erwischt worden und wir wollten nicht ausreisen.

Otze ist mir sehr präsent, den hab ich wirklich wahrgenommen. Die Band hatte ja den Vertrag mit Sascha Anderson, wo es um die LP ging, die im Westen kommen sollte und dann gab es ja mal so ein Problem, dass die Jungs finanziell nicht genug bekommen haben. Die kamen irgendwann und haben Sascha aufgemischt. Was da konkret war, weiß ich nicht. Ich weiß auch nicht, ob sie ihn verprügelt haben, aber ich muss irgendwie in der Nähe gewesen sein. Ich hab ja bei Wilfriede und Ekke gewohnt und gearbeitet, war ständig dort. Vielleicht ist es auch vertuscht worden von Sascha, weil ihm das total peinlich war – dunkel habe ich eben in Erinnerung, dass die Jungs kommen … Es sind immerzu Leute gekommen, ich war vorne in der Werkstatt, von dort aus ging es nach hinten. Erst in die Küche und durch den Flur in zwei

Wohnräume, einer davon war Saschas Wohnzimmer. Ich war jeden Tag da und habe meine Töpfe gedreht. Das war ein raus und rein – und irgendwie habe ich dunkel in Erinnerung, dass die da waren. Ich hab so ein Bild von einer ganzen Bande, so 'ner Otzenbande, die da durchmarschierte. Mitten durch die beiden Drehscheiben.

Nach dem Knast wohnte ich zuerst auch da, vorher hab ich ja mit Jana Wohnungen besetzt. Wir haben nur diese drei spektakulären Auftritte gehabt bis zum 11. August und dann war Schluss für mich in dieser Band. Jana und A-Micha haben zweieinhalb Jahre gekriegt und wurden nach zwei Jahren und ein paar Monaten rausgelassen auf Bewährung und ich lag unter einem fetten Federbett in meiner Wohnung, war total depressiv, es war keine Beziehung möglich. Jana kam zurück und die haben einfach wieder angefangen, Musik zu machen. Faszinierend! Aber ich war raus. Ich weiß nicht, wieviel das mit der Knasterfahrung zu tun hatte, dass das verboten ist, oder mit meiner Entwicklung. Als meine Freunde im Knast waren, hab ich ja versucht, neue Wege zu gehen. Das ging mehr in Richtung Kunst. Ich hab an der Abendschule Grafik studiert und hatte viel mit den Literaten zu tun, war ja auch mit manchen zusammen, wir haben Bilder gemalt und Gedichte geschrieben, das war so eher mein Thema. Als die beiden rauskamen und gefragt haben, ob wir mit der Band weitermachen, hab ich gesagt, nee. Ja, aber nee, vielleicht haben wir es nochmal versucht,

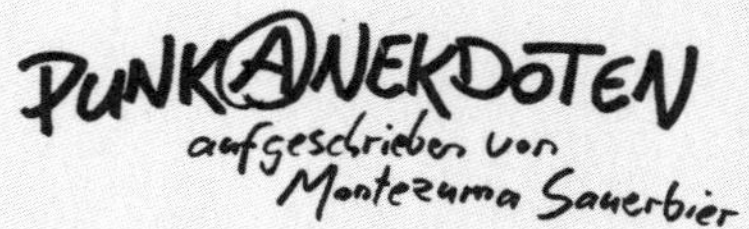

Folge 3: Mirko S., Weimar

»In unsrer Schulzeit gabs dauernd so Versammlungen auf'm Schulhof. Antreten wie bei der Fahne, jede Menge rotes Gelaber und wertlose Abzeichen für Muttersöhnchen und Strebertussen. Die Nummern hießen Appell. Das war dermaßen langweilig, dass wir uns beizeiten Späße ausdachten, um ein bisschen Unruhe zu stiften. Mal warf sich einer hin und blieb quasi ohnmächtig auf'm Platz liegen. Da gabs richtig Aufregung, besorgte Lehrer und so. Hat den ganzen schönen Ablauf durcheinander gebracht. Unser Kollege tat dann ganz benommen und meinte, er wisse gar nicht, wo er sei. Haben die dem echt abgekauft und wir mussten uns auf die Zunge beißen, um nicht laut abzufeiern. Oder wir spielten Prügelei. Einfach aus Jux. War so ne Art hartes Pogoschubsen. Mitten im Block. Herrlich. Die Weiber quiekten und der Appell war gerockt. Da kamen gleich fünf, sechs Lehrer, um uns auseinander zu zerren. Hinterher hats Verweise gehagelt. Und Besendienst auf'm Schulhof. Na und? Scheiß drauf. Das wars wert.«

aber es hat nicht gefruchtet und deshalb haben sie sich nen anderen Schlagzeuger geholt, deshalb ist Ameise mit auf den Platten drauf. Später war ich darauf fixiert, ins Ausland zu reisen, hab meinen Vater gesucht. Mich hat gar nicht interessiert, was dann hier so möglich war, die ganze Anarchie und so – ich musste mich selbst sortieren. Wollte zurechtkommen und mein Ziel verfolgen.

Ich weiß für mich: Eines der schmerzhaftesten Gefühle ist, ungerecht behandelt worden zu sein. Das hatte schon vorher angesetzt und Punk war die Möglichkeit, ein Ventil zu haben, das rauszulassen, die Ohnmacht in eine Aggression oder irgendwas umzuleiten, dass man gehört wurde. Das einzig Sinnvolle an der Punkbewegung ist vielleicht, dass Kreativität kein Limit kennt und keine Einpferchungen in irgendein System von Können. Meine Mutter würde das so ähnlich sagen, die hat mich immer gefördert, in allem, was ich kreativ gemacht habe. Man muss nicht Künstler sein, um kreativ sein zu dürfen.

Cabi, Sängerin bei KEIN TALENT, zeitweise
bei NAMENLOS u. a., Ostberlin

Mit sechzehn, siebzehn fing das bei mir an mit Punk. Ich bin zufällig nach Erfurt gefahren und habe dort auf dem Anger Punks kennengelernt. Die waren sehr entspannt, ich hab lange mit Fozzy geredet. Er meinte, geh doch mal in Berlin in die Erlöserkirche, fahr nach Treptow zu dem und dem, bestell einen schönen Gruß von mir. Das hab ich gemacht und bin so in die Berliner Punk-Szene rein gekommen. Das ist ein hartes Pflaster gewesen. Wenn man hochdeutsch gesprochen hat, war man schon eingebildet. Die haben schnell Leute wieder raus geschmissen, sobald sich einer abgehoben hat.

Ich hab Texte geschrieben und gesungen, wollte eine Band gründen. Die ersten Aufnahmen von KEIN TALENT haben wir in Treptow gemacht, das muss im Februar 1987 gewesen sein. Über die Erlöserkirche kannte ich Lord. Als wir mit den Aufnahmen in seiner Wohnung begannen, kam Dieter dazu und hat den Drumcomputer eingestellt. Dieter konnte super gut mit Technik umgehen, wo andere nicht weiter wussten, hat er es noch hin bekommen. Wir haben ein Tape aufgenommen, Dieter hielt sich ansonsten sehr im Hintergrund. Lord erzählte mir später, dass er in mich verliebt sei. Wir sind eine ganze Zeit später zusammen gekommen, für zwei, drei Monate. An seine Augen kann ich mich gut erinnern. Er war ein kuschliger Typ, ein bisschen bärig. Unerotisch war er jedenfalls nicht! *(lacht)* Er blieb ne längere Zeit in Berlin und ich hab mit ihm gute Sachen erlebt.

Dieter hatte damals einen Freund, den Nils, wir konnten uns nicht leiden. Der stand oft vor der Tür und die beiden sind losgegangen. Manchmal war er zwei, drei Tage weg. Ich bin nicht losgefahren, ihn suchen. Wir waren nicht verklettet. In dem Alter ist man stark ich-bezogen, außerdem hab ich oft gespürt, dass er einen anderen Sog hat. Ich hatte ne Wohnung besetzt, hab mein Ding gemacht. Dieter ist immer wieder zu mir gekommen.

Einmal waren wir mit einer Freundin von mir in einem Ausländerwohnheim, und sie hat mir hinterher erzählt, dass er versucht hat, sie zu verkaufen. Ich hab das gar nicht mitgekriegt, dass er da was rausschlagen wollte! *(lacht)* Er hat sie zu nichts gezwungen, hat bei denen nur so getan, als wäre er ihr Zuhälter! Zuerst wusste sie nüscht davon, das war schon kurios! Sie konnte ihn daraufhin gar nicht mehr leiden und ich hatte nicht mal was gecheckt. Ein andermal waren wir in einer Kneipe, das war die allerletzte Stampe, tiefer grauer Osten, Bier 30 Pfennig. Sie haben dort alle Skat gespielt. Am Anfang ging es um das Bier, am Ende um Geld. Die konnten nicht zahlen, schließlich haben wir bei denen geschlafen, weil Dieter sein Geld haben wollte. Die Leute hatten so 30er Jahre Möbel in der Wohnung stehen und seitdem nicht neues angeschafft. Ob er es bekommen hat, weiß ich nicht mehr. So war sein Leben, er ist nie durch die Tür raus gegangen, durch die er rein gekommen war.

Wir waren viel im Duncker-Klub, Kein Talent war bald vorbei, ich hab eine Zeit bei Namenlos gesungen. Dieter ist ab und zu mitgekommen, hat sich still hingesetzt und zugehört, ein paar solide Tipps gegeben. Ich hab ihn als gutmütigen Menschen kennengelernt. Zwar hat er mit seinem Charme gespielt, auch ein wenig rumgezaubert und war bestimmt zärtlich – aber das stand nicht im Vordergrund. Eher was tun. Und saufen bis zum abwinken, da haben alle ihren Spaß gehabt. Dieter wollte nie angehimmelt werden, das hat er nie gesucht, er war immer auf Augenhöhe mit den anderen.

Irgendwann ist er weiter gezogen. Für mich war klar, ich hätte mein Leben so nicht leben können, immer saufen und sonst wo schlafen, nee, das geht ja nicht für ne Frau. Ich hatte kein Bedürfnis, durch die Gegend zu fahren. Der Staub und der Dreck und dieses ganze Trinken! Du siffst in deiner Suppe. Mal ja, aber nicht wochenlang.

Ich hab ihn einmal wiedergesehen, im SO 36. Da war ich schon mit Lord zusammen. Wir haben uns wahrgenommen, aber es gab keinen Blickkontakt. Die Situation war seltsam und Dieter war Frauen gegenüber schüchtern. Vielleicht hat er manche damit eingewickelt, ich habe ihn nie als berechnend empfunden. Ich bin damals überhaupt nicht auf die Idee gekommen, dass er was von mir wollte. Erst als Lord mir gesagt hatte, dass er verliebt ist, hat sich das ergeben. Dieter war nicht so der Kämpfer, er hat sich von jedem Strudel mitreißen lassen. Vieles hat ihn magnetisch angezogen und er ist immer weiter. Wie in einem Labyrinth, zu sich selbst ist er kaum gekommen. Vielleicht, wenn er fix und fertig war. Er hat vergessen, dass auch er verletzbar ist. Mir hat er von Schlägereien erzählt, wo er genau wusste, von welcher Seite jetzt ein Schlag kommt. Er hat auch was abgekriegt, war aber immer Herr der Lage. Das hat ihn fasziniert. Dass der Körper, in dem er lebt, gleichwohl verwundbar ist, hat er unterschätzt. Oder sich selber überschätzt. Vielleicht hat er nicht gelernt, auf sich zu achten und später keine Grenzen akzeptiert. Er war kompromisslos, er wird sich dadurch viele Feinde gemacht haben.

Dieter war nicht der typische Knacki, es gab ja Leute, die ständig abgeführt wurden. Er war schlau und sah relativ normal aus, keine bunten Haare, Lederjacke – klar. Es waren schon etwas gemäßigtere Zeiten um 1987.

Dieter hatte einen kleinen Hang zur Magie, wie bei dem Kartenspiel. Er hat an dem ganzen Abend kein einziges Spiel verloren, wirklich! Die Leute sind fast verrückt geworden, die sind immer höher gegangen mit ihren Einsätzen, dachten, jetzt muss er aber mal verlieren! Hat er aber nicht. Es war eine irre Summe für damalige Zeiten, die die gar nicht zahlen konnten. Dieter war nicht sonderlich erstaunt, für ihn war das normal. Er glaubte, dass ihm das Geld zusteht. Dennoch hat er das nicht mit einer Prügelei geklärt, haben wir eben bei denen übernachtet. Dieter konnte Scherben essen, ganze Gläser zerbeißen – und machte Versuche mit geraden und ungeraden Zahlen. Er

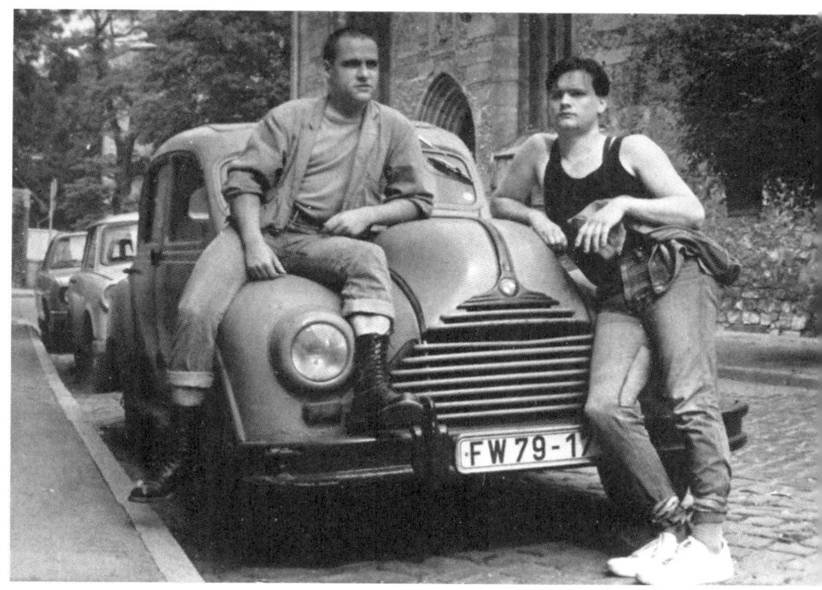

Bastian und Otze posieren in Erfurt

hat Zahlen auf Zettel geschrieben und sie hoch geworfen, wenn sie runter fielen, lagen die ungeraden offen und die geraden verdeckt. Das hat wohl mehrfach geklappt und ihn begeistert. Er hat gerne Dinge probiert, die für andere unbegreiflich waren. Für ihn war das klar, er hat darin eine gewisse Macht gesehen und gespürt. Hatte alles im Griff, doppelt als die anderen, ist ja immer gut gegangen, das Scherbenfressen, das Kartenspiel.

Vielleicht ist diese Gabe der Möglichkeit einer anderen Wahrnehmung zunächst ein Geschenk gewesen, und hat sich später in einen Fluch umgewandelt.

Wir sind nicht im Bösen auseinander gegangen. Weiterziehen war normal, wie das von der Hand in den Mund leben. Er ist nicht spurlos aus meinem Leben verschwunden, ich denke noch oft an ihn. Frage mich, ob er Ruhe gefunden hat. Das klärt er sicher gerade.

Ich habe ihn nie gewalttätig erlebt. Er konnte bestimmt mal gemein sein, das kann jeder, aber er war kein Mörder. Andere ziehen zu Hause aus, wenn es Stress gibt, Dieter ist einen Schritt weiter gegangen – hat

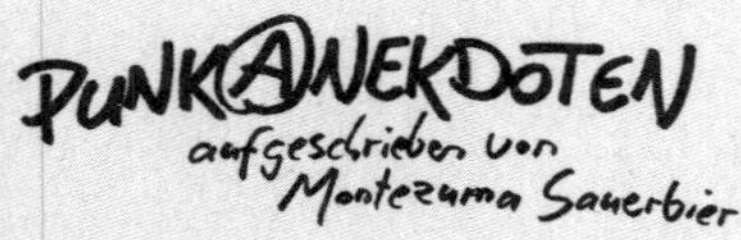

Folge 4: Kurt Sch., Erfurt-Gispersleben

»Die hatten ja nie Knete in der Tasche. Sind immer zu uns raus in die Kneipe gekommen, weil's billiger war, als im Zentrum. Manchmal haben sich drei Leute eine Bockwurst geteilt. Am billigsten war Helles. Hin und wieder hatte ich Mitleid mit denen und hab ihnen eine Runde Braunen spendiert. Ein so n Dünner war danach immer gleich hin. Echt lustig. Worüber sich die Gäste aber heute noch ereifern, ist die Sache mit dem Elcheimer.

Wir hatten immer einen Eimer unter dem Tresen stehen, in den die Bierreste rein kamen. So was haben wir damals nicht weg geschüttet. Damit haben wir ein Schwein zugefüttert. Wenn die Kneipe voll war, füllte sich der Elcheimer auch ganz anständig. Gläser austrinken war im Zeitalter vor der Bierkühlung nicht immer möglich. Und wer genug hatte, ließ auch mal ein halbes Glas stehen.

Den einen Abend waren die Verrückten ziemlich spät ohne einen Knopf in der Tasche vorbeigekommen. Die dachten, ich geb ihnen einfach so mal ein paar Runden Bier aus. Denkste, hab ich denen gesagt, für umsonst gibt's hier nichts. Und der Elcheimer, fragt mich einer zurück, der ist doch schon bezahlt. Aber gern, die Herren, sage ich, tun sie sich nur keinen Zwang an. Und ehe ich mich versehe, steht der Eimer bei denen in der Tischmitte und jeder taucht ein Glas da rein und freut sich. Ich hab mich vielleicht geschüttelt. Das denkt man ja nicht. Von dem Moment an wusste ich, was Alkoholmissbrauch ist. Und die sahen aus. Die Hände nass, die Ärmel nass, der Tisch, der Fußboden. Alles hat geklebt. Nur gut, dass meine Frau schon im Bett war. Sonst hätte ich's wieder abgekriegt.«

vor nichts halt gemacht. Heute schämt er sich für seinen Mord, da bin ich mir ziemlich sicher. Der Teufel will ja eigentlich geliebt werden! Er wurde von Gott aus dem Paradies geschmissen, weil er sich ungeliebt fühlte – und ist selbst ein Gejagter, jagt deswegen andere. Man darf sich von ihm nicht beeinflussen lassen. Wenn man weiß, dass er nicht harmlos ist und dennoch nur geliebt werden will, kann man damit umgehen.

Dieter hätte seine Musik machen, sich verwirklichen, gut leben können. Im Westen Karriere machen. Aber er war nicht mehr er selber. Ihm hafteten zu viele Verhinderer an. Die gehören auch zur dunklen Welt, sie verhindern, dass man ins seine Kraft kommt. Das ist nicht zu unterschätzen, wenn man sie stark bei sich hat, sabotieren sie deinen nächsten Schritt. Du kriegst den Zug nicht, verpasst einen Termin, kommst nicht hoch. Partys sind auch ein Sog, der dich von dir selber wegbringt. Das muss man wissen, erkennen und sagen, so, ich zieh mich jetzt zurück und mach meins.

Ich wünsche Dieter mehr Glück im nächsten Leben, und dass ihm nicht wieder die Verhinderer die Tour vermasseln.

ATAK, bürgerlich Georg Barber, Comiczeichner, aufgewachsen in Frankfurt/Oder, wo er kurzzeitig in der Punkband ATAK spielte, seit 1984 in Ost-Berlin

Ich hab mich einmal mit Otze unterhalten. Da war ein Festival in Rudolstadt und wir sind als Horde runtergefahren. Schleimkeim waren Brüder, und der eine von ihnen war sehr nett. Ich kannte sie vorher nur vom Hörensagen. Und die Kassette natürlich, die damals als schlechte Kopie kursierte von der Platte, mit Zwitschermaschine und Schleimkeim. Bei mir blieb die Zeile »Spione im Cafe« hängen. Das war schon Kult. Allein der Name, die hätten jegliche Musik machen können! Schleimkeim, wie Wutanfall, Bands mit solchen Namen waren cool. Dass die Platte im Westen erschien: Man wusste nicht, was dahinter steckt, man hörte, dass die im Knast waren deswegen.

Speiche hat viel erzählt, die Berliner hatten sowieso die große Schnauze. Die Großen waren mir eigentlich zu ernst, ich war jünger. Die frühen Bands machten doch furchtbare Musik, Namenlos und wie sie alle hießen, das war nicht gut. Erst später kamen die anderen Bands, die mir Spaß gemacht haben, ich war mit Antitrott zusammen, die kamen aus Frankfurt wie ich. Das waren die »DDR-Dead-Kennedys«, die hatten musikalisch mehr drauf.

Wir sind wie die Fußballfans als Rotte rumgezogen. Treffpunkt *Erlöserkirche*, dann als Gruppe los. Speiche dachte immer, er ist der Anführer. Speiche lebte davon, dass er Informationen hatte, wann wo was los war. Das war sein Kapital. Es wollte aber keiner einen Anführer haben. Das widersprach der Idee.

In Rudolstadt war drei Tage lang ein Festival, im Sommer '86 glaub ich, wir haben in einem Dorf im Gemeinderaum gepennt. Und da ist Schleimkeim aufgetreten. Otze saß am Schlagzeug, aber das ist für mich ein Erinnerungsbrei. Ich lese so was auch gern mal nach, wo die Konzerte waren, mit wie vielen Leuten. Das Buch »Wir wollen immer artig sein ...« ist mir in solchen Fällen eine große Hilfe.

Ich bin '84 nach Berlin gekommen. Kurz nach der ersten Ausreisewelle kamen Bands auf wie die Happy Straps, mit denen hing ich immer rum. Aber wir waren die Kleinen, die dritte Generation. Geboren bin ich '67. Das hast du beim Pogotanzen gemerkt, in der Mitte haben die Alten und Dicken getanzt, mit Bauch und Bart. Drumherum die zweite Generation und ganz am Rand wir Kleinen, mit den Frauen. Wir waren schon jedes Wochenende unterwegs. In Rudolstadt sind wir aufgetreten, fällt mir gerade auf. Wir haben nicht geprobt. Ob ich da Bass gespielt habe? Es war ja alles sehr unkompliziert, wir haben einfach Krach gemacht, eine halbe Stunde lang. Einstürzende Neubauten fanden wir gut, wir wollten uns auch abgrenzen von Punk. Wir kamen mehrheitlich aus bürgerlichen Elternhäusern, anders als bei der ersten Generation, deren Familien meist zerrüttet waren. Wir fanden besonders die Kraft und Energie von Punk gut. Das Projekt, das wir in Frankfurt gemacht haben, hatte drei Auftritte und nannte sich ATAK. Der Name ist mir nach der Wende wieder eingefallen. Geprobt wurde heimlich, aufhalten konnten wir uns nur bei der Kirche. Die zehn, fünfzehn Punks, die wir in Frankfurt waren – uns kannte jeder. Unsere Konzerte haben wir als Free Jazz angemeldet. Drei Auftritte sind nicht viel, aber einmal auf der Bühne gestanden zu haben, hieß sich von der nichtstuenden Meute abzuheben. Man will cool sein und eine Band haben, Anerkennung kriegen. Wenn man mit vierzehn Songtexte schreibt, kriegt man die politische Dimension nicht mit. Ich habe das nicht so ernst genommen. Meine erste Band in der Schule hieß Verschleierte Angst, und da gingen die Texte schon nicht durch. Man wollte lyrisch sein und so, aber du hättest schreiben können, was du wolltest, das wäre alles dreideutig gewesen. Die Texte von den Punkbands waren ja eigentlich eins zu eins, aber wenn du verquer schreiben wolltest, wurde es noch komplizierter.

Es war generell nicht einfach als Punk. Du kamst nirgends rein, wurdest von der Polizei eskortiert, wo Konzerte waren, war meist unklar, man ist auf Gerüchte hin losgefahren, hat Orte auf Landkarten gesucht, die es dreimal gab und auf gut Glück einen gewählt. So viel Mundpropaganda. Wie man auch von Otze immer wieder mal was

»Am Sonntag beim Spaziergang in Cumbach unterhielten wir uns mit einigen Einwohnern, die das Auftreten dieser ›Punker‹ ebenfalls verurteilten. Eine Frau erzählte, daß ihre schwangere Tochter in der Stadt von einem solchen ›Punker‹, der in der aufdringlichsten Art auf sie zuging, in Schrecken versetzt wurde und sich nicht wieder auf die Straße getraute. Ein älterer Bürger aus Cumbach berichtete, daß einer von diesen nach mehrmaligem klingeln, ihn in der Nacht beim Öffnen der Wohnungstür, um Geld und Schnaps anbettelte. Aus den angeführten Beispielen ergibt sich die Schlußfolgerung, daß man keinesfalls diese Ereignisse gutheißen kann und an die verantwortlichen staatlichen Stellen das Ansinnen zu richten, alle Möglichkeiten zu nutzen, um eine Wiederholung dieser Treffen in Rudolstadt zu verhindern, damit wir uns in unserer schönen Stadt ruhig und sicher, ohne solche Gefahrenmomente bewegen können. Das hofft und wünscht

Rudolstadt, d. 24.6.86 gez. ... und Frau Invalidenrentner ...«

Quelle: BStU, MfS, BV Gera, AKG PI 78/86

hörte. Schleimkeim war eben cool. Wer im Knast war, war unantastbar, etwas besonderes. Aber ab ’87 ungefähr war das vorbei, da kamen andere Bands. Im *Leichenkeller* war jedes Wochenende Konzert, war schon gut, dass die Kirche sich mit uns beschäftigt hat. *PW* war ein gefährliches Pflaster. Ich hatte nie so richtig große Konflikte, bin nicht eingefahren, ich bin aber auch einigem aus dem Weg gegangen, war ein Schisser.

Aber bei der ganzen Tragik, die auch in dem neuen Dokumentarfilm »Too much future« durchkommt: Man darf nicht vergessen, dass wir eine Menge Spaß hatten! Dass man sich sehr gespürt hat, du hast alles vergessen, ob es den Westen gibt, keene Zukunft, keene Vergangenheit, egal. Beim Konzert hast du dich gespürt! Ich fand die Energie gut, jeder kann was machen! Wie Otze eben, du musst nicht Gitarre spielen können, du setzt dich einfach hin und machst, was dir Spaß macht. Es kommt nicht auf die Form an. Jeder kann sich etwas beibringen, irgendwann entwickelt sich vielleicht etwas, aber die Kraft war enorm. Die Leute in der DDR waren gleichgeschaltet und bösartig, ich habe so oft den Spruch gehört: »Euch müsste man vergasen.« Das musste man abreagieren.

Ich stelle bis heute erst mal alles in Frage. Man muss nicht alles machen. Die Jugend heute reibt sich an nichts, wir hatten Reibung und auch Paranoia.

Interessant ist, was aus den Leuten geworden ist, wenn sie in die Freiheit entlassen wurden. Die älteren Brüder hatten uns den Weg freigehauen, wir wussten dann, was wir wollten und wie kurz das Leben ist.

Kaktus, bürgerlich Thomas Grund, 1953 in Jena geboren, gelernter Glasapparatebläser, Kirchengeldkassierer, seit 1971 in der Offenen Arbeit, JG-Stadtmitte, ab 1977 renitenter Organisator von oppositionellen Veranstaltungen aller Art, nach der Wende Diplom-Sozialarbeiter und Streetworker

SCHLEIMKEIM waren die Kings. Ich konnte das nicht so nachvollziehen. Aber wenn eine Band den Ruf der Staatsfeindlichkeit hatte, war das doch heroisch! Eine große Sache war das Konzert in Halle während des *Kirchentag von Unten*. Es gab eine Vernetzungsgruppe in der DDR, die den Kirchentag zentral geplant hatte. 1987 wurde bereits darüber geredet, wie man den Kirchentag im nächsten Jahr aufmischen könnte. In Halle sollte 1988 eine große Werkstatt stattfinden, es war klar, dass dort das Gros der Punkbands eingeladen wird.

Nach dem *Kirchentag von Unten* 1987, einer Gegenveranstaltung der Offenen Arbeit zum offiziellen Kirchentag, wurde für 1988 eine große Werkstatt in Halle geplant, bei der natürlich Punkbands spielten. Eine davon war SCHLEIMKEIM. Die Organisatoren waren eine bunte Mischung von Angestellten der Kirche, die ein Herz für Offene Arbeit hatten und ihre Häuser für alle öffneten. Die Punks ersetzten allmählich die Langhaarigen. Wir wollten Aufsehen erregen, den Punks ein Podium bieten. Unser Thema waren die Jugendlichen der DDR, aber Spaß sollte auch dabei sein.

Otze ist mir als großer Rabauke aufgefallen mit seiner lauten, plautzigen Art. Ich wurde bei dem Konzert liebevoll von Punks unter einem Tisch abgelegt, weil ich so betrunken war. Als das Ding zu Ende war, haben sie mich geweckt. Jetzt musst du uns nach Hause bringen, jetzt sind wir alle besoffen! Da hatte ich das umgekehrte Problem, mit sturzbesoffenen Punks im Schlepptau. Damals lief ich als »Angora-Punk« rum, mit langen Haaren. Und mit einem Stachelbart, deshalb Kaktus.

Die Technik war geliehen, und nach Otzes Auftritt war das Mikro im Arsch, das mussten wir bezahlen. Ich hab damals hauptsächlich Kirchensteuern kassiert, das war in zwei Tagen der Woche abgehandelt. Den Rest der Zeit hab ich mich hier in Jena um die Offene Arbeit gekümmert, dass der Laden offen ist, Veranstaltungen laufen, Konzerte. Ich war nur einer von vielen in der Jungen Gemeinde in Jena, die von '77 an Programm machte.

Bei einem Theaterstück '84 fing es an, dass die Punks unsere Veranstaltungen gestört haben. Wir hatten beschlossen, die Punks direkt mit einzubeziehen, haben gesagt: »O.k., ihr könnt auch mal eine halbe Stunde spielen.« Aber das war schwierig mit denen. Die haben schon eingangs eine halbe Stunde gebraucht, um eine Klampfe und ein paar Kabel aufzutreiben und dann ewig an den Gitarren rumgestimmt. Plötzlich war die Zeit rum und sie hatten noch nicht einmal einen Titel gespielt. Trotzdem waren sie zufrieden, dass sie ein bisschen auf der Bühne posen konnten.

Die Offene Arbeit hat sich in Thüringen darin gespalten, wie und ob die Punks integrierbar waren. Otze war einer der ganz großen Meister darin, selbst die grundsätzlichsten Regeln so gründlich zu missachten, dass es ihm immer wieder gelungen ist, sich und damit die ganze Szene völlig unmöglich zu machen. Selbst in dieser relativ toleranten Truppe! Das hat er jedes Mal hingekriegt, mit absoluter Treffsicherheit! Auch sein Hang zur guten alten Gewalt, Otze hat definitiv undifferenzierte Angst verbreitet. Gerade bei den alten Hippies. Die konnten schwer damit umgehen. In Erfurt gab es ein ganz großes Zerwürfnis mit der Offenen Arbeit.

Otze kam aus einem Kaff, vielleicht spielt das eine Rolle. Die Punks kamen ansonsten, im Gegensatz zu den Hippies, oft aus staatstragenden Haushalten mit ganz engen Mauern, die haben sie erst mal zerbrochen – deshalb sind auch viele von ihnen bei den Glatzen gelandet, weil sie ohne Mauern nicht leben konnten.

In Jena hat SCHLEIMKEIM nie gespielt, wir haben das immer offen gelassen.

Jetzt fällt mir ein, das war gar nicht Halle, das war Leipzig! Da war ich doch mit Lore, dem Berliner Diakon, unterwegs, und die Punks haben uns beide vor dem Konzert so abgefüllt, dass sie uns unter den Tisch schieben mussten, damit wir nicht zur Pampe werden, (lacht schallend) wir sind in uns zusammengesackt.

So ab 1987 habe ich Aufnahmen mit den Bands gemacht, die hier in der *JG* gespielt haben, DIE FANATISCHEN FRISÖRE, ULRIKE AM NAGEL, die SPERMA COMBO. Aus Berlin kam eine Mischung, Tom von ANTITROTT und Tatjana von DIE FIRMA, die haben eine pro-RAF-CD gemacht. Allerdings klingt die räudig, weil die nicht bereit waren, über Kopfhörer zu spielen. Ich hab den ganzen Müll der Boxen mit drauf. Wer wollte, konnte bei uns Aufnahmen machen. Den Mixer hatte ich von einer ausgereisten Band einbehalten und hab produziert, ein Doppel-Kassettendeck besorgt und wie ein Bienchen kopiert. Bei Kirchentagen bin ich mit einem Koffer voll Kassetten aufgetaucht und hab die Dinger vertickt. Eine Kassette kostete im Einkauf 20 Mark, ich hab sie für 21 Mark verkauft, das ging aber nicht. Dann kam ich auf die Idee, Kassetten-Bastelsätze zu kaufen, da waren Teile für zwei Kassetten drin, ein Set kostete aber nur 10 Mark. Dadurch hatte ich ein bisschen Geld, um es in die Anlage zu stecken. Bis zur Wende habe ich das gemacht. Zwei, drei Aufnahmen von mir sind auf dem Sampler »Sicher gab es bessere Zeiten« von *HöhNIE-Records* dabei.

1986 war in Rudolstadt die *Jugend 86*. Ich war im Gemeinderaum eingeteilt, da haben die Punks gepennt, die abends nicht wieder zurückgefahren sind. Die waren besoffen, und der Erste, der aufsteht, pinkelt ans Klavier. Du kriegst den nicht raus, weil der noch schläft beim Pissen. Es war schon chaotisch, aber verhältnismäßig friedlich. Mit meiner russischen Aufzieh-Kamera habe ich Super-8 Filme gemacht, es gibt noch Aufnahmen, auf denen die Punks auf dem Marktplatz in Rudolstadt stehen und sich die Zähne putzen. Und das Volk stand Kopf. Ich hab ein paar Schnappschüsse von Bürgern, die völlig entsetzt auf das Treiben gucken. Hier gab es erstmalig eine Vermischung, das hat viel geprägt. Unterschiedliche Gruppen haben sich auf einem Haufen getroffen, die sonst nur ihre eigenen Dinger gemacht haben. Blueser, Jazzer, Dark-Waver, um die tausend Leute. Die Kirchenarbeit hat viel bewirkt, aber es hing immer an den Leuten. Walter Schilling hat '69 seinen Kuhstall in Braunsdorf umgebaut und gesagt: »Ich werde jetzt hier die Kirche für alle öffnen.« Er war der Vorreiter. Walter hatte schon 1970 Bluesbands in seinen *Gottesdienst mal anders*-Veranstaltungen auftreten lassen. Uwe Koch hat sich das in Braunsdorf angeschaut und gesagt: »Das machen wir in Jena auch!« Das war '69, ein Jahr später hatte er die Kirche so weit, dass sie ihm in Jena einen Raum überlassen haben für die Junge Gemeinde. Von Rudolstadt/Saalfeld aus ist die Sache über Jena nach Gera, Weimar und Erfurt gekommen. 1970 hab ich die Langhaarigen aus Erfurt kennengelernt, die in Braunsdorf am Tisch saßen, mit ihren Bärten. Wenn wir nach Burkersdorf zum Kaffeetrinken über die Wiese liefen, rannten die spielenden Kinder schreiend ins Dorf: »Die Weihnachtsmänner kommen!«

Wenn es den Walter nicht gegeben hätte, hätte es den Rest auch nicht gegeben. Er war derjenige, der es angefangen hat und immer weitergedacht hat. »Wir können nicht warten, bis die kommen«, hat er gesagt, »wir müssen ein Thesenpapier machen und in die Bischofskonferenz gehen.« Mehrere Städte haben daran mitgeschrieben und um 1980 in die Bischofskonferenz gegeben. Viele Pfarrer und Kirchenoberräte haben Walter Knüppel zwischen die Beine geworfen, die haben sich später als IMs herausgestellt.

Mein Sohn, Drummer in einer Hardcore- und einer Metal-Band, erzählte mir im September 2007, dass sie bei ihrem nächsten Konzert ein Schleimkeim-Cover vom »Spitzel« spielen werden. Von mir kennt er die Band nicht.

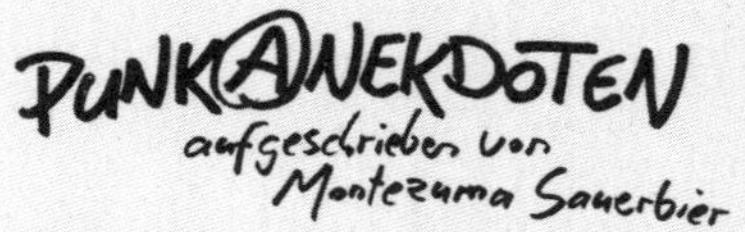

Folge 5: Frank P., Sömmerda

»Ich bin einfach so mit dem Fahrrad vor mich hingefahren. Es war dunkel und vielleicht hatte ich auch ein oder zwei Bier getrunken. Jedenfalls schoss dieser grölende Punker plötzlich um die Ecke. Besoffen. Da habe ich mich so erschrocken, dass ich einem Schlagloch nicht mehr ausweichen konnte und ziemlich schmerzhaft stürzte. Wütend bin ich zu dem Typen hin, um ihn zur Rede zu stellen. Wegen dir bin ich hingeflogen, habe ich gesagt zu dem. Der glotzt mich nur verschwommen an und ehe ich mich versehe, stehen noch vier andere Kerle um mich rum. Da zieht man sich lieber zurück. Als mir der Typ aber erklärt, sie mussten heute ein bisschen feiern, weil er geschafft hat, alle Sömmerdaer Weiber zu vögeln, na da ist mir aber der Kragen geplatzt. Erst als er mir geschworen hat, dass meine Freundin nicht dabei war, habe ich ihn gehen lassen. Wenn ich da schon gemerkt hätte, dass mir die ganze Zeit einer von diesen Dreckschweinen auf meine West-Jacke rotzt, hätte ich den ganzen Haufen Penner so was von aufgemischt …«

Höhnie, Chef von HöhNIE Records, legendäres westdeutsches Punklabel, Entdecker und Förderer von SCHLEIMKEIM

Ich war zu DDR-Zeiten bei drei Punkkonzerten. Beim Frühlingsfest der *Erlöserkirche* in Ostberlin im April '88. Ein Jahr drauf war ich noch mal dort. Im Oktober 1989 hab ich im Freiberger Schloss ein paar Bands gesehen. Da ging es hart zur Sache, wie das kurz vor der Wende die Regel gewesen ist. Ich hab viel mit DDR-Punks gesprochen und die haben mir erzählt, dass die Stasi in jeder Band einen anwerben wollte. Das kann man ja heute nachlesen, hat öfters geklappt. 1989 ist die Band PAPIERKRIEG unter anderem daran zerbrochen, dass einer bei der Stasi war. Aber man muss unterscheiden, was die IMs preisgegeben haben. Es gab welche, die unter Druck gesetzt wurden. Manche haben versucht, die Stasi in die Irre zu führen. Oder hat einer nur Konzertdaten durchgegeben? Es ist unheimlich viel gelaufen im Untergrund, trotz Stasi. Ich glaube, allein Ostberlin hatte mehr Punkbands als Westberlin!

Beim Frühlingsfest '88 war es genial, ich war total genervt von den Konzerten im Westen. In Westdeutschland lief so viel Ami-Kram, Crossover, Jazz-Core und Gedudel, kein straighter Punkrock mehr. Die alten Deutschpunk-Bands wie NEUROTIC ARSEHOLES, NOTDURFT, SLIME und viele andere hatten sich Mitte der Achtziger aufgelöst. Und dann komme ich in die DDR, Ende der Achtziger. Eigentlich sollten '88 die BOSKOPS in Ostberlin spielen, die hatten aber keinen Bock mehr. So habe ich Andreas Niepage, der die Kirchensachen mitorganisiert hat, auf der Arbeit angerufen. Bahnhof Friedrichstraße, dreizehn Uhr. Wir haben uns sofort erkannt. Die kamen mit zehn Leuten, wir hatten Lederjacken an und kamen alle durch. BOSKOPS sind '87 nicht rübergekommen. Wixer und Sperma-Willi sollten sich anders kleiden, wurde ihnen an der Grenze gesagt. Von meiner damaligen Band PISSED SPITZELS war auch noch Bassist Schwazi mit in Ostberlin. Wir haben gespielt, spontan. Mit einem Schlagzeuger aus Leipzig, den wir natürlich nie vorher gesehen hatten und der keinen unserer Songs kannte. Der hatte aber voll Bock zu spielen, das gefiel mir. Wir sind ohne Probe auf die Bühne, die Instrumente liehen uns Chila und Stunk von DIE BEAMTEN. Die Geilsten waren Die Fanatischen Frisöre aus Eisenach, Wartburgs für Walter aus Berlin, Reaktion aus Potsdam, Die letzten Recken aus Halle, Sperma Combo aus Jena – und die haben alle ursprünglichen Punkrock gespielt! Eine Band aus Polen war auch zugegen, Karcer, eine aus Italien. Es ging mittags los, bis abends um zehn. Es war ein Gartengelände, draußen also. Zwischendurch hat es ein bisschen geschneit, es war unglaublich kalt. Als Letztes hat Reaktion gespielt, da waren locker zwei- bis dreitausend Leute anwesend. Viele wurden aber beim Anmarsch abgefangen. Die Bullen standen in einer Seitenstraße. Ich wurde gewarnt, es ist immer Stasi dabei. Das kann dein bester Freund sein, und du weißt es nicht, aber wir machten uns da nichts draus. Die haben das organisatorisch super durchgezogen. Punkt zehn Uhr war Schluss, dann wurden wir zurückgebracht zur Friedrichstraße. In der S-Bahn haben wir einen Punk getroffen, den sie festgehalten hatten, genau für die Zeit des Festivals. Manche sind ein paar Tage vorher losgefahren, um rechtzeitig vor Ort zu sein. Andere wussten gar nicht Bescheid. Trotzdem traf ich Leute aus der gesamten DDR, das war unglaublich.

Das Festival war für mich sehr beeindruckend, eine Art Initialzündung. Ein paar wenige DDR-Punkplatten gab es schon im Westen. Ich hab '83 bei John Peel von der »DDR von unten«-Platte »Sieh dort« gehört – im Radio. Der Song hieß auf der Platte fälschlicherweise »Alles in rot«. Die L'Attentat-LP von '87 kannte ich schon, sie war im Westen rausgekommen. Vor der Wende hatte ich Fanzine-Berichte über Punks in der DDR gelesen, auch über Imad und L'Attentat. Saukerle kam da nicht vor, nur Imad – ich dachte schon, vielleicht gibt es Schleimkeim gar nicht mehr. Im Oktober '89 war ich im Schloss in Freiberg, da haben im Keller Bands vor vierhundert Leuten gespielt. Umsturz im Kinderzimmer, Atonal, eine Metal-Band – du konntest kaum treten, so voll war das. Dort habe ich mich mit einem Mädchen aus Gotha unterhalten. Das liegt doch gleich bei Erfurt, dachte ich. Und die hab ich gefragt: »Sag mal, gibt es Schleimkeim noch?« Sie sagte, »Ja, die kenn ich, die spielen immer noch, die sind voll geil!« Ich hab sie nie wieder getroffen, aber sie hat den Kontakt zu Schleimkeim hergestellt. Der Freiberger Bahnhof war abgesperrt, weil die Züge in den Westen mit den Prager Botschaftsflüchtlingen durchgefahren sind. Ein Mädchen hatte ihren Arm verbunden, weil die Bullen scharfe Hunde auf die Leute gehetzt haben, die noch winken wollten.

Dann habe ich Briefe an SCHLEIMKEIM geschrieben und irgendwann an Dippel. Der hat geantwortet. Otze war schreibfaul. Im März 1991 hab ich ihn besucht. Da war Dippel eigentlich fast schon raus. Otze hatte nicht den allerbesten Ruf, er hat geklaut und wohl bei Konzerten auch weitergespielt, wenn Faschos im Publikum waren, haben mir die Leute der Erfurter Punkband STAATENLOS erzählt. Dippel war mein erster Kontakt. Ende August 1991 hat Dippel das letzte Mal bei SCHLEIMKEIM mitgespielt, wieder im Freiberger Schloss. Auf der Bühne haben die sich ein bisschen gekabbelt, und dann verließ Dippel SK endgültig und Hagen kam für ihn. SK hat mit MÜLLSTATION gespielt, abwechselnd. Den ersten Part von SK hab ich verpasst, der muss aber noch irgendwo auf Video existieren. Den zweiten Part hab ich miterlebt, es ging los mit »Wodka Gorbatschow«, das weiß ich, als ob es gestern gewesen wäre. Über eineinhalb Stunden folgte Hit auf Hit, ein Song geiler als der andere. Da hab ich Otze endlich kennengelernt. Seine Diskotusse hing ihm noch am Arm. Bei den ersten Aufnahmen ein Jahr später war mit ihr Schluss. Darauf bezieht sich der Song »Du warst Minus, ich war Plus, der Strom fiel aus und dann war Schluss«. Ich hab mich mal mit ihm über die Lieder unterhalten, die man über Frauen macht. »Du darfst nie die richtigen Namen verwenden«, hat er gesagt. Er hat immer Sigrun oder Gudrun genommen, aber die Geschichten waren echt. »Sigrun«, oder »neinneinnein, warum muss immer ich es sein«, wo die eine Zeile lautet: »Du Schuft, du hast mich dick gemacht.«

Oktober '92 hab ich SK im *Knaak* in Berlin gesehen, das hat der Erfurter Niels Kraushaar organisiert. Der hat bei der Urversion von »Ata, Fit, Spee« eine Zeile geschrieben. Am nächsten Tag gab es einen spontanen Gig im *Zapata* im *Tacheles*. Das war viel, viel besser als einen Tag vorher im *Knaak*. Otze meinte zu mir: »Du musst spielen, als ob es um Leben oder Tod geht.«

Vor der Tat an seinem Vater war er schon dreimal in der Geschlossenen in Erfurt. Ich hab noch einen Zeitungsausschnitt mit einem Foto von ihm, er wurde nach einem Ausbruch mit Hubschraubern gejagt. Als er um 1997 das zweite Mal rauskam, wollte sein Vater ihn entmündigen lassen. Otze wollte wieder nach Hause, in Stotternheim leben.

1998 hab ich ihn noch draußen gesehen, zwischendurch wirkte er mal wieder richtig fit. Er hat von außen immer so den Harten gemacht,

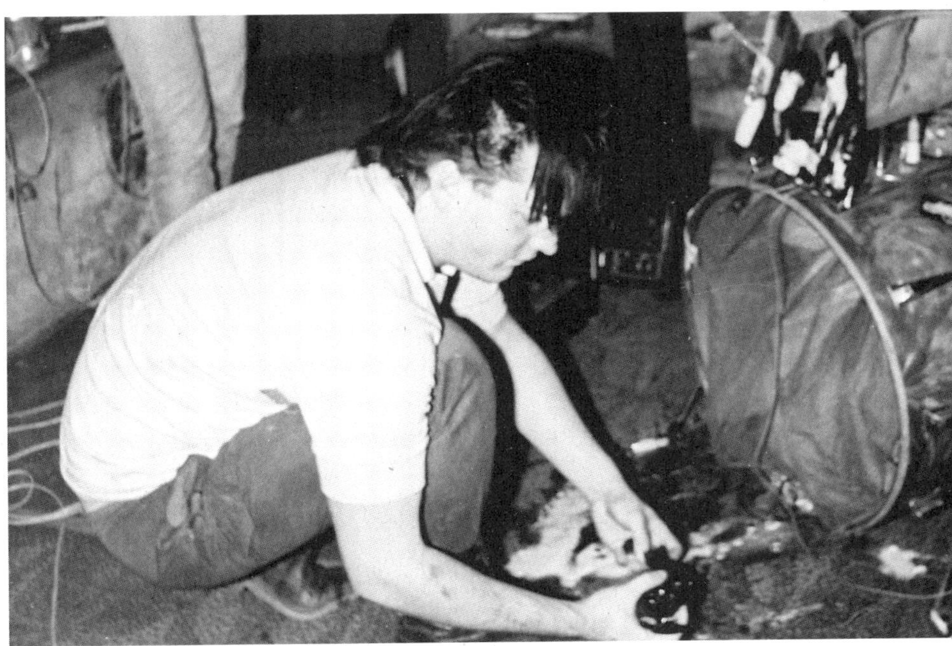

Otze hebt die Scherben einer zerschmissenen Bierflasche.

keine Gefühle gezeigt. Eigentlich war er ein offener Typ, aber wenn es um ihn selbst ging, schwer zugänglich.

Ich war mal in Mühlhausen in der geschlossenen Psychiatrie. Otze war etwas dicker geworden. Dort hat er mit der Schwägerin ein Lied aufgenommen, »Leck mich am Arsch«, und die ganzen Geräte auf seinem Bett gehabt. Mischpult, Aufnahmegerät, er hatte eine ganze Anlage. *Nasty Vinyl* hat das rausgebracht, das wurde eine Single mit »Leck mich am Arsch« und »Party im Cannabisbeet«. »Cannabisbeet« hat Otze aber allein aufgenommen. In der Klapse hat er geile Stücke gemacht, »Schick den Staatsanwalt in die Irrenanstalt«, »Psychose, Psychose, ich scheiß mir in die Hose«. Leider wurden ihm kurz darauf die Geräte weggenommen und er konnte die Songs nicht mehr aufnehmen. Es war eine Zweibettzelle oder eher ein Zimmer, denn nach Gefängnis sah es innen nicht aus. Er hatte, als ich ihn besuchte, kein Einzelzimmer in der Klapse, oder wie man das nennt, die Sicherheitsverwahrung. Wir sind in den Aufenthaltsraum oder auf den Balkon, dort konnte man rauchen. Er wurde selbst in der Klapse mit SCHLEIMKEIM konfrontiert. Die Pfleger wussten plötzlich wie berühmt er eigentlich war. Später tauchte ein Arzt aus dem Westen auf, der hat alles verschärft. Die Familie durfte zeitweise nicht mal mehr mit ihm telefonieren. Gemalt hat er. Die Bilder hab ich gesehen, die waren riesengroß.

Seine Mutter Gisela hat den Laden immer zusammengehalten. Zu DDR-Zeiten hat sie die Stasi mit dem Besen über den Hof gejagt und die SCHLEIMKEIM-Tapes auf dem Dachboden versteckt. Als ich Weihnachten 1993 hinkam, wusste ich nur, dass die Mutter krank ist. Otze rief sie und sie quälte sich – von der Krankheit schon schwer gezeichnet – aus ihrem Zimmer raus und hat mit mir gesprochen. Vier Wochen später ist sie gestorben. Sie war erst um die fünfzig. Nach ihrem Tod soll der Vater das Erbe verjubelt haben, sich Nutten ins Haus geholt haben. Otze hat immer gesagt, hier bin ich geboren, hier kriegt mich keiner weg. Er hatte keine Krankenversicherung, keinen festen Job, kein Bankkonto, gar nichts. Er hat nie richtig gearbeitet, hat sich um alles erfolgreich gedrückt. Mal hat er bei Lippe in Gotha gelebt, mal in Berlin. Hier und da, ist aber immer nach Stotternheim zurückgekehrt.

Otze kam also das dritte Mal aus der Klapse, der Alte versuchte wohl ihn zu entmündigen, zusammen mit dem Onkel. Als Otze noch in der Klapse war, haben die einen Container bestellt und sein ganzes Zimmer leer gemacht, sein ganzes Hab und Gut! Seine Videokamera, er hat sich ja von der ersten Kohle für seine Platten eine Videokamera gekauft. Seine Aufnahmegeräte, seine Platten, seine Gemälde, die Tonbänder, Kassetten, alles weggehauen.

Relativ kurze Zeit vorher hat Otze mir das Band mit den Punkstücken für die »Drecksau«-Single gegeben. Er hatte mir in den Neunzigern vom Tonband seines Bruders Jürgen die frühen Tapes überspielt, mir Sachen am Keyboard vorgespielt wie »Eine Frau wie dich«. Toll, wie ein Schlager, das könnte im Radio laufen! Otze, der Schlagersänger.

Dieter meinte: »Mach Adolf vorne drauf und nenn die Single ›Drecksau‹«. Als sie dann rauskam, hat er gesagt: »Ich hätte nicht gedacht, dass du das wirklich machst.« Ich hab auch Probleme damit, weil das Hakenkreuz nicht durchgestrichen ist. Das Foto habe ich aus meinem Original-Geschichtsbuch, 9. Klasse. Das waren die letzten richtigen Punkstücke, die er allein aufnahm. Er sagte: »Ich wollte mal sehen, ob ich es noch kann.« Und er konnte es noch. Ich habe mir auch mal die Techno-Sachen überspielt, die mich erst abgestoßen haben, weil das natürlich nicht Schleimkeim ist. Aber im Nachhinein sind da geile Dinger dabei, wie der Oberkracher »Party im Cannabisbeet«, eher das punkigste von den Dingern, und »Ich bin der Tod«, das ist eher Techno. Genau wie seine Bilder ist das außergewöhnliches Material. Ich hab mich null für Maler interessiert, aber das eine Bild war wie eine Madonna. Es war einfach und genial, wie Schleimkeim. Der hat ja auch alle Aufnahmen unter einfachsten Bedingungen gemacht. Dippel war Elektriker, und selbst Dippel hat gesagt, diese Aufnahmegeräte, die Otze zu DDR-Zeiten gebaut hat, da steigt er nicht durch.

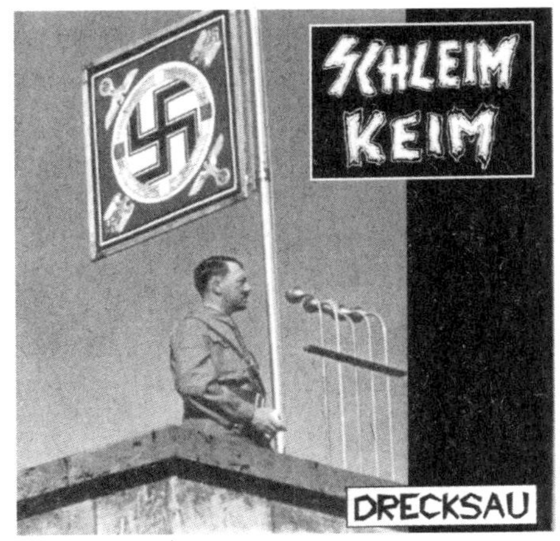

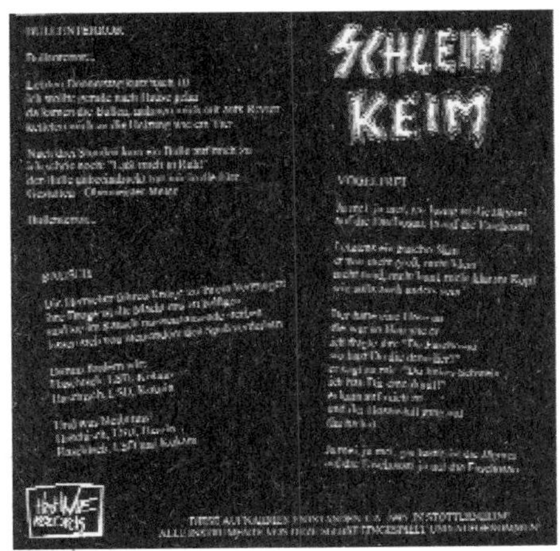

Covergestaltung zu »Drecksau«

Otzes Drogenproblem hab ich nur am Rande mitgekriegt, ich trinke nur mein Bier. Einmal war ich müde und kaputt und wir gingen die Straße lang, da meinte Otze: »Hier nimm mal, da wirst du munter.« Aber er hat einen nie beleiert, was zu nehmen. Die Schwägerin hat immer gesagt, Gotha war sein Untergang, aber ob das alles so stimmt? Er verfiel immer mehr den Drogen. Fozzy wollte noch mal mit Schleimkeim anfangen. Das hat die Schwägerin Otze ausgeredet, auch dass Fozzy sich mit mir trifft, hat sie verhindert. Wir haben uns oft über Otze unterhalten. Der hatte ja zwei Gesichter, innerhalb von Sekunden war er ein anderer. '92, '93 war ich mit ihm einmal bei den MADMANS in Weimar in der Gerberstraße, die dort mit den KÜCHENSPIONEN spielten. Später dann weiter nach Jena. In Jena spielte eine Hausbesetzerfrauenband aus Berlin. Nach dem Konzert kam ein Fan und sprach ihn an. Da wurde Otze plötzlich ganz böse, aggressiv. Er hat den Erfolg nicht verkraftet. Die Schwägerin hat wohl versucht, ihm SCHLEIMKEIM auszureden, er sollte damit abschließen. Aber wie denn, das war ja sein Lebensinhalt. Später hat seine Schwägerin den Namen schützen lassen, ohne Hagen und Lippe zu informieren. Otze, Lippe und Hagen waren die letzten fünf Jahre SCHLEIMKEIM.

Imad hat Otzes Band gern schlecht gemacht, Gerüchte verbreitet, da gab es rege Konkurrenzkämpfe unter den DDR-Punks. Ca. '84, als Imad eine Freundin in Erfurt hatte, hat er kurz mal mitgespielt bei SK, da gab es sogar Aufnahmen, ein, zwei Songs, aber das waren die schlechtesten SK-Aufnahmen, die ich je gehört hatte, die wollte ich noch nicht mal überspielt haben.

Ich hatte Kontakte zu Freibergern von ATONAL, hab mich mit Lutz Schramm getroffen, der mir seinen Paroktikum-Guide mit Adressen gegeben hat. Kontaktadressen von MÜLLSTATION, SONNBRILLE, ABRAUM, PAPIERKRIEG, den FANATISCHEN FRISÖREN, ich wollte ursprünglich eine Split-LP machen mit SK und den FANATISCHEN FRISÖREN – wegen Fozzy, die eng zusammenhingen – Krapfi meinte: »Stell doch einen ganzen Sampler mit DDR-Punkbands zusammen«, eins kam zum anderen – und so entstand der Sampler »Sicher gab es bessere Zeiten, doch diese war die unsere«. Für den Sampler habe ich SK-Aufnahmen benutzt, die mir Dippel gegeben hat. Die waren Otze und Lippe zu sauber, ich meine, qualitativ supergeile Übungsraumaufnahmen. Halt nicht so räudig wie viele andere Aufnahmen, ich war völlig begeistert. Im Mai '91 kam der Sampler raus, man hat sofort gemerkt, da waren viele gute Bands drauf, aber SK war und bleibt das Beste. Das beste Material, was jemals eine DDR-Punkband aufgenommen hat. Die hatten so viele Hits! Andere Bands haben gecovert, das oft auch nicht angegeben. SCHLEIMKEIM hatten das nie nötig, du findest nicht eine Coverversion auf den Platten. Mit ein bisschen Phantasie kann man in »Trink mit mir noch ein Bier« Elvis' »Love me Tender« raushören, aber das ist mit Sicherheit keine Coverversion. SK wurde häufig gecovert. Selbst die SKEPTIKER haben mal ein SCHLEIMKEIM-Stück, ich glaube

»Spione im Cafe«, gecovert, SK hatte eben so viele geile eigene Songs. Die EP »Schwarz Rot Gold – Nie Gewollt« auf Vinyl war eine einmalige Sache, die allein hat sich über fünftausend Mal verkauft! Die kam vor der ersten SCHLEIMKEIM-LP raus, und es war schnell klar: Die sind Kult! Einige Bands waren eher faul und haben keine West-Kontakte gepflegt, Otze hat nie einen Brief geschrieben. Dem musstest du in deinen Brief einen extra Briefumschlag reinlegen, eine Briefmarke draufkleben und die Adresse draufschreiben. Dann kam eventuell eine Antwort. Deshalb war SCHLEIMKEIM total unbekannt im Westen. Die »DDR von unten«-LP ist als DDR-Sampler angekündigt worden, dann war es nur eine Split-LP, und die andere Seite war sowas von langweiliger Wave-Kram, ich hab mir die damals nicht gekauft. Aber '91 wurde SK schlagartig bekannt. Im *Tacheles* hatte Otze einen ganz fitten Eindruck hinterlassen, '92 hatte er sogar mal eine Playlist beim Gig, so 25 Titel. Das gab es sonst nicht. Lippe sprach davon, sich ein Bandauto zu kaufen, Otze hatte keinen Führerschein, aber sie wollten es ein bisschen professioneller machen. Die haben nie eine Tour gemacht, es gab mal Wochenendgigs oder Gerüchte, »die spielen da und da«, meist wussten sie selbst nichts davon – oder wussten nicht, wie sie hinkommen sollen. Einmal waren sie in Sondershausen angekündigt und kamen nicht, und Otze meinte dann, als ich ihn darauf ansprach: »Das haben wir ein halbes Jahr später nachgeholt.«

Zwei größere Gigs mit ICH-FUNKTION gab es mal, im Freiberger Schloss und in Jena im *Kassablanca*, richtig mit Plakaten und so. Das war nur ein Wochenende, die wollten länger mit SK auftreten, aber auf Grund des Chaos funktionierte das dann nicht. Der letzte Auftritt von SK war meiner Erinnerung nach im Sommer 1995, auf dem Open-Air in Wandersleben, zwischen Gotha und Erfurt. Da war Otze so durch, sie haben ein paar Lieder angefangen, Otze hat abgebrochen, kaum eins wurde durchgespielt. Drei, vier Leute haben mir geschrieben, wie katastrophal es war. Davor, '94, Anfang '95, hatten sie noch ein paar sehr gute Gigs, einmal ein Open-Air in Potsdam. Da haben die BOSKOPS aus Hannover mitgespielt. SK hat ziemlich früh gespielt, das muss die Hölle gewesen sein. Video-Olli aus Wunstorf hat gefilmt, aber nur die BOSKOPS, ich habe mich so geärgert, weil ich nicht da war und das so geil gewesen sein muss! Da gab es vorher nur Gerüchte, ob SK spielen. Einer von *BMK Ost* aus der Stadt Brandenburg rief mich an, dem habe ich gesagt: »Das ist doch gleich bei dir um die Ecke, also fahr hin!«, und der war völlig begeistert.

Die beste SK-Besetzung war für mich: Otze an der Gitarre und Gesang, Lippe Schlagzeug und Dippel am Bass. Dippel hatte so einen eigenen Stil, das war echt die beste Besetzung! Otze hat sich immer gute Leute geholt.

Otze hatte zwei Seiten. Ich hab nie erlebt, dass er jemandem einfach so aufs Maul gehauen hat. Er hat nie darüber geredet, was ihn berührte, fertig machte. Seine Zeit im Stasi-Knast hat er nie mit einer Silbe erwähnt. Er hat mir geholfen, als ich in Stotternheim war, haben wir Seite an Seite in seinem breiten Bett geschlafen. Ich war einmal krank, hatte fürchterliche Halsschmerzen, da hat Otze versucht, mich durch Handauflegen zu heilen! »Du musst dran glauben«, hat er gesagt, »bei Dippel hat das auch geklappt« – völlig geil!

Es gibt Leute, die verkraften den Ruhm besser, und welche, die verkraften ihn schlechter. Wie viele Rockstars sind elendig an Alk und Drogen zugrunde gegangen. Otze habe ich total klar und nüchtern erlebt, als er mich zum Beispiel mit Ficker-Gerd hier besucht hat. Im Sommer '92 haben wir die »Abfallprodukte«-LP abgemixt, da saßen die ganz normal hier rum. Ich wusste, Otze und Ficker-Gerd sind nicht die netten Buben von nebenan, aber selbst meine Mutter und meine Schwester waren total begeistert von ihnen, und das will was heißen. Wir saßen alle auf der Terrasse, haben gefrühstückt, Zeitung gelesen. In Dresden war ein Ostpunk-Festival, da ist eine Frau mit Otze losgezogen, die mit ihm gefickt hat, nur weil er der Sänger von Schleimkeim war. Otze war auch nüchtern geil drauf. Die Schwägerin und ich hatten mal ein Gespräch, wo sie fragte: »Was ist das, warum Otze immer so abdreht?« Und wir sind drauf gekommen: Das ist Größenwahn. Ich hab ihn nie länger am Stück erlebt als drei, vier Tage. Wir haben uns sehr gut verstanden. Er mochte mich auch.

»Abfallprodukte« hat sich am besten verkauft in den Neunzigern. Jemand hat mal gesagt, Schleimkeim sind die Könige des Dreckspunk. *(lacht dreckig)* Das trifft es auch genau.

Den einzigen Gig, den SK im ehemaligen Westen gespielt haben, war auf meiner Geburtstagsparty. Ende März '93 in Neustadt am Rübenberge. Leider schlechter Sound. Sie haben als letzte Band gespielt, Otze war wie das Publikum total voll. Trotzdem ging es gut ab, ich hab aber wesentlich bessere SK-Gigs gesehen.

Ich war der Entdecker von Schleimkeim im Westen. Wir sind in der selben Zeit aufgewachsen, und es war doch nicht Nordkorea, sondern der Osten, wo er dieselben Radiosendungen gehört hat wie ich, ein paar Dutzend Kilometer weiter. Da lief ca. 1980 eine Punksendung mit Rotzkotz und Hansaplast im NDR-Studio, die haben wir zum Beispiel beide komplett auf Tape aufgenommen. Jeder große öffentliche Sender hatte eine Punksendung damals, John Peel, das haben die Madmans, Steve Aktiv von Müllstation und Otze genauso gehört wie ich. Wir saßen Ende der Siebziger nur vorm Radio! Ich wollte viele geile Punksongs hören. Bis auf die Gegend hinter Dresden haben alle davon profitiert, in Thüringen konntest du den Bayerischen Rundfunk hören, NDR und Hessen, in Berlin den SFB und Rias. Wir haben Mittelwelle angemacht, um BBC reinzukriegen, Radio Luxemburg, diese geniale Sendung mit den britischen Rock-Charts. Heute hört das kaum einer, das ist auch langweilig. Damals war das aufregend, die Bandbreite war weit gefächert, auch New Wave oder Düster-Bands wie Joy Division, The Fall, Sisters of Mercy. Von dem, was heute neu rauskommt, werden ganz wenige Sachen bleiben. Bei John Peel lief Slime und Toxoplasma, und Saukerle halt! Da ist man gleich nach Hannover gefahren und hat sich im Laden die Platten geholt.

Tja, Otze. Das Mädel, die Diskotusse, die konnte gut mit ihm umgehen. An der hat er gehangen. Er hat bestimmt auch unter ihr gelitten, er hat unter allem gelitten. Mit dem Ruhm konnte er nicht umgehen. »Überall kennt dich jeder.« Otze gehört wahrscheinlich zu den Leuten, die sich in der DDR besser aufgehoben gefühlt haben – trotz der ganzen

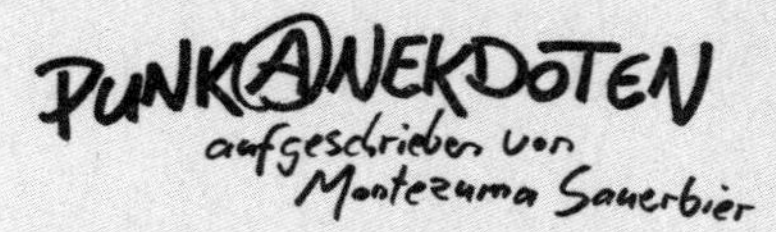

Folge 6: Enrico Sch., Sömmerda

»Ich weiß gar nicht mehr, wie spät es war. Ganz schön spät. Ich stand aufm Balkon und hab noch eine durchgezogen, weil ich nicht einpennen konnte. Da sehe ich doch son Pärchen Bankerte mit so Haaren an der Hauswand langschleichen und die Kellertreppe runter. Ich denke noch, die Brut wird doch nicht einbrechen wollen. Aber denkste. Die Straßenlaterne war ja an. Ich hab alles gesehen. Plötzlich fangen die an, übereinander herzufallen. In aller Öffentlichkeit. Wie die Tiere. Nur dass die Tussi oben war. Die hat sich auf den Kerl draufgeschwungen und ihn ordentlich verbimst. Meine Fresse. Na, ich bin dann gleich rein und habs mir unter meiner Bettdecke schöngemacht. Schlafen konnte ich dann auch.«

neuen Freiheiten nach der Wende und der ständigen Gängeleien und Repressalien zu Ostzeiten – oder gerade deswegen!? Einmal meinte er zu mir: »Um unser Leben brauchten wir in der DDR nicht zu fürchten!«

Jörg Dietrich, Provinzpunk aus Weißensee/Sömmerda, nach Erfurter Sportschule und diversen Studien mittlerweile als Autor und Kulturschaffender in Weimar sesshaft

Vor Otze hat jeder Respekt gehabt, weil er ein Tier war. Der hatte was Irres im Blick, wohl weil ihn alles einen Scheißdreck interessiert hat. »No future.«

Otzes Vater war so ein Feinrippunterhemden-Typ. Die Legende war, dass er nur Bier aus grünen Flaschen gesoffen hat. Das No-Go in der DDR, denn Bier in grünen Flaschen hatte erwiesenermaßen das falsche Sonnenlicht gekriegt … Otze hat Zeit seines Lebens, glaube ich, Ärger mit dem Alten gehabt.

Schon in den Achtzigerjahren, weit vor dem Kasper Olaf Schubert (Dresdner Punk, Witzbold, Sänger diverser Bands), hatte Otze braungelbkarierte Westover getragen. Vielleicht war es auch ein abgeschnittenes T-Shirt, sah aber aus wie ein Westover.

Es war gar nicht so einfach, ein SK-Konzert zu besuchen. Die spielten nur in Kircheneinrichtungen. Ab und an fanden mal Konzerte in einem Freiluftkirchengarten im Erfurter Steigerwald statt. Wir haben es nie geschafft, zum richtigen Tag dort aufzutauchen. Wir sind ein paar Mal hingefahren mit dem Moped, weil wieder irgendwer konspirativ flüsterte, SK würde dort spielen. Dann sind wir die tausend Stufen bis in den scheiß Kirchengarten hochgelatscht. Und dann war nüscht! Wir waren andauernd entweder zu früh oder zu spät und haben in die Röhre geguckt, wir Dödel. Deswegen musste in Sömmerda Mucke gemacht werden, so oder auch nicht so entstand dort die Brechreiz-Combo. Brechreiz hatte Mitte der Achtziger einen guten Kontakt zu Otze. Lief der über ein Mädchen? Jedenfalls ist Brechreiz ein paar Mal nach Stotternheim gefahren. Dort wurden zusammen ein paar Sessions fabriziert. Daher stammen auch die meisten Fotos von Schleimkeim, die man heute aus dem Internet oder von Plattencovern kennt.

Lange bevor ich Otze das erste Mal traf, hatten mich Otze-Legenden erreicht. Wir haben so tief im Busch gelebt, es hat ewig gedauert, bis ich endlich das erste Konzert von SK erwischte. Das war erst '88 in Halle in der *KvU*. Eine legendäre Mucke, die im kollektiven Gedächtnis der Ost-Punker geblieben ist. Ein gigantisches Punkfestival, auf dem alle wichtigen Zonenpunkbands gespielt haben. Otze war schon vor dem Auftritt völlig besoffen und lange Zeit nicht auffindbar. Plötzlich tauchte er wieder auf. Aber schon beim ersten Lied hat er sich ständig am Schlagzeug verspielt, so dass sein Ex-Schlagzeuger Fozzy einspringen musste. Der war dort, weil seine Band DIE FANATISCHEN FRISÖRE auch auftrat. Fozzy hat also ausgeholfen, dann ging es endlich los. Otze hat sich mit dem Mikro auf dem Erdboden rumgekullert, eine Meganummer gebracht. Ist ständig in die Leute reingesprungen, hat seine Knastkumpels gegrüßt und die Bullenschweine verdammt. Eine Horde Schmuddelpunks aus Berlin tanzte mit Otze Hardcorepogo. Die haben sich gegenseitig in die Fresse gehauen, das war der Hammer! Ich hätte Otze nicht über den Weg laufen wollen. Als jüngerer Kerl hat man sich automatisch bisschen an den Rand gestellt. Zum Schluss war natürlich das Mikro kaputt, da Otze es nach dem letzten Lied weggeschmissen hatte. Die anderen Bands haben sich recht und schlecht gemüht, ihre Nummern zu spielen. Otze hat seine Show abgezogen, er war der ungekrönte Punk-King an diesem Tag.

Die nächste Band hatte eine lange Umbaupause, weil das schöne Westmikrophon kaputt war. Die Techniker haben gekotzt. Natürlich ist kein Techniker in der DDR mit Ostmikrofonen angerückt. Die Punkrocker krähten nur in ihren Proberäumen in die *RFT*-Tröte. Aber wenn die Kirche einen Techniker gestellt hat, dann gab es gute Shure-Mikrofone oder so was. Es gab auch Westboxen, darum kümmerten sich die Betbrüder von jenseits der Elbe. Der Punk jagte aus gepflegten Westanlagen durch die Ost-Kirche!

Punk war in der DDR eher Party. Viel zu selten gab es Auftritte, insofern spielten Westplatten eine große Rolle. Alles gelangte zu uns, nach zwei bis drei Wochen hatten wir die Punk-Dinger überspielt, die gerade im Westen *in* waren. Wenn du mal eine Westplatte hattest, war die gleich bis zu hundertfünfzig Aluchips wert. Westplatten waren Kapitalanlagen.

Im Proberaum war Otze sicher die treibende Kraft, der immer

alles besser, geiler machen wollte. Es gab nie bessere Aufnahmen von SCHLEIMKEIM als jene, die sie selber im Proberaum auf billigster Osttechnik aufgenommen haben. Einmalige Rotzigkeit. Beim Vierspurtonband kommt richtig die Message rüber. Alle späteren Aufnahmen mit Digitaltechnik klingen mir zu sauber, bessere Technik haut viel weg. Wir hatten Mitte der Achtziger aus Stotternheim Kassetten überspielt bekommen. Bester Stoff, kann man sich heute noch anhören. Rauscht ein bisschen, wenn man dreimal hin und her spult, klingt das spitze. Später habe ich dann für zwölfhundert Mark Ost ein Tonband B 730 gekauft, damit kamen die Aufnahmen noch besser. War urst schwer, an dieses Gerät zu kommen. Zwölfhundert Steine, war schon der Schwarzmarktpreis! Wir haben alle möglichen Schallplatten auf Tonband aufgenommen. Die Zonenkassettenrekorder hatten schlechte Qualität, die Tonbänder waren besser. Wir wohnten in der Provinz der Provinz der Provinz, da gab es keinen Laden für Musikgeräte, nur Konsum, HO, Fleischer, Bäcker, Ende.

Otze wollte auch politisch sein, das wollte zwischendurch wohl jeder Punk. Und dann haben sie trotzdem wieder fünf Lieder übers Saufen und Vögeln gemacht. Oder Lieder über Jugendgruppen, mit denen sie nicht konnten, wie Popper, Spießer, Diskotussen. Ende der Achtziger, als die Skinbewegung in der Zone ankam, machten dann die Punks auch Musik gegen Skins. Wobei ich in der Provinz nie etwas von Schlägereien zwischen Punks und Rechten erfahren habe. Komischerweise waren die Blueser nicht Scheiße. Wohl, weil die auch am Rande der Gesellschaft standen und nicht nach Spee müffelten. In Sömmerda hat sich der Punk erst nach der Schule in Schale geschmissen. Punkrocker-T-Shirts haben wir uns aus Feinrippunterhemden selbst gemalt. Dann gab es das Konzert live im Kinderzimmer, viel mehr Auftrittsmöglichkeiten hatte man nicht.

Die »DDR von unten«-Platte habe ich zu Ostzeiten niemals gesehen. Otze soll eine besessen haben, die er sich bei Sascha Anderson erkämpft hat. So ungefähr ist das bei mir angekommen. SK hat nie selbst Kassetten vertrieben, denen war nicht klar, dass sie damit Geld machen konnten. Das waren immer Geschenke.

Otze war ein genialer Punksongtexter. Ich will an den ersten Titel der »DDR von unten« erinnern: »Seht dort, alle renn' fort, alle seh'n rot, alle sind tot.« Die Erfurter Punks trafen sich immer auf der IGA an ei-

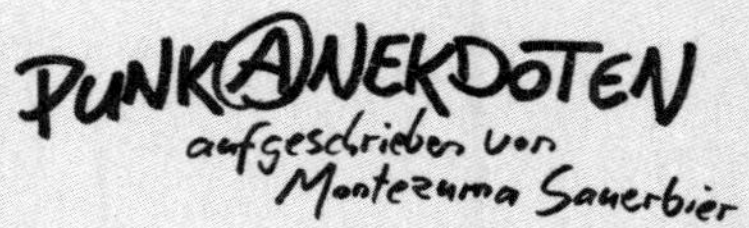

Folge 7: Annika W., Leipzig

»Mein Freund war sonst eigentlich nicht so. Dann sind wir aber mal zu seinen alten Kumpels in irgendein Nest bei Erfurt gefahren. Das war der Anfang vom Ende. Zuerst fand er unter meinem Putzzeug sein verblichenes T-Shirt mit diesem furchtbaren Totenkopf-Iroquesen wieder. Am Ortseingang mussten wir nicht nur den Audi stehen lassen, nein, er schmierte sich auch noch Bier in die Haare. Da war ich zum ersten Mal richtig bedient. Aber es kam noch schlimmer. Als die Haustür aufging, waberte mir ein Geruch entgegen, der mich beinahe ausgehoben hätte. Es war nicht zum Aushalten. Die Kerle lachten und zogen mich einfach mit rein. Das winzige Zimmer stand im Zigarettennebel. Mindestens zehn Leute bevölkerten ein Sofa und grölten angesoffen durcheinander. Mitten im Zimmer stand auch noch ein Schlagzeug, in dessen Basstrommel ein tauber Dackel die ganze Zeit schlief. Obwohl drei Leute in diesem Getümmel aus ihren Instrumenten einen solchen Höllenlärm herausdroschen, dass ich mir aus Verzweiflung ein Tampon zerpflücken und in die Ohren stopfen musste. Was anderes hatte ich echt nicht in der Tasche. Wie peinlich. Die Idioten haben nur gelacht. Und mein Freund mit. Besoffen wie er dann war.

Als die Mitgrölspiele endlich zu Ende waren musste ich mir in dieser Räucherkammer auch noch eine Luftmatratze mit meinem Freund teilen, denn der Herr Gastgeber musste sich auf dem Sofa mit seiner Flamme ausbreiten. Meinen Freund interessierte das alles überhaupt nicht. Der schlief seinen Rausch aus und ich lag wach und hätte heulen können. Ungeniert fingen die auf dem Sofa an, eine Nummer zu schieben. Wie die Karnickel. Eine halbe Ewigkeit ging das, bis die Tussi flüsterte: ›Bist du schon fertig?‹ Da hats mir gereicht. Ich rüttelte meinen Freund wach, um dort endlich verschwinden zu können. Aber der hat nichts Besseres zu tun, als mich an sich zu ziehn und mich mit seiner Stinkefahne abzuknutschen. Richtig dummgeil ist der plötzlich geworden. So kannte ich den gar nicht. Als das Schwein dann auch noch versucht hat, mir einen Finger in den Popo zu stecken, war für mich endgültig Schluss.«

nem Kiosk. Mitunter kamen Volkspolizisten vorbei, um sie von der IGA zu jagen. Die IGA war ja Touristenort, da wollte man keine Schmuddelkinder. Im Lied geht es darum, dass Vopos die Punks in Erfurt über die IGA-Wiesen hetzen. Aus dem Bauch heraus entstanden. Klarer Text, geiler Sound, war das nun politisch? Ein Lied, das ich ausnahmslos klasse fand. Otze war partiell ein sehr lustiger politischer Sänger. Wobei mir die abstrakteren Sachen besser gefallen haben. Mein absoluter Hit ist das Lied »Garten«. (Singt:) »Mein Garten, der blüht jedes Jahr / Betreten auf eigne Gefahr / Disteln mit spitzen Zacken dran / Disteln so groß wie ein Mann«. Das ist alles. Wenn du wie ich auf dem Land aufgewachsen bist und dein Feindbild der gemeine Kleingärtner ist, bist du einfach mit fünfzehn begeistert von so einem Lied. Militant gewaltfrei, schweinescheinintellektuell!

Ich denke, Otze war ein Zocker. Immer mit dem Hals in der Schlinge unterwegs. Ich bin mir nicht sicher, ob ihn sein Ruhm nach der Wende überhaupt noch interessiert hat. Zu DDR-Zeiten ist ja nur gesoffen worden, und Otze war kein Kind von Traurigkeit. Sofort nach der Wende hat Otze ausprobiert, was an Drogen zu haben war. Er war ein paar Mal auf Entzug, Alkohol, Drogen. Das sprach sich in der Szene rum. Der ist nie mehr irgendwo angekommen. Der Lebenssinn war ihm abhanden gekommen. Er hatte zwar etwas Kohle in der Tasche, SK hatte ja etliche Auftritte nach 1989. Außerdem rückte eine neue Fan-Generation nach, die zur Wende sechzehn oder siebzehn war und alles verpasst hatte. Für die war Otze ein Idol, wie er es heute noch immer für Heere von heranwachsenden, aufmüpfigen Jungs und Mädels ist.

In Weimar ist SCHLEIMKEIM nie öffentlich aufgetreten. Obwohl Otze ja mitunter in Weimar gesichtet wurde, immer im Dienst der Sache. Weimar war eine andere Szene, die hatten doch alle Abitur, zumindest dachte man das. In Weimar wollten alle ein bisschen intellektuell und politisch sein. Deshalb gab es in Weimar außer den KÜCHENSPIONEN keine wirkliche Punkband. Der Weimarer war bemüht, etwas Wertvolles zu machen. Tradition verpflichtet! (Lacht schallend) Komisch war, dass die Weimarer Bands immer gnadenlos versucht haben, eine offizielle Einstufung zu machen. Auf so eine Idee wäre Otze nie gekommen.

Ich habe 1998 das letzte Interview mit Otze gemacht, für das DDR-Punkbuch: »Wir wollen immer artig sein ...« Ich bin mit den schlimmsten Befürchtungen nach Erfurt gefahren. Wir hatten uns extra Verstärkung geholt, mit Spinne und Fozzy. Begleitet hat uns der Fotograf Claus Bach, aber Otze hat sich ausdrücklich verbeten, fotografiert zu werden. Wir saßen da, Otze war die Aufgeräumtheit in Person, hat den ganzen Abend keinen Alk gesoffen. Gut im Futter, Jeans und T-Shirt an. Frisch entzogen, klar im Kopf, wollte reden.

Es ging mal eine schöne Legende über den Erfurter Pöbel, so hat man die Punks immer genannt. Sollte wohl bedeuten, die haben zwei rechte Hände, aber dafür keine linken. Die anfangs recht beliebte sogenannte DDR-Punkrockband KEKS besuchte mal wieder Erfurt. Die wurden live gut angenommen, weil die total gut SEX PISTOLS nachmachen konnten. Sebastian Baur (spielt heute bei KNORKATOR Gitarre) hat damals noch gesungen, der sollte ja angeblich zum Baur-Versandhausclan gehört haben. Jedenfalls sind die in Erfurt in Lacklederhosen aus dem Westen auffem Anger aufgekreuzt. Zur Begrüßung müssen die Erfurter Punks die wohl ein bisschen den selbigen entlang gejagt haben. Unter Androhung von Schlägen durften die KEKS-Barden dann ihre Hosen in die Tonne hauen und in Schlüppern Leine ziehen. Wie gesagt: vielleicht eine Legende. Aber schön.

Lippe, bürgerlich Mario Lippmann, spielte von 1987 bis zur endgültigen Auflösung 1996 bei SK Schlagzeug, wohnt heute in Gotha und spielt mit Hagen in der Death/ Dark-Metal-Band AGGRESSIVE SCUM

Gehört habe ich das erste Mal von Otze wegen seiner Tapes. Die fanden alle geil. Wir hatten die Idee, in Gotha mit ein paar Leuten eine Punkband zu machen. Das hat aber nie geklappt, weil wir nie regelmäßig geübt haben. Und irgendwann hat er erfahren, dass ich ein bisschen Schlagzeug spielen kann und hat mich gefragt, ob ich Bock hätte, bei SK mitzuspielen. Er wollte nicht mehr Schlagzeug, sondern Gitarre spielen. Dippel war Bass, Andreas Hempt von MANDATA Gitarre, Otze Gesang und Schlagzeug. Den Hempt wollte er raushaben, weil der die Gitarre partout nicht mit *Plektrum* spielen wollte. Der hat nur mit den Fingern gespielt, sodass der Sound zu matschig war. Dann bin ich dazugestoßen. '87/'88 im Winter, hab mir gleich ein Bein gebrochen. Im Frühjahr '88 hatten wir den ersten Auftritt in Erfurt auf dem Berg, in der Kirchengemeinde mit dem großen Garten. CHARLIE KAPUTT haben da mitgespielt und noch drei, vier Bands. Ich hab mit einem Gipsbein getrommelt. In Stotternheim war ich das erste Jahr zu den Proben, und Gisela, die Mutter, hat sich nur aufgeregt. »Ihr drei Idioten, immer son Krach hier unten!« Dippel war noch bis '90 dabei, in Freiberg bei einem Konzert hat er gesagt, dass er nicht mehr mitmachen will. Da gab es ein paar Meinungsverschiedenheiten. Otze hat ihn vollgebaucht und er Otze, eine Schlägerei war es nicht.

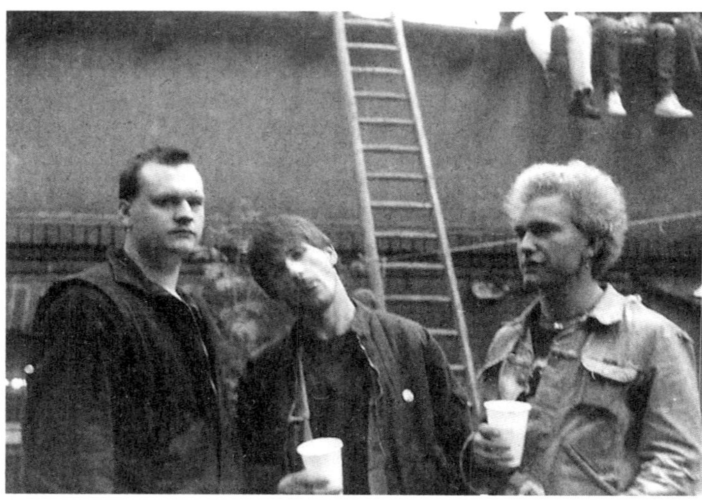

Otze, Dippel und Lippe in Gotha, zwischen 1988 und 1990

Dippel hat das mit der Familie und der Arbeit nicht mehr unter einen Hut gekriegt, glaube ich. Ich habe auch gearbeitet, aber Otze hatte darauf keinen Bock. Er hat mal ein paar Wochen in der *LPG* geschafft, Kartoffeln sortieren. Das war ihm alles zu blöde. Muttern hat ihm was gegeben, er lebte so dahin.

Als die Platte »DDR von unten« damals rausgekommen ist, da haben sie den Proberaum in Stotternheim auseinandergenommen. Da war die Stasi da. Heidi hat das erzählt, mit *Zigulis* und *Zivilkisten*, da stand groß Wobau drauf, drinnen war Stasi. Haben das ganze Haus auf den Kopf gestellt. Die Stasi wusste, dass die Platte irgendwo ist. Otzes Schwester Heidi war noch ein kleines Mädchen, da hat die Mutter ihr ein Einkaufskörbchen gegeben, hat die Platte reingetan, ein Tuch drüber gelegt und zu ihr gesagt, »hier nimm und komm erst wieder, wenn die Autos verschwunden sind.« So wurde die Platte gerettet.

Die Mutter war eigentlich ganz freundlich, ich hab öfter da übernachtet. Ihr ging nur die laute Musik auf den Sack. Die hat mitten in der Probe die Sicherungen oben rausgedreht, und da war Ruhe im Stall. Otze hat gesagt, entweder machen wir jetzt auf dem Hof richtig Krach oder ich spiel ein bisschen weiter. Dann hat er im Dunkeln auf seinem Schlagzeug rumgehämmert, bis sie den Strom wieder angemacht hat und runterkam. »Ihr drei Vollidioten, ein Krach hier unten drinne! Hört uff jetzt!« Und Otze: »He, wir müssen 'n bisschen proben, wir haben gerade mal vier Lieder gespielt!« »Nichts ist, müsst ihr immer so spät proben?« »Na klar, die zwei arbeiten doch!«

Da konntest du richtig drauf warten, einmal pro Probe war der Strom weg!

Gisela war überzeugte Dederonschürzenträgerin. Immer Hausschlappen an. »Haste Hunger?«, war die erste Frage, dann rein in die Küche, da hast du erst mal Essen gekriegt. »Kaffee trinken, lang hin!« Wenn die Hunde mit waren, haben die auch was gekriegt. Aber wenn sie dich nicht gekannt hat, bist du nicht reingekommen.

Ein-, zwei Mal die Woche haben wir geprobt, ich bin immer mit dem Zug nach Erfurt gekommen. Dippel hat in der Nähe vom Bahnhof gewohnt und mich dann immer mit dem Wartburg nach Stotternheim mitgenommen. Aufgetreten sind wir selten, vielleicht drei, vier Mal im Jahr.

In Gotha, was da so an Kumpels rumgestolpert ist, und die Erfurter, die haben schon alle auf SK gestanden. Wenn du irgendwo hingekommen bist und die haben mitgekriegt, dass wir von SCHLEIMKEIM sind, dann war gleich eine Horde um dich drum! Die sind plötzlich ganz anders gewesen.

Otze habe ich eigentlich fest kennengelernt durch die Schwester meiner Freundin. Da gab es in Erfurt eine Disko, das *Moskau* oben im neuen Ghetto-Viertel, so eine Wohngebietsgaststätte. Da war einmal in der Woche Disko, und da hat sie ihn kennengelernt. Otze war sehr schüchtern und hat ihr ein SK-Tape geschenkt. Die Mädels haben in einem Zimmer gewohnt, und als ich meine Freundin besucht hab, da hat die Schwester mir erzählt: »He Lippe, ich war in Erfurt und da hat mir ein Typ das Tape geschenkt. SCHLEIMKEIM!« Das waren tolle Aufnahmen, das hab ich gar nicht gekannt. Das ist rumgegangen und immer wieder abkopiert worden. Irgendwann bin ich mit rüber gefahren nach Erfurt und hab ihn kennengelernt. Er sah total verschärft aus damals. Schwarze Loden und ein rotes Seidenjackett mit Rosen drauf! »Was hasten da für 'n Teil an?« »Ach, das hab ich beim Pokern gewonnen!« »Großer Gott, so kann man doch nicht rumlaufen!« »Doch, das ist total cool das Ding!« Das war '86, '87.

Eine Freundin aus Waltershausen, eine Freundin aus der Lehre von Elvira Hitz, Elfi genannt, hatte sturmfrei und wir sind ein Wochenende in ihre Bude gefahren, haben dort gehaust. Kraushaar war noch mit, Otze, ich, meine Freundin und die Tante aus Waltershausen. Mit Elfi war er bestimmt drei, vier Jahre zusammen. Sie hatte rote Haare, war so wavemäßig drauf. Von den Liedern ist auf jeden Fall »Sigrun« ihr gewidmet und »Plus und Minus«.

Und eine andere, Annette, eine dunkelhaarige, hat ihn fast in den Wahnsinn getrieben. Die ist auf der blauen Platte mit drauf, »Abfallprodukte der Gesellschaft«. Das war vor Elfi. Annette war eine Erfurterin, die hat auch gern mal mit anderen gefickt. Da gab es Schlägereien. Das Lied »Geile Schlampe« war für sie, aber es ist nie veröffentlicht worden. Ich hab es noch auf einem Tape. »Ich liebte sie die ganze Nacht« war für Annette und »Ich schau in deine Augen« auch.

In der Lehrwerkstatt kamen einmal Leute in Zivil, die mich mitgenommen haben. Erst haben sie Blödsinn gefragt, dann haben sie mir Geld geboten. Aber ich hatte keinen Bock. Eklig. Otze war nicht mehr im Knast, seit ich mitgespielt hab, das war alles vorher. Otze hat die gehasst, der hatte nie was mit der Stasi.

Der einzige Text, an dem mal einer mitgeschrieben hat, war »Ata, Fit und Spee«. Da hat Nils Kraushaar eine Strophe geschrieben, war schon vor der Wende. »Das alles gibt es nur bei uns«, hieß es, und nachher haben wir »das alles gab es nur bei uns« daraus gemacht. Wenn du eine Woche nicht zur Probe warst, kamst du an in Stotternheim, da stand er schon am Tor. Hat sich gefreut. »Komm rein«. Da stand ein Bastkörbchen mit Bier, entweder hat ihm seine Schwester Heidi, die war ja auch total in Ordnung, einen Zehner gegeben oder ist selber losgeschlumpert zum Dorfkonsum, ein Körbchen Bier holen. Er hat jedem ein Bier in die Hand gedrückt und hat seine abgeschraubten, aus zwei Russentonbändern gebauten Aufnahmegeräte nebeneinandergestellt. Das eine Band ist in das andere rübergelaufen. Das hatte vier Spuren, und die Zeitverzögerung hat er durch einen Halleffekt wieder weggemacht. Dann hat er gesagt: »Ich hab ein neues Lied, hört mal«, und hat das zwei, dreimal vorgespielt. »Jo, ist gut so, können wir so lassen. Los kommt, wir proben das gleich ein.« So hat er es bei »Sigrun« gemacht und bei allen möglichen anderen auch. Otze konnte alle Instrumente spielen und hat uns vorgemacht, wie das klingen soll. Heute spiele ich auch Gitarre. Otze konnte auch Klavier spielen, der war genial. Rumgemalt hat er auch, da war ich fasziniert. Einmal nach der Probe, wir haben immer Freitag geprobt und Samstag wollten wir zwei auf eine Dorfparty, bin ich zum ersten Mal in sein Zimmer, er hat unter dem Dachgiebel gewohnt. Über der Eingangstür hing ein Stück Pappe, angerußt, geschwärzt. Da war eine Hand drauf und in der Hand war ein Teufelsköpfchen gezeichnet. Ich hab gefragt, was denn das bedeuten soll? »Ja, das schützt mein Zimmer gegen böse Omen.« Zu der Zeit hat er viel mit Kartenlegen und Geisterbeschwörung gemacht. Eine Bekannte hat immer gesagt, dass sie da Angst kriegt, aber warum soll man da Angst kriegen? Die Nummer mit den Streichhölzern kenne ich auch, mir hat er das aber nicht gezeigt, nur erzählt. Einmal hat Otze gemeint, er könne mit ziemlicher Wahrscheinlichkeit die Lottozahlen voraussagen, da hat er sich ein System ausgedacht. Manchmal hat man schon gedacht, jetzt ist er durchgeknallt. Hammerhart. Er hat an den Teufel geglaubt. Das Satanlied, damit ist wohl Elvira gemeint. Die Version, die auf der »Abfallprodukte« drauf ist, hat er wegen Elvira verändert. Vorher gab es schon eine Ska-Version, auf der »Volume I«, die war Annette gewidmet, aber Otze hat oft Lieder verändert, die er jahrlang nicht hören wollte. In eine ganz andere musikalische Hülle hat er die reingesteckt.

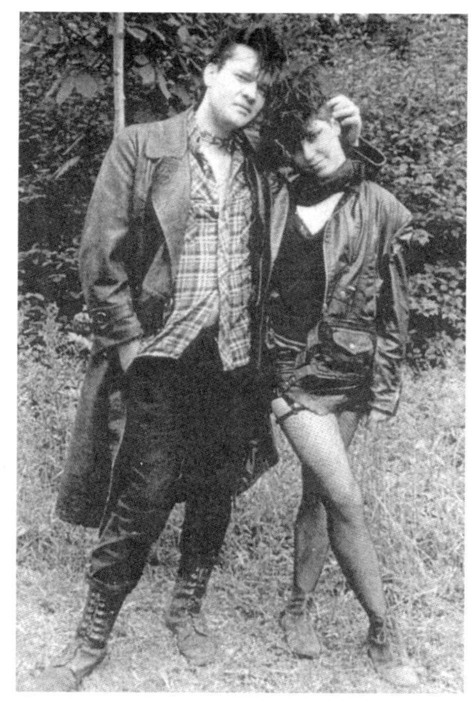
Otze und Annette, hier noch ein Liebespaar (1985)

Ich bin schon vor der Wende in das *Haus* in Gotha eingezogen. Das war total runtergekommen, gehörte einem Freund meiner Mutter, wir haben ein bisschen was dran gemacht. Ülleber Straße 13 war das, nach der Wende hab ich das *Haus* zurückgegeben und es wurde verkauft. Drinnen hatte ich einen Proberaum eingerichtet, zur Wendezeit. Irgendwann nachmittags stand überraschend der Wartburg vor der Tür. Otze und Dippel drin, ein paar Boxen im Anhänger und Verstärker, Schlagzeug hatte ich mein eigenes. »Wir proben ab heute hier«, sagte er, »in Stotternheim hat das keinen Zweck, die Mutter geht mir voll auf die Eier«.

»Na, kein Problem, aber dann musste jedes Mal nach Gotha kommen.« Scheißegal. Dippel hat Otze dann immer abgeholt und sie sind nach Gotha gefahren.

Als Dippel raus war, hat Otze wochenlang bei mir geschlafen. Er war zu Fuß unterwegs, oder sein Bruder Gitte hat ihn gebracht. Ich wundere mich ja, dass Klaus jetzt wieder einen auf SK macht, denn die Schwägerin hat damals wohl gewollt, dass er nie wieder was damit zu tun haben sollte. Die hatten sich gestritten, und Otze hat Klaus aus der Band rausgeklatscht. Klaus hat aber nie aufgehört, Gitarre zu spielen, hat immer weiter geübt. Für sich alleine, mit einem kleinen Kofferverstärker. Otze wollte Klaus später wieder haben als Gitarrist, mit zwei Gitarren klingt das viel besser und härter, da kann man verschiedene Melodien einbauen. Er hat ihn ein paar Mal drauf angesprochen, aber die Schwägerin hat absolut was dagegen gehabt, dass Klaus wieder mitspielt.

Zu dem *Tribute to Otze*-Konzert letztes Jahr bin ich nicht hingefahren, das war ein Abzockkonzert, ich bin froh darüber, dass ich nicht dort war.

Zweimal sind wir im Westen aufgetreten, einmal in Gießen, einmal völlig blau bei Höhnies Geburtstag. In Gießen haben wir bei einer Punkergemeinde im Haus geschlafen, das war Wendezeit, wo wir alle noch nüscht hatten. Die hatten alle eine dicke fette Plattensammlung da stehen. Und Otze hatte nichts Besseres zu tun, als ohne Ende Schallplatten zu klauen. Alles, was er nicht hatte und gerne hören wollte, hat er mitgenommen. Und weil er kein Auto besaß und wir noch gepennt haben, wusste er nicht, wohin mit den Platten. Hat er sie alle draußen vorm Haus deponiert, und weißt du wo? Unter der Biomülltonne! Die hat er mitgenommen, dreißig, vierzig Schallplatten. Aber die Gießener kamen irgendwann und haben sie sich wieder geholt.

Es gab mal einen Kirchenauftritt mit Anthony und Fozzy, wie Otze mir mal erzählt hat, bei dem er nur gesungen hat. Er hat ein Lied angesagt und Fozzy war der Meinung: »Nŏ, das spielen wir jetzt nicht.« Da meinte Otze: »Nu sage mal, seit wann bestimmst denn du, was für Titel wir spielen?« Fozzy muss sich wohl total aufgeregt haben, und dann haben sie sich in die Haare gekriegt. Später hat Otze wieder einen Titel angesagt und Fozzy hat wieder gemeint: »Nee, den will er nicht spielen. Da hat ihn Otze einfach aus der Band rausgeklatscht, während des Auftritts, und sich selbst ans Schlagzeug gesetzt.

Unser Glück war, dass ich Hagen kannte. Otze wollte Gitarre spielen und Hagen sollte Bass spielen. Obwohl Hagen bis dahin nur Gitarre gespielt hat. Hagen hat vorher bei den Fanatischen Frisören von Fozzy die zweite Gitarre gespielt. Die gab es schon nicht mehr, als Hagen zu uns kam, Fozzy ist mit seiner Frau in den Westen rüber.

Bei SK hast du so gegeigt, wie es Otze haben wollte, oder du konntest wieder gehen. Hempt und Antony sind rausgeflogen, weil sie es anders wollten. Otze war der Bandleader. Er hat mir viel gezeigt, später hat er auch mal gefragt: »Wie hasten das jetzt gemacht?« Konntest nur lernen von ihm.

Ein Kumpel von mir, Mühle, ist zur Wendezeit nach Hamburg hoch. Seine Freundin ist einmal nach Leipzig gefahren zu einer Party und da war Höhnie, die haben über SK gesprochen. Dann hat Höhnie Mühle in Hamburg angerufen und die haben die ganze Nacht telefoniert, haben sich alle Tapes von SK vorgespielt, abwechselnd. Sie hat mich dann im Auftrag von Höhnie angesprochen und ich habe Höhnie geschrieben. Otze hat nie Briefe geschrieben. Auch die Fan-Post hab ich beantwortet sowie die ein, zwei Briefe, die in der Woche mit Auftrittsangeboten kamen. Aber wir haben nichts aus dem SK-Boom gemacht. Im Westen haben wir fast keine Konzerte gegeben, außer bei Höhnie und in Gießen. Im Nachhinein denke ich, dass wir nicht viel mit dem Westen zu tun haben wollten. So ein, zwei Gigs hatten wir im Monat. Ich hab damals die Leute angerufen, unter Tausend Gage haben wir nicht gespielt. Das Ganze lief zwei, drei Jahre, dann ging das los mit Otzes Drogenwahn. Ab '95 ging es schon nicht mehr. Ich hab noch die Einberufung bekommen, da hab ich mich gewehrt, musste aber die Scheißarmee machen. Ich war jedes Wochenende zu Hause. Otze hat nur noch an eines gedacht: Drogen, Drogen, Drogen.

In Kirchen fand viel statt. Die dachten, sie gewinnen dadurch neue Anhänger. Otze hat mal erzählt, wie sie in einer Kirche gespielt haben, ohne Bühne, einfach auf dem Marmorboden. Da hält natürlich kein

Schlagzeug, da war ja sonst Teppich oder so was drunter. Otze meinte, in jedem Lied ist ihm die Fußtrommel einen halben Meter weggerutscht. Er hat die Fußmaschine und die Fußtrommel immer wieder rangezerrt, festgeschraubt und immer wieder ist alles weggerutscht. Da hat er so einen Wutanfall bekommen, dass er die Fußmaschine weggeworfen hat, und die muss voll gegen den Altar geflogen sein. Der Pfaffe ist bald durchgedreht. Dann war noch mal ein Konzert in einer Kirche, vor meiner Zeit, da hat sich der Pfaffe vertrauensvoll an Otze gewendet, er solle doch mal durchs Mikro ansagen, dass drinnen Rauchen, Bier und Schnaps nicht sein sollen. »Ich habs durchgesagt«, hat Otze erzählt, »und schlimmer isses geworden, alle mit Kippen rumgerannt und sämtliche Flaschen fielen zu Boden in tausend Scherben«.

Einmal haben wir an der Küste gespielt, in einem Nest. Da saßen schon die Punks auf der grünen Wiese rum, also haben wir das Auto ein bisschen weiter abgestellt. Dann sind wir rangeschlendert und haben gefragt »Wasn hier los, sitzen ja so viele Punker rum«. »Ja, heute Abend spielt SK, das wisst ihr wohl gar nicht?« »Echt jetze? Gib mal 'n Bier her!« Dann haben wir uns dazugesetzt und total begeistert getan. Später kam der Veranstalter und wir sind rein, Bühne angucken. Solche Spiele hat Otze gerne gemacht. Im *Malzhaus* in Plauen haben wir mal gespielt, aber wir wussten nicht, wo das *Malzhaus* ist. Die ganzen Punker sind schon durch die Stadt gestürzt und wir haben welche gefragt, wo es lang geht. Die sagen, da lang und dort, wir; »Was issen da heut los?« »Na wisst ihr nicht, da spielt 'ne Band.« Er hat vor Fremden nie gesagt, dass wir SK sind. Erkannt ist er nicht worden, die Bilder sind erst später gemacht worden, und wie '81, '82 sah er nicht mehr aus. Ich denke, er hat sich vom Ruhm nicht beeinflussen lassen. SK war ja schon in der Zone angesagt, warum soll ihm das später zu Kopf gestiegen sein? Wenn er irgendjemanden kennengelernt hat, der Geld hatte, dann hat er sich an den geklammert und hat sich aushalten lassen. Essen und saufen und tralala. Ich hab ihm klipp und klar gesagt: »Du kannst bei mir pennen und wohnen wochenlang, Otze, aber deinen Fresskram und Saufkram, den zahl ich dir nicht.« Wenn er sich von Dippel mit dem Auto nach Gotha hat fahren lassen, waren immer zwei riesengroße Taschen mit Fresskram dabei. Manchmal war er richtig fett, dann ist er zwei Wochen auf Drogen abgeklinkt und dabei wieder runtergeschrumpft. Zum Schluss hat er mir nur noch Leid

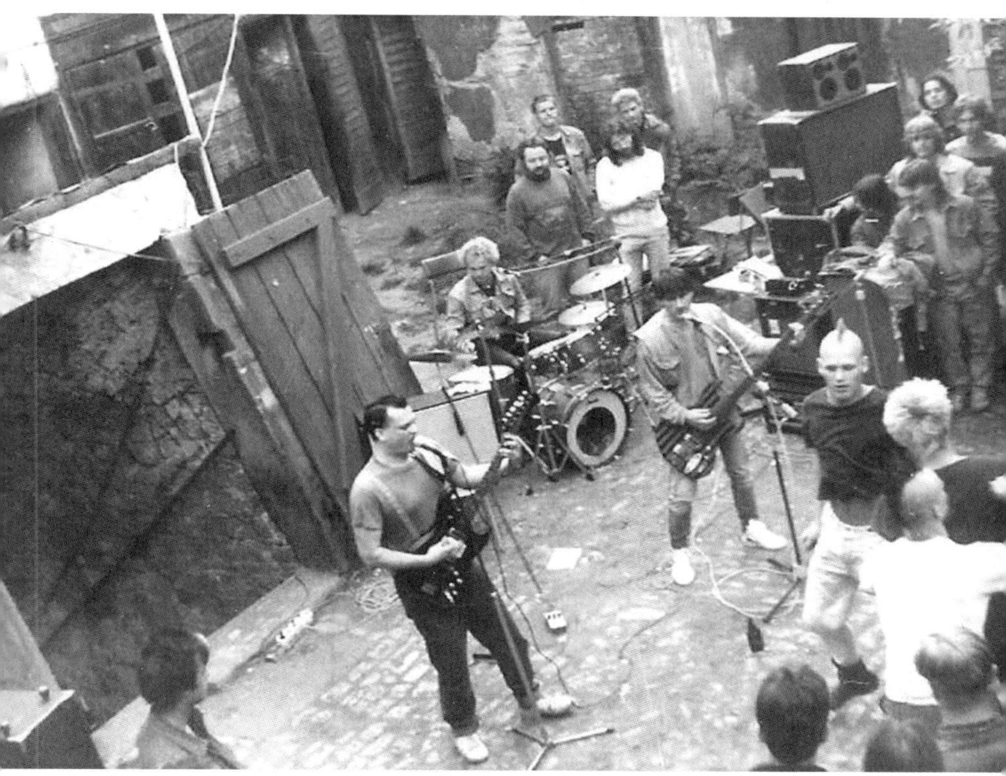

Konzert von SCHLEIMKEIM vor dem *Bananenkeller* im AJZ [Alternatives Zentrum Erfurt], 1990

getan. Ich habe ihm öfter angeboten, er soll mal ruhiger machen, ein paar Wochen zu mir kommen. Der wollte gar nicht mehr. Er war ganz verschwunden aus Gotha. Dann habe ich aus Erfurt und so gehört, er ziehe mit der Schwägerin rum und wäre nur noch auf Drogen. Bei uns hat er mal einen Joint mitgeraucht. Otze hat sich beschwert: »Da werd ich müde von.« Aber er hat dann Eimer geraucht und so und immer gesagt: »Da werd ich müde von, Koks ist schon geiler.« Ins besetzte Haus ist er oft runter, die haben dort tagelang Speed und Koks genommen, gesoffen usw. Für Otze war das nicht damit abgetan, dass er zwei, drei Tage drauf war, die Gier wurde immer größer. Ich war enttäuscht. Da hat er sich dann nach Monaten hier mal wieder gemeldet, ich dachte, er sagt mal, wie es weitergeht, wann wir proben, es gab so viele Anfragen. Doch Otze nuschelt nur: »Ich wollt nur fragen, ob du Koks hast oder Heroin? In Erfurt siehts ganz schlecht aus zur Zeit.« Ich sage: »Na Otze, wenn du deshalb hergekommen bist, bist du bei mir an der falschen Adresse. Ich kann dir 'n Gramm Shit besorgen, aber mehr wird nicht.« Der wollte gar nicht mehr zum Schluss. Beim Konzert in Chemnitz, da war er komplett zugebombt auf der Bühne. Gut, voll war er immer ein bisschen. Aber er hat bestimmt eine dreiviertel Stunde hinter der Bühne seine Gitarre gestimmt, ding, ding ding. Wir haben gefragt: »Na Otze, wirds heut noch mal was? Brauchst du Hilfe?« »Nee, das kann ich schon alleine.« Von einer anderen Band kam ein Gitarrist und fragte: »Soll ich dir das stimmen?« »Brauchste nicht, ich spiel auch schon längere Zeit!« Er hat es aber nicht hingekriegt, bis er sich dann hat breitklopfen lassen und einer ihm helfen konnte. Bier, Schnaps, Joints – ständig. Das Backstagefenster war auf und wir haben Leute reingehoben. Vorne hat es fünfzehn Mark gekostet, hinten haben wir fünf genommen. Der Veranstalter kam rein und fluchte, wir sollen aufhören, Leute reinzuholen, sonst dürften wir nicht spielen. »Dann musste uns das Geld trotzdem geben, hauen wir wieder ab.« Die von Müllstation haben auch voll mitgezogen, weiter Leute reingehoben, der Typ ist bald wahnsinnig geworden. Bei uns stand das kalte Büffet, wir sind mit den Bierkästen zu Müllstation rüber und haben da mitgefeiert, weil das viel lustiger war. Dann wurde es noch schlimmer. Nach dem zweiten oder dritten Lied, das hört man auf der Aufnahme, sagt er dann: »Das war das letzte Lied für heute Abend!« Der hat sich immer umgedreht und »Schluss« gesagt. Ich dann: »Das kannste nicht bringen, wir haben drei Lieder gespielt, biste nicht sauber?« Er: »Ich bin fix und fertig!« Höhnie, der alles aufgebaut hatte, hat bald einen Nervenzusammenbruch gekriegt in der Chaise! Ich hab gesagt, zehn Lieder muss er mindestens spielen. Es sind dann ein paar mehr geworden, aber er hat sich ständig verspielt, ach hör uff. Hat nur die Griffe angeschlagen, Griff da, Griff dort, hat gar nicht mehr richtig mitgespielt. Traurig. Die letzten Auftritte waren alle so. Die Gitarre hätte er in die Ecke stellen können.

Das Open-Air in Wandersleben war unser letzter Auftritt, für Fressen und Saufen haben wir gespielt. Da war Otze so kaputt, nach dem zweiten, dritten Lied hat er nur noch Scheiße erzählt auf der Bühne, angefangen, seine eigenen doofen Lieder wie »Party im Cannabisbeet« und so zu spielen, und mich angelappt, ich würde nicht machen, was er will. Da bin ich aufgestanden und hab gesagt: »Dudel deinen Mist alleine.« Hagen hat auch nur den Kopf geschüttelt. Otze hat rumgelallt und uns vollgenölt. Wir hätten das Konzert durchgehalten, aber er hat den Überblick verloren, hat Sachen gespielt, die wir nie geprobt hatten, Geschichten erzählt, total verrückt. Die Leute waren sauer, haben gerufen: »Mach dich heim, du Arsch, du bist nur noch voll.« Ich hab mich vom Schlagzeug verdrückt und Hagen stand hinter einer Box, wir haben abgewartet. Man konnte auch nicht mehr im Guten mit ihm reden, selbst wenn er mal nicht so voll war. Ich hab gesagt: »Merkst du nicht, das du dich kaputt machst?« »Kaputt machst, kaputt machst, ich weiß schon, was ich mache!« Mit Fußlappen durch Gotha und so. Hat mit einem Speer Indianer gespielt, wie ein kleines Kind. Pottschwarz, total dreckig, wochenlang nicht gewaschen, fertig mit der Umwelt. Zum Frühstück gleich einen Eimer rauchen. Wenn er das Fenster aufgemacht hat, musste er rauskotzen.

Irgendwann hat auch er gemerkt, dass es nicht mehr geht, dann hat er sich verpisst. Zuerst nach Erfurt, aber da wollte ihn auch keiner mehr haben, er hat nur Scheiße gebaut, geklaut und so. Dann ist er zurück nach Stotternheim, mit der Schwägerin. Als sie mit Otze rumgezogen ist, da muss Klaus wohl stinksauer gewesen sein. Ich verstehe nicht, dass Klaus jetzt mit ihr an einem Strick zieht. Sie hat sich ja bei mir beschwert, als er in der Geschlossenen in Mühlhausen war, haben wir mal lange telefoniert. »Ja, der Otze ist so undankbar, ich habe dem ein Keyboard in die Wanne gebracht, und der sagt nicht mal danke. Wenn ich komme, fragt der mich als erstes, ob ich seinen Tabak und die Kippen mit habe, da gibts kein Dankeschön.« »So war er doch schon immer, das ändert sich auch nicht mehr«, habe ich geantwortet. »Ich fahr da nicht mehr hin«, meinte sie, »wenn der sich nicht dankbar zeigt.« »Du bist für ihn Bezugsperson, du warst eng mit ihm unterwegs.« Dafür war sie auch die Einzige, die ihn dort besuchen durfte. Ich wollte ihn besuchen, aber es führte kein Weg rein. Ein Freund von mir kennt einen Pfleger, der meinte, wenn der Staatsanwalt nein sagt, heißt das nein. Sie haben Otze als gefährlich eingestuft.

Das SK-Zeichen hatte Otze entworfen, da war früher noch ein Kreis drum. Wir haben damals bei mir gesessen und gezeichnet. Ich hab das

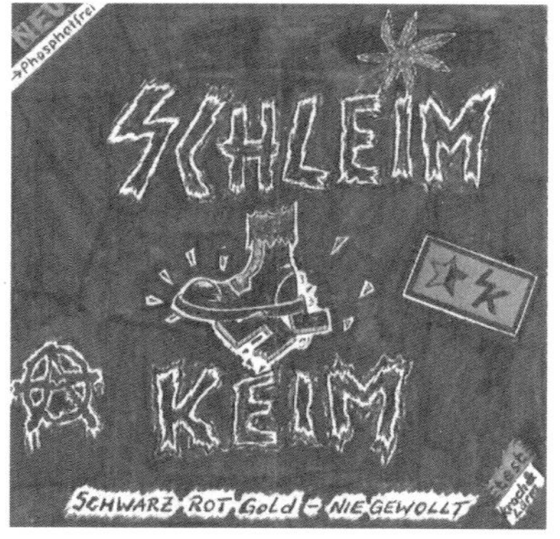

Cover entworfen, der Anwalt der Familie will nun nicht anerkennen, dass ich das Schrift-Logo entworfen habe. Hier ist der Beweis, dass ich das als erster richtig gemalt hatte.

Ich hab bis heute fast keine Kohle gesehen, das ist wohl immer alles bei Otze gelandet. Halt, einen Verrechnungsscheck bekam ich in den Neunzigern mal. Aber den haben wir verbummelt. CDs gab es schon mal von Höhnie oder Otze, aber sonst?

Jetzt haben wir neue Verträge mit Höhnie, seit einem Jahr werden wir beteiligt, das heißt, jetzt gibt es bald eine Ausschüttung, hoffen wir.

Mary Meister, hat seit den Neunzigerjahren den Job der großen Schwester im AJZ Gotha, später im Haus. Mitte der Neunziger mit eigener Punkband HIRNTOD durch sämtliche Bundesländer mit anschließendem Kunststudium rund um Europa, seit einigen Jahren wieder in Gotha, wo sie der Kultur auf die Beine helfen will und als Autorin und Illustratorin lebt und arbeitet, zurzeit beim artderstadt e.V. zuständig für Kreativkurse, Kulissenmalerei, Regieassistenz

In Gotha bekamen wir Anfang der Neunzigerjahre das *Winterpalais* von der Stadtverwaltung. Unter der Bedingung, das Haus in Ordnung zu bringen, durften wir es als Räumlichkeit nutzen. Daraus entstand das *Alternative Jugend Zentrum*. Sinn der Sache war damals, die Jugendlichen von der Straße zu bekommen. Im ersten Stock stand eine Bar. Die meisten Räume waren nicht nutzbar. Wir hatten eine Destille – Otzes Idee.

Kurz darauf wurden wir umquartiert in die Langensalzaer Straße. Ins *Haus*. Als wir erfuhren, dass das *Haus* von vornherein zum Abriss bestimmt war, hatten wir keine Lust mehr, daran etwas zu machen.

Lediglich in der oberen Etage wurden neue Fenster eingebaut. Wie wir nun einmal waren, rockten wir das *Haus* vom Allerfeinsten herunter. Es war ein Treffpunkt, eine Heimat. Wir haben drin gewohnt, sind zeitweise versumpft und dort geblieben, über Wochen, Monate.

Otze kannten damals schon viele Leute von außerhalb, es hatte sich herumgesprochen. Es gab einen regen Austausch von Punks aus Leipzig, Berlin, Magdeburg …

Ich bin '77 geboren und mit dreizehn reingestolpert, immer mitgezogen. Die Schleimkeimer waren schon wesentlich älter, es war unser Familienersatz. Ich hab immer mal wieder dort gewohnt, es war ja spannend zu gucken, wer ist noch da, wer ist dazu gekommen?

Otze war von Anfang an dabei. Nach zwei Wochen Gotha brauchte er eine Woche Mutti, um wieder Mensch zu werden. Normal, gebürstet, gekämmt, gewaschen, gefüttert. Um dann wieder herzukommen. Eine kleine Entziehungskur, dann dasselbe Spiel von vorne. Mein Gatte Ole meint, Gotha war der endgültige Absturz für Otze.

Ich kenne ihn weniger als SK-Otze, der hat dazugehört, das hatte nicht viel mit der Band zu tun. Einfach so eine Punkgeschichte, ficken, saufen, tralala. Wir waren gerne im *Ring*, die Kneipe gibt es nicht mehr. Wir haben dort gerne ein Bierchen getrunken, es war günstig. Der Jugendklub in der Mozartstraße, eine ehemalige Jugendherberge, war unser Veranstaltungsort. Heute heißen sie Sozialarbeiter, bei uns war das Glocke, der war sozusagen der Vorstand der Bande.

Schleimkeim hab ich im *Haus* kennengelernt. Anfang der Neunziger. Ich bin morgens im Hauptzimmer aufgewacht, wo es immer am wärmsten war und am gemütlichsten. Da haben viele geschlafen, auf einer alten Couch oder so. Es gab einen Ofen, und der Kohlehandel war gleich nebenan. Dann ist einer über uns drübergestiegen. Das war Otze, der hat akribisch was gesucht, morgens um zehn, und was er da gesucht hat, war eine Flasche Braunen. Er hatte Durst. Nach dem Aufwachen, unrasiert. Na ja, wenn du so ein kleines Mädel bist, dann fürchtest du dich schon ein bisschen. Um Himmels Willen! Otze konnte zeitweise nicht wirklich Freund von Feind unterscheiden. In bestimmten Situationen hat er auch mal einem auf die Mütze gehauen, den er im Grunde seinen Kumpel nannte. Für ihn war das am anderen Morgen vergessen, für den anderen vielleicht nicht. Man konnte sich nicht wirklich sicher sein, musste aufpassen, was man sagt. Er ist schnell ausgetickt. Von dem Moment an, wo er dazugekommen ist, war er schon ein Alphamännchen. Er hat sich schnell als Hauptperson herausgetan, und viele haben ihn bewundert, fanden ihn toll. So wie Otze musste sein, schlimmer noch am besten! Die Jüngeren haben sich ein Beispiel dran genommen, versucht, cool zu sein, damit er ihr Freund wird. Otze war es egal, ob du zwölf warst oder dreißig. Er hat sich mit jedem hingesetzt, mit jedem unterhalten. Wenn er seine Ruhe haben wollte, war wurscht, ob du ein Problem damit hast, dann bist du genauso angepfiffen worden wie jeder andere. Er hat keine Unterschiede gemacht, aber seine Rolle hat ihm gefallen.

Konzerte gab es im Haus nicht, das war zu klein. In der Pampa stieg was, über Mundpropaganda kam rüber: »Heute Abend SK!«, dann bist du losgestürmt. Wo wir da überall waren, draußen auf dem Acker. Notstrom organisiert, in drei, vier Stunden war das möglich, ohne lange Planung. Das wurden immer mehr Leute, irgendwann wurde im Jugendklub gespielt. »'ne Bühne untern Arsch und los gings.« Das war eine Gruppe von Leuten, die gern zusammen Musik gemacht und das Ganze organisiert haben, und die andere Gruppe von Leuten, die gern zugehört hat. Wenn man nach auswärts gefahren ist, hat man Leute getroffen, die SK kannten. '98 bin ich mal nach Bayern runtergefahren und hab im Zug Punks in meinem Alter getroffen. Wir kamen ins Gespräch und die haben gesehen, wir trinken Gothaer Hell und haben angefangen zu singen »In Gotha, da gibts 'nen Laden ...«

Da waren wir stolz drauf! Bayerische Punks, die wissen, was bei uns abgeht! Die wussten das längst. Die kannten Gotha und SK, weil der eine oder andere mal im *Haus* war. Otze hat nie Werbung gebraucht.

SK haben ihr Repertoire runtergespielt, je nach Platte. Es wurde schlechter mit den Jahren. Vielleicht hatte Lippe zuletzt noch eine Setliste im Kopf, aber Otze, glaube ich, nicht mehr. Der war einfach zu besoffen auf der Bühne. Er hat zwischendurch seinen Text vergessen, hat es nicht mehr geblickt. Oder er konnte nicht mehr singen, sich nicht mehr artikulieren. Ist auch ein, zwei Mal von der Bühne gefallen. Oder hat einfach mittendrin aufgehört, keinen Bock mehr, scheiße. Hat das Mikro rumgeschmissen, ist weggegangen und nicht wiedergekommen.

Bei Konzerten sind gelegentlich welche auf die Bühne rauf und haben mitgegrölt. Otze hat auch mal jemanden hochgewunken und

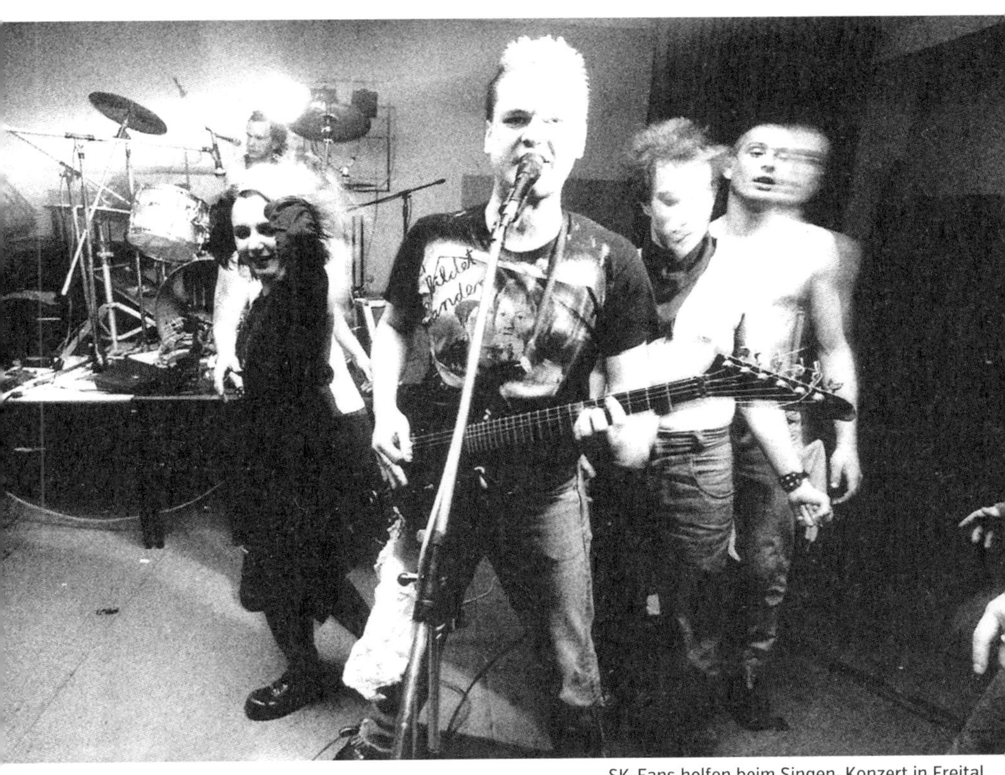

SK-Fans helfen beim Singen, Konzert in Freital

raufgezogen. Ich hab auch mal mitgesungen, klar. Wir waren zu dritt oder viert auf der Bühne bei einem Konzert, als er nicht mehr richtig wusste, was er da oben macht. Otze hat halb gelegen, halb gestanden. Die Leute waren sauer und haben Flaschen hochgeworfen, gerufen, »du Idiot!« Wir haben dann gesungen, es musste ja weitergehen. Wir kannten alle die Texte. Es war unser Fest, es ging nicht hauptsächlich um die Band, wir alle waren SK. Manchmal hat das Publikum auch allein weitergesungen und gar nicht geblickt, dass da oben schon eine Weile nichts mehr passiert.

Ich fand das »Zuckilied« von SK immer besonders lustig: »Du stehst am Zebrastreifen und wartest, dass ein Zebra kommt …« Zucki war ein

Mädel, nicht gerade von der hellen Sorte. Otze war heimlich ein bisschen in die verliebt. Zu der hast du gesagt: »Die CD musste umdrehen«, dann hat die das gemacht! War eine kleene Süße, der hat er das schöne, doofe Lied gewidmet. Das mochte ich, war sehr lustig. Und natürlich »Geldschein«, das war geniale Kunst! Saugeil. (Lacht) »Ein Geldschein sein, ein Geldschein sein / heute kauf ich Blumen für die Liebste ein / Morgen schon kann ich der Lohn für eine Untat sein.« Die Wanderschaft eines Scheins. Die alten Titel haben wir alle gehört, es gab ja nicht viel Neues.

Otze war ein bisschen unheimlich, wie schizophren. Der kam in einen Raum, und jeder wusste, dass er da war. Er ist eine Persönlichkeit gewesen. Der hat uns gerne auch mal verarscht, den Teufelsanbeter raushängen lassen. Angeblich hatte er einen Pakt geschlossen. Mit ein paar Bekannten in einem Waldstück hat er aus Jux und Dollerei mal einen Kreis mit einem Stock gezogen und gesagt: »Wer in diesen Kreis tritt, dem passiert was Schlimmes!« Wir: »So, alles klar, hmm, Otze, jaja.« Und einer von uns ist dann tatsächlich beim Rumtrampeln in den Kreis geraten und keine fünf Minuten später ist er in einen Graben gefallen und hat sich das Bein verdreht! Klar, dann haben wir gesagt: »Otze du Schwein, du hast uns verhext!« Er hat uns gerne Angst gemacht mit solchen Geschichten, vor allem uns Jüngeren. Er hat selber dran geglaubt und konnte die Filme, die er geschoben hat, manchmal nicht mehr von der Wahrheit unterscheiden.

Ich hab für mich allein gependelt, aber ich hatte Schiss, das mit Otze zusammen zu machen, weil er vielleicht wirklich etwas Böses angezogen hätte. Ich war nicht die Einzige, die sich vor ihm gefürchtet hat. Viele wollten sich nicht mit ihm anlegen.

Otze hat eine Menge Frauen gehabt, aber nur über sechzehn. Außer mir, Gott sei Dank *(lacht)*, war da, glaube ich, jede im *Haus* mal die Seine. Zwei, drei Tage lang. Eine feste Freundin nicht, und wenn, dann hatte er mehrere.

Das *AJZ* gab es etwa fünf Jahre. Das zweite Haus in der Langensalzaer Straße wurde Ende der Neunzigerjahre abgerissen. Dort gab es Ratten, die sind durch unseren Aufenthaltsraum gelaufen. Man hat sich gern mal eingebildet, die wären dackelgroß. Wir hatten anfangs den Plan, es zu renovieren, malern, neue Fenster, das Dach machen. Aber im Keller war es feucht und die Stadt hat einen Grund gesucht, es abreißen zu lassen und wollte sich eine Menge Arbeit sparen, indem sie uns das Objekt als Spielplatz anboten. Uns wurde bald klar, dass es sich nie lohnen würde, es fertig zu machen. Es war ein ehemaliges Wohnhaus mit mehreren Etagen und kleinen Kämmerchen auf halber Treppe mit Klo. Ein paar Räume konnten wir beheizen. In denen haben wir uns hauptsächlich aufgehalten. Die Stadt und das Jugendamt haben uns zum größten Teil in Ruhe gelassen. Viele von uns hatten Kontakt zu Angela, der Streetworkerin. Sie hat sich um die gekümmert, die keine Wohnung hatten, von zu Hause raus wollten oder ihre Schule abgebrochen hatten. Die Bullen sind auch öfters mal vorbeigefahren. Dann wurde dicht gemacht. Wir hatten wieder nichts mehr, wo wir hinkonnten. Die Gruppe hat sich mehr oder weniger aufgelöst. Oder sie haben sich woanders getroffen. Bei denen, die schon eine Wohnung hatten.

'94 bin ich weg aus Gotha, kam aber immer mal wieder gucken. Otze war nicht mehr ansprechbar, ich hab eher über Mundpropaganda von ihm gehört. Das *Haus* hat sich verjüngt, die Älteren wurden teilweise anständig, Lippe ging irgendwann arbeiten und solche Sachen. Da hat man die dort nicht mehr angetroffen, eher in Kneipen. Wenn ich jemanden traf, war der Suff schon fortgeschritten. Ich hatte dann keinen Bock auf Gespräche, die waren eh nicht mehr richtig möglich. Am Ende war mir das zu eklig. Otze hat dann bei jedem mal rumgehangen, war aber auch noch bei seinen Eltern daheim.

Otze hat viel gelesen, und in klaren Momenten hatte er einen umfangreichen Wortschatz. Man konnte sich mit ihm unterhalten, er hatte was auf dem Kasten. Es ist wirklich schade, dass er so runtergekommen ist. Er hätte viel in Bewegung setzen können, wenn er gewollt hätte.

Wir haben nicht durchblickt, was eigentlich unser Problem ist, in der damaligen Zeit. Ob du zu Hause Stress hast, oder nicht mit dem Arsch an die Wand kommst. Wir haben gedacht, wir saufen aus Spaß, feiern uns die Birne jeden Tag kaputt. Ich weiß nicht, wie er drauf war, wenn er nach Hause gefahren ist. Wenn das alles wieder abgefallen ist und er sein häusliches Dasein als Sohn von Mutti hatte. Wenn er hier ankam, sah er immer sauber und ordentlich, geflickt und eingekleidet aus, hat sich aber offenbar tierisch gefreut, wieder da zu sein. Und dann ging es wieder los, wir sind ja an alles rangekommen. Wie im Schlaraffenland. Die Tüte Gras, die *Päppchen* und das Spiel: Wer fällt als letztes um? Wenn du das eine Weile machst, egal aus welchen Motiven …, wenn du nie davon weggehst oder nicht schnallst, wann es bei dir nicht mehr geht, dann endest du wie Otze. Was ihm so herbe zu schaffen gemacht hat, kann ich nicht nachvollziehen. Er hat ein ernsthaftes Problem gehabt. Ein psychisches, scheint mir.

Otze war der Älteste von uns allen, Lippe hatte viel mit ihm zu tun, Tamme, und Esefeld, die waren etwa in seinem Alter. Viele der Leute sind abgesackt. Familie gegründet hat da selten einer, und wenn, dann erst viel später. Das war die Generation Sucht.

Der Vater muss ein übles Schwein gewesen sein, der hat auch die Mutter verdroschen, hab ich gehört. Er war kein Guter, aber was da passieren muss, dass man so austickt? Wenn er im *Haus* austickte, flogen auch mal Möbelstücke, oder es flog einer durch eine Tür. Da war er nicht der einzige. Wenn man nichts damit zu tun haben wollte, ging man eben eine Weile woanders hin. Knüppel, Stuhlbein und ähnliches landeten schon mal auf einem Buckel, das war Gefahr für Leib und Leben, aber wenn man so was jede Woche ein paar Mal mitkriegt, ist das normal. Viel schlimmer waren da andere Sachen. Einer, der im Park von Nazis angestochen wurde. Schrecklich, aber damals passierte so was oft. Fast jedes Wochenende hatten wir Stress mit denen.

Heute gibt es keine besetzten Häuser in Gotha mehr, aber eine Punkbewegung von sehr jungen Leuten, die eher politisch motiviert und organisiert sind. Mit Büro und so. Das ist die Neue Linke. Die kriegen auch öfter mal auf die Jacke.

Wir haben damals nur unsere Herde verteidigt, die feindliche Fraktion hat sich nur daraus ergeben, dass die Glatzen uns als Punks erkannt haben. Wir waren einfach Zecken. »Hasten Hahnenkamm, kriegste die Fresse voll.« Dann sind die Zecken los und haben Nazis geklatscht. Es kam ein Anruf vom Jugendklub, macht die Türen zu, die Nazis sind los. Wir haben uns verrammelt, oder ein paar Mutige sind raus und haben gegen die gekämpft. Mal gewonnen, mal nicht. Wir kannten die auch zum Teil, waren ja aus Gotha. Mit denen warst du in der Schule, Ihmchen wohnt zwei Häuser weiter … Und wenn du dem im Getümmel gegenüberstandest, haste kurz geguckt, dich zu jemand anders gedreht und den verhauen.

Die von außerhalb haben meist Stress gemacht. Das war schon sehr lustig. Wir waren auch mal in der Plattenbausiedlung unterwegs und wollten jemanden abholen, und genau da wohnten alle zwei Häuser fünf Glatzen. Wir saßen im Wartburg und schon flogen die ersten Flaschen. Wir riefen: »Los fahr, gib Gas!«, da sind sie mit Stöcken und Steinen hinter uns hergerannt.

SK war Punk aus dem Volk, aus dem Herzen gesprochen. Genial durchdacht. Zum Teil sogar melodisch, ausgereifter als normal geschrubbter Punk. Die Texte immer saugeil. Ein paar Lieder hat, glaub ich, Lippe geschrieben. Man hat gemerkt, das kommt nicht von irgendeinem versifften Punker aus einem Loch, sondern der hatte wirklich was im Kopf. Ich finde es heute noch großartig. Otze war der Chef von der Band, aber mit Lässigkeit. Kein Gepose. Der ist einfach hingegangen, Klampfe, Stecker und los. Wenn du dich vor deinen Eltern in Pose schmeißt, finden die das süß, o.k. Dafür war er zu eitel. Er hat es genossen und subtil ausgenutzt und teilweise war es ihm auch scheißegal.

Hagen, bürgerlich Hagen Schröder, spielte von 1990 bis 1996 bei SK Bass, lebt in Gotha und spielt heute mit Lippe in der Death/Dark-Metal-Band Aggressive Scum

SCHLEIMKEIM war Kult. '86 kam ich aus der Schule, da hab ich angefangen, Punkkonzerte zu besuchen. Ich war mehr langhaarig, aus der TON STEINE SCHERBEN-Ecke. Seit '88 war Otze regelmäßig in Gotha, er war Punk, und wenn man mit ihm eine Pulle Bier getrunken hatte, war man in Gotha wer. Wenn man Veranstaltungen besuchte, in der *Zelle*, hat man Otze oft dort getroffen.

Ich habe erst bei den FANATISCHEN FRISÖREN mitgespielt, Gitarre. Fozzy und Evi hatten einen Ausreiseantrag gestellt und im Sommer '89, Juni oder Juli, war das erledigt. Otze hat mich angequatscht, als Dippel aufhörte. Wir haben zwei-, dreimal geprobt, dann sind wir aufgetreten. Otze brauchte einen Basser und los ging es. Der erste Auftritt mit mir war in der *Zelle*, Herbst '89. Punkerwerkstatt in der Übergangszeit. Beim Erfurt-Sampler »Zähne 91« hab ich bereits mitgespielt. So wie ohne Fozzy die FRISÖRE aus waren, so war SK ohne Otze nicht möglich. 50 Prozent oder mehr waren Otze. Es war immer lustig, wenn fünf, sechs Bands spielten, SK immer zum Schluss. Und um null Uhr war Otze immer besoffen. Man musste richtig aufpassen, das Problem war, einzuschätzen, wieviel Bier man selbst verträgt. Wenn Otze auf die Bühne kam, hat er erst mal seine Gitarre gestimmt. Das war den Leuten egal, der hat da 20 Minuten mit seinen 6 Saiten rumgenervt, den Ton gesucht und an den Wirbeln rumgeleiert. Das fanden die Leute gut, sie haben gefeiert! Der konnte schon fast machen, was er wollte. Er hat das später so übertrieben, das hat sich rumgesprochen, und dann hieß es, na mal sehen, ob da heute was kommt oder wieder nur Geseier. Das war keine bewusste Handlung. Er fand das einfach lustig, dass er sich auf der Bühne Sachen erlauben konnte, die sich kein anderer herausnahm. »Wir haben es nicht nötig, mit 'ner gestimmtem Gitarre auf die Bühne zu kommen, die Leute können sich das ruhig mit anhören!« Das geht ja noch, wenn das Stimmen ein paar Minuten dauert, aber nicht eine halbe Stunde. Die Leute haben gejubelt, die haben gesehen, ach SCHLEIMKEIM spielt wirklich mal. So in der Zeit '93, '94 haben viele Veranstalter SCHLEIMKEIM mit auf ihre Plakate draufgeschrieben, aber uns nie eingeladen. Positiv: SK hat Leute gezogen; negativ: später haben viele gedacht, die spielen nie, wenn die mit draufstehen. Trotzdem sind sie hingefahren, auf Verdacht, könnte ja sein!

SK sind zweimal im Westen aufgetreten, einmal 'ne halbe Stunde in Gießen. Das war vor meiner Zeit. Nach Dortmund gab es auch mal eine Einladung, aber das war ein Freitag. Wir wollten nachmittags in Gotha losfahren, und Dieter Ehrlich rennt in der Weltgeschichte rum, man weiß nicht, wo. Er hat es nicht auf die Reihe gekriegt, nach Gotha zu kommen. Und weil ihn niemand in Stotternheim oder sonstwo abgeholt hat, sind wir nicht gefahren. Die Abmachung war, zu dritt hier in Gotha loszufahren, aber nicht Kindergarten, in der Weltgeschichte rumfahren und gucken, wo Otze ist. Dortmund, ade.

Ich hab nur einmal im Westen mitgespielt, in Hannover zu Höhnies Geburtstag, kein doller Auftritt.

Wir hatten überschaubare Gigs. In Berlin haben wir zweimal gespielt, im *Knaak* und im *Tacheles*. Dass wir von der Kohle nicht viel gesehen haben, ist letztlich das Problem jedes Einzelnen. Wer sich nicht kümmert, kriegt och nischt. Wenn Otze finanzielle Probleme hatte, rief er Höhnie in Hannover an und sagte: »Höhnie, kümmer dich mal!« Dann half Höhnie mit zwei-, dreihundert DM.

Ich erinnere mich da an einen Auftritt in Freiberg, ein Weihnachtsgig, Gage waren 900 Mark und es war für Otze sehr schwierig, die durch drei zu teilen. Es wurde geteilt, na ja, das war schwer, teilweise peinlich, in Gegenwart von autogrammsuchenden Fans.

Wenn er irgendwo Haschisch gekauft hat, dann hat er manipuliert und mit ganz billigen, ausgeleierten Tricks rumgemacht. Am nächsten Tag war es sowieso alle, egal wie viel es war.

Gewalttätig war er mir gegenüber nie, aber ich hab die tagelangen Sauftouren auch nicht mitgemacht. Otze ist auch bei mir eingestiegen, wenn er schlafen wollte. Einmal hat er eine meiner Gitarren mitgenommen. Da war ich noch kein Bandmitglied. Bei mir im Haus war ein Proberaum, da kamen alle möglichen Leute vorbei und haben Musik gemacht, und eines Nachts muss nicht zugeschlossen gewesen sein. Otze kam nicht in der Absicht, die Gitarre zu klauen, der kam zum Pennen vorbei. Der Proberaum stand offen, da hat er die Gitarre gesehen und mitgenommen, ist wieder raus. Und eine Wurst lag noch im Klo, musste er eben noch kacken. Lange Zeit ist das unterm Tisch gehalten worden, aber so was kommt raus. Die Gitarre stand dann bei ihm in Stotternheim unterm Dachboden. Umgespritzt und auseinandergenommen. Ich sag zu Otze: »Was'n das?« Er: »Hmmm.«

Bei Konzerten hat er eingesteckt, was rumlag. Das war furchtbar, dieser Kampf immer. Otze: »Hier, steck weg!« Du stehst auf der Bühne und packst ein, bekommst das Ding schon in die Hand, ja, was machst du denn da? Willst du sagen: »Otze, bist du bescheuert?«, zinkst ihn damit an, oder steckst du es weg? Für Verzerrer hatte er ein Faible.

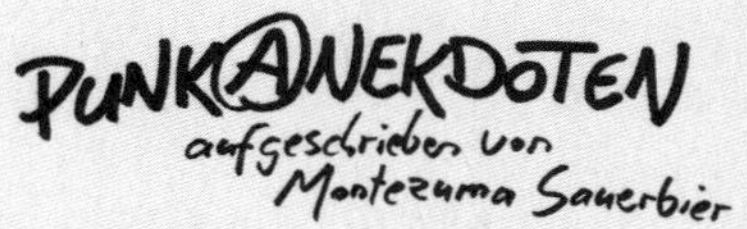

Folge 8: Horst B., Sömmerda

»Ich hätte mich auf die Treppe setzen und heulen können. Wir hatten den Titel ›Vorbildliche sozialistische Schule‹ so gut wie sicher. Und dann sah ich dieses Element von Schüler mit so einer Indianerfrisur auf dem Schulhof stehen. Ich bin gleich runter und habe ihn zusammengestaucht, er mache unsere Schule unmöglich, er solle nach Hause gehen und sich gefälligst eine Mütze holen, dieses Intelligenzlersöhnchen. Aber was soll ich Ihnen sagen. Eine Stunde später steht der Bezirksschulrat am Fenster und weist mich auf die Zusammenrottung von zehn oder fünfzehn Mützenträgern hin. Im Hochsommer. Diese subversive Brut. Alles haben sie mir versaut. Alles. Ist das nicht zum Heulen?«

Er hat immer einen bestimmten Gitarrenklang gesucht, war immer unzufrieden mit seiner Gitarre. Er hätte gern einen anderen Verzerrer gehabt. Otze war immer der Meinung, es könnte noch besser klingen. Jeder Verzerrer, der nicht angeschraubt war, wurde von Otze gezogen. Könnte ja endlich der Richtige sein.

SK hat einfache Musik gemacht, trotzdem nicht primitiv. Die Fanatischen Frisöre waren einmal in Berlin und haben einen Termin mit Lutz Schramm gehabt. Der sagte unter anderen, es gibt viele Sachen, die er spielen kann, aber wenn er Schleimkeim spielt, ist das seine letzte Sendung gewesen. Er wusste genau, SK ist ein rotes Tuch, das geht nicht. Selbst wenn das ein harmloses Sauflied wäre, in dem nichts mit Politik drin ist.

Otze hat sich in eine Sackgasse manövriert, mit ein bisschen Faustan etc. fing es an, dann Hasch rauchen, noch eine Tablette dazu, Psychopharmaka, Poppers, die für Epileptiker entwickelt wurden, da bist du ein paar Minuten weg, und Otze immer wieder: »Rein, immer wieder rein in die Rübe.« Er hat keinen Termin mehr hinbekommen, ist nur noch selten zu Proben gekommen, keiner wusste, wo er steckt. Zum Schluss war jeder wütend auf ihn, den Namen Dieter Ehrlich konntest du nicht mehr aussprechen. Er hatte so viele mal beklaut, oder hatte mindestens Schulden. Bis ca. '94 war er noch er selbst, aber danach war es vorbei. Man konnte kein normales Wort mehr mit ihm wechseln.

Aus Erfurt besuchten uns auch Freaks wie Ficker-Gerd. Wenn irgendwo eine Muschi durch einen Raum lief, konntest du sicher sein, dass Ficker-Gerd die nächsten 24 Stunden da seinen Schwanz reinsteckte. Die Erfurter waren verschrieen, und als wir die kennengelernt haben, wollten die mit den Gothaern anfangs nicht viel zu tun haben. Die Erfurter waren bekannt für Saufen und Randale, das war ihr Programm. Fußball-Fans waren sie auch, meist sind sie später in die Skinheadszene abgewandert.

Bei Spichra fand 1995 das letzte ordentliche SK-Konzert statt. Nachher kam nur noch Otze so gut wie solo mit: »Ich bin stolz, stolz, stolz auf mein Nudelholz«. Und »Party im Cannabisbeet«, so was. Da hat uns eine Freundin aus Erfurt gesagt: »Ihr macht euch völlig zum Obst auf der Bühne.«

'93 in Lauchröden gab es Ärger wegen der Verstärker, wir haben nicht gespielt. Es war nicht unsere Schuld, wir hatten abgesprochen, dass sie Verstärker stellen. Hin und her: »Nö, ich fahr nicht zurück und hol die Verstärker«, Konzert fällt aus.

1991 Erfurt/Petersberg. Die Veranstalter hatten einen Plan gemacht, SK sollte als letzte Band ran, da hat Otze gesagt: »Nee das geht nicht, Schleimkeim spielt nicht als letzte Band.« Weil er wusste, er will noch ein bisschen feiern, da kann er nicht als Letzter spielen. Es führte kein Weg rein, die haben sich nicht breitschlagen lassen, wir wollten ja so um zehn Uhr spielen. Also ist Otze auf die Bühne gegangen, es hatte gerade gedämmert, und verkündete: »Ich wollt nur sagen, heute Abend spielt SK nicht. Wir sind 'ne Punkband, und 'ne Punkband kann im Dunkeln nicht spielen.« Manche haben es nicht geglaubt, manche haben es nicht gehört und der Veranstalter wollte es nicht wissen, mehr ist nicht gewesen. Haben wir nicht gespielt, fertig.

Im November '98 habe ich Otze das letzte Mal getroffen, hier in Gotha.

Über einen Draht zum Jenseitigen hat Otze schon immer geredet. Erst hat er ein brennendes Stück Holz aus dem Feuer geholt, dann hat ein Punker mal gesehen, wie er ein Stück glühende Kohle eine halbe Stunde lang in der Hand hatte. Er war überzeugt vom Übersinnlichen und hatte auch eine Verbindung zu Satan.

Er konnte Leute gut ankarren. »Gucke mal, haste mal, kriegste wieder.« Er hat geklaut, gekuttet, verkauft, Geschäfte gemacht. Politisch war Otze eigentlich nicht, normale Arbeit war sein Ding wahrscheinlich nicht, er hat Stütze gekriegt. Mutter Gisela wird den Sozialhilfekram für ihn gemanagt haben.

Otzes Feinde waren die Mächtigen und Reichen, das bist du auch schon, wenn du einen Anzug trägst und Mercedes fährst, bist du schon, wenn du auf der anderen Seite stehst. Alle SK-Songs sind sein Bastelwerk, das ist alles zu Hause aufgenommen, teilweise sehr, sehr gut. Spätere Titel wie »Cannabisbeet« und »Leck mich am Arsch« waren schnulli, das Produkt seines Drogenkonsums der letzten Jahre. Ich glaube nicht, das er an der Welt gelitten hat, er hat es gern ins Feld geführt, aber letzten Endes hat er mehr Nutzen daraus gezogen als er reingesteckt hat.

Die meisten SK-Lieder sind zwischen '84 und '88 entstanden, vielleicht vierzig Stück. In den folgenden fünf Jahren sind dann nur drei, vier richtige Lieder entstanden, es gab keine produktive Phase mehr.

Ich bin '90 dazugestoßen und in den Jahren ist nur ein neues Lied entstanden, »Keine Wut mehr im Wanst«. Otze hat immer gesagt, er macht die Songs so einfach, damit er sie im Suff spielen kann, aber das war Quatsch, er war vor der Wende ein genialer Songwriter. Es wurde immer mal wieder ein alter Song ausgegraben, der lange nicht mehr gespielt worden war, aber es kam nichts Neues dazu. Otze hat mal gesagt, wir sind die unproduktivste Punkband, die es auf diesem Planeten gibt.

Speiche, einer der ersten Ostberliner Punks, nach der Wende Mitveranstalter im Eimer, 1990 bis 2004 besetztes Haus, Klub und Veranstaltungsort in Berlin Mitte; Mitbegründer des MS Stubnitz e.V. – Schiff der DDR-Hochsee-Fischfangflotte im Rostocker Hafen, seit 1992 mobile Plattform für Musik, kulturelle Produktion, Dokumentation und Kommunikation

Mit Spinne habe ich über die Jahre hinweg Verbindung durch den *Eimer* gehalten. Einmal war ich bei Spinne in Erfurt und er meinte: »Eh, Otze is inner Klapse.« Ich: »Na kann man den besuchen?« – »Ja, klar.« Am nächsten Tag sind wir ihn besuchen gefahren, ich hatte meinen kleinen Sohn dabei, deshalb war das nicht einfach. Der ist jetzt sechzehn, lass den damals acht gewesen sein? Ich bin also mit Spinne in die Klapsmühle und wir haben Otze besucht. Mit ein paar Verrückten hatte er sich auch schon angefreundet. Vorher war er wohl ein paar Tage lang angeschnallt gewesen. Er sagte zu mir: »Das kannste hier alles umsonst haben. Ist inklusive, wofür andere im Sado-Maso-Studio zahlen müssen!« Da kiekste blöde! Seinen bitteren Humor fand ich ganz in Ordnung an ihm. Vier Wochen später ist er wieder rausgekommen. Dann bin ich ihn noch mal besuchen gefahren. Er kam zum zweiten Mal aus der Klapse. Beim ersten Mal war er geflohen. Hinterher hat er mir davon erzählt. Er ist irgendwie nach Weimar gekommen und hat sich auf dem Buchenwald versteckt. Eine Woche hat er im Wald abgehangen. Neun Tage haben sie ihn gesucht und mindestens sieben davon war er im Wald. Er hat sich nicht im Detail ausgelassen, wie er sich da durchgeschlagen hat. Das brauchte

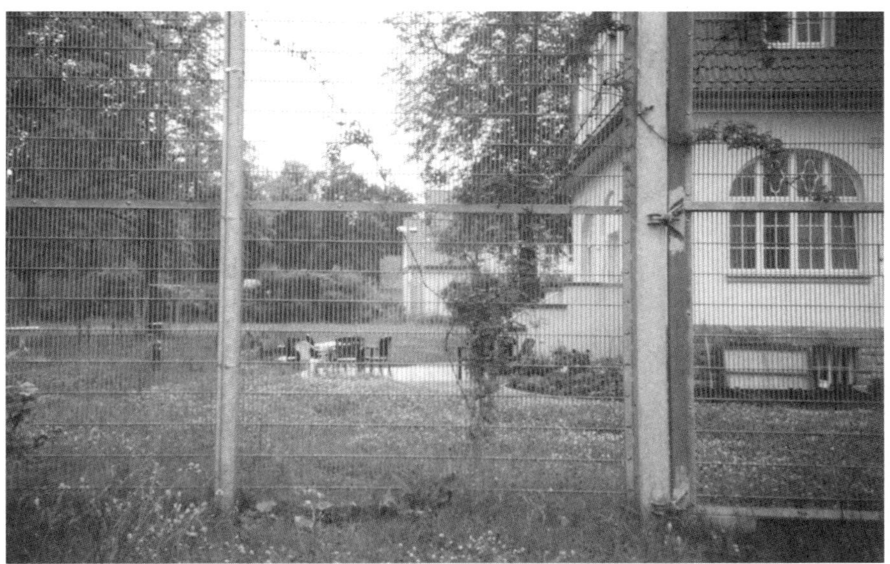

Forensische Abteilung, Ökumenisches Hainich-Klinikum Mühlhausen, 2007

man Otze nicht fragen. Man wusste bei Otze, wenn der sich eine Situation aussucht, kommt er dann auch durch! Der ist ein Tausendsassa gewesen, der hat einen Trick ausgetüftelt und einen Ausweg gefunden, wo keiner mehr einen gesehen hat.

Seine Art zu leben war noch kreativer als seine Musik und seine Texte: spezielle Tricks, wie man sich den Schnaps im Supermarkt besorgt, so Tauschsachen mit gefälschten Etiketten. Wenn Otze irgendwo hingegangen ist, in eine Kneipe, dann hat er um Geld gespielt. Würfelspiel. War besoffen wie 'ne Sau und hatte das Glück auf seiner Seite. Ganz sicher, mit seiner Schlitzohrigkeit: Er ist mit dreißig Mark reingegangen und besoffen mit neunzig oder hundert raus. Ich hab nie gesehen, dass er verrissen hat. 17 und 4, Doppelkopf, Würfelspielchen, Die goldene 6, Glücksspiel, Halbglücksspiel, so was alles.

'94, '95 hat Otze neun Monate in Berlin gelebt, davon vier Monate im Treppenhaus des *Tacheles*. Da hat er sich mit allem Möglichen durchgeschlagen, hat manchmal seinen Prominentenbonus ausgespielt. Im *Eimer* hat er immer ein Bier bekommen, das zweite auch. Die

Tüte auch. Beim dritten Bier haben wir dann nach dem Einkaufspreis gefragt. Da hatte er auch ein Verhältnis mit einer Frau, die sich Frosch nannte. So 'ne kleine Künstlerin.

Als ich Otze zum ersten Mal sah, standen die zu dritt am Bahnhof, waren gerade aus Thüringen gelandet, hatten SCHLEIMKEIM in Zeitungsbuchstaben auf der Jacke stehen, mit Lack übermalt. Ich bin mit denen auf den *Kult*; später haben sie bei mir gepennt. Klaus war noch ein Kind, Otze war schon weiter. '81 ich hatte ich meinen ersten Iro und hab angefangen, Punk zu hören. Ich lief noch beim Fußball rum, außen Punk und Staatsfeind, und innen Union-Fan und auch unter Staatsfeinden.

Bei Schlägereien war Otze ein Typ, der nicht zu Boden ging. Und wenn er mal lag, ist er wieder hoch und hat drei auf einmal klargemacht. Ich habe erlebt, wie er in einer Schlacht zum Halbstein gegriffen hat. Das ging nicht anders, da wäre er nicht rausgekommen, acht gegen fünfzig. Seine Kumpels lagen schon, er war als Einziger noch kampffähig, da hat er den Stein genommen und die anderen in die Flucht geschlagen.

Als ich ihn in Stotternheim besuchte, nachdem er das zweite Mal in der Klapse gewesen war, saß er da in seinem Zimmer rum. Hat irgendwas rumgefrickelt mit Elektrogeräten und gemurmelt: »Alles so Scheiße zu Hause, alle meine Sachen sind weg!« Ich war auf der Durchreise, hatte ein bisschen Urlaub. Erst wollten sie mich nicht vorlassen, es waren ja nur noch der komische Alte und der Bruder da, die Mutter war schon gestorben. Sie hatte den ganzen Hof zusammengehalten. Ich sagte: »Otze komm mit, fahr mit mir ein paar Tage weg! Dann kommste hier raus, ich nehm dich mit nach Berlin, das bisschen Trinken und Rauchen und Essen, das kriegen wir schon hin für dich.« Er war nicht so richtig offen: »Nee, ich muss hier vor Ort bleiben, da kommt jemand vom Sozialamt kieken.« Das musste er erst mal regeln. Ich sagte: »Na dann regel das mal, du musst hier mal raus!« Das war innerhalb von vier Tagen, ich war zwei Mal da! Aber er war irgendwie nicht up to date. Das war schlimm, wie er da gewohnt hat. Das ist nicht gut gelaufen. Die hatten hinter seinem Rücken sein Land, das ihm allein gehörte, mit einer Hypothek beliehen. Die wollten das verkaufen. Otze war ja auch entmündigt. Als er aus der Klapse kam, waren alle seine Sachen weg. Platten, Kassetten, die Technik. Das ist doch der Hammer, dass er da nicht ausgerastet ist? Es gab wohl die Front, Bruder und der Alte gegen Otze.

Als Otze später im Knast war, hab ich noch einmal mit ihm telefoniert, während ich bei Klaus und der Schwägerin zu Besuch war. Da schien er recht rege zu sein. Die Medikamente musste er nehmen, er sagte mir, wenn er die nimmt, geht es ihm gut. Wenn er die nicht nimmt, sieht er Blut. Sieht eben rot. Das haben mir die beiden auch bestätigt. Zu der Zeit war nicht klar, ob es noch eine Prüfung gibt, ich wollte ihnen sogar Anwälte in Berlin besorgen. Aber die beiden meinten, an den Oberstaatsanwalt kommt man nicht ran. Es gab immer wieder Einschränkungen, erst durfte er Musik machen, dann wieder nicht. Die haben sich doll gekümmert, alle beide. Die Schwägerin hatte schon vor der ganzen Sache ein supergutes Verhältnis zu Otze, und das zu Klaus war auch nicht schlecht.

Wenn Otze auf etwas keine Lust hatte, dann war er stur. Er hat auch Interviews vereinbart, wenn er keinen Bock drauf hatte, hat erst die Kohle eingestrichen und dann nur »ja« und »nee« geantwortet. Wenn er ein Interview gewollt hätte, dann hätte er sich das selbst gesucht. Als er die ersten Konzerte im Westen gegeben hat, sind die alle in die Knie gegangen. Die Westbands haben total abgekotzt, weil Otze alles abgeräumt hat! Der ist da besoffen zum Soundcheck hochgestolpert, hat an ein paar Knöpfen gedreht und gesagt: »Wasn das fürn Hall, wie aussem All, scheißegal, ich komm aus Thüringen, aus Gotha« – und dann ging es los mit Gotha. Fünfunddreißig Minuten durch, ein Bier getrunken und weiter. Anderthalb Stunden lang, der Saal hat getobt, alles pogte. Otze hat abgeräumt! Ich selber hab das nicht erlebt, aber von so vielen verschiedenen Leuten gehört, wie geil das war! Das müssen mindestens drei verschiedene Gigs gewesen sein, aber vielleicht war es auch nur ein einziges Konzert, was so geil war, dass ich durch die vielen Versionen davon inzwischen glaube, es waren mehrere. Wenn Schleimkeim das durchgehalten hätten, mit der Energie, dann wären sie heute auch schon alle.

Susanne Binas-Preisendörfer, Jahrgang 1964,
1986–1991 Musikerin bei EXPANDER DES FORTSCHRITTS,
heute Professorin für Musik und Medien an der Uni
Oldenburg, lebt in Berlin

In den Achtzigern war ich jung, habe Kultur- und Musikwissenschaften an der Humboldt-Uni in Berlin studiert und bin gleichzeitig in Musik- und Kulturzusammenhängen herumgegeistert. Bei mir ist vielleicht zweierlei aufeinandergestoßen, einerseits eine kleinbürgerliche, aber wohl mit interessanten Inspirationen aufgeladene Kindheit, anderseits die Konfrontation an der Universität mit Leuten, die irgendwie anders waren, als all die Mitschüler und jungen Leute, die ich bis dahin kannte. Unsere Band DER EXPANDER DES FORTSCHRITTS war ein politisches Projekt, vor allem aber auch ein ästhetisches. Weil uns die Rockmusik und auch die Art, wie gesprochen wurde, oder wie man sich darstellen konnte, in der offiziell geförderten Kultur nicht gefallen hat. Das spielte für uns eine ziemlich große Rolle, diese ästhetische Provokation. Die paart sich ja – das ist im internationalen Kontext auch so gewesen – mit Punk. Sowohl in Westberlin kannst du solche Geschichten hören als auch eben in Ostberlin. Wenn wir unsere musikalische Stilistik bezeichnen mussten damals, hieß das immer: zwischen Punk, Noise und New Wave.

Ich habe Mitte der achtziger Jahre in erster Linie in Berlin Konzerte erlebt, z.B. *x mal EXTRA* im *Jugendkulturzentrum Gérard Philipe* oder auf der *Insel der Jugend* – ich erinnere mich an die vor allem schwarz gekleidete Szene und an dunkle Keller-Räume, Leute haben auf Ofenrohre geschlagen und einmal war ich auf einer Blues-Messe in der Erlöserkirche, aber die Punkbands wie SCHLEIMKEIM habe ich damals nicht bewusst wahrgenommen. Der Habitus war schon das, was anziehend wirkte.

Mich und die Leute, mit denen ich gespielt habe, hat das ästhetisch provokative Moment gereizt, laut sein, rumbrüllen, dichtmachen, überlagern – das war bei uns inspiriert vom Free-Jazz. Vom Sound her total dichtmachen. Allerdings bei uns mit Instrumenten, wir haben nicht auf Ofenrohren oder Badewannen rumgekloppt, sondern haben halt die Verstärker ins Schwingen gebracht, sie vibrieren lassen, richtig so geschüttelt auf der Bühne, dass das scheppert. Bewusst eingesetzter Missbrauch und Umgang mit Equipment. Ich hab Sopran-Saxophon gespielt, so richtig schön rumquieken und schreien, wie bei den Dead Kennedys, zwischendurch waren ja da auch solche Passagen. Die Wahl des Instruments hatte auch mit meiner Vorgeschichte zu tun, ich war an einer Musikschule, hab Querflöte gelernt und im Chor gesungen und dann die Begegnung an der Uni mit Leuten, die Theater gemacht haben, die Performances gemacht haben, auch Sachen ganz ohne Aussage – da passte für mich der Klang der Querflöte nicht mehr. Ich musste sie loswerden, ich hab die echt für viele Jahre schlicht zur Seite gelegt. Ich brauchte ein anderes Instrument, mit dem ich lauter sein konnte, ohne Verstärkung. Eine Querflöte ist nicht laut, die ist im traditionellen Sinne weiblich und das wollte ich nicht.

Ein paar Jungs haben angefangen, das waren ein Mitstudent und ein junger Mitarbeiter von der Humboldt Universität, Uwe Baumgartner und Eckehard Binas, mein Ex-Mann und dazu ein Freund von Uwe aus Rostock. Dieser Freund kam, wenn ich mich recht erinnere, aus der Rostocker Besetzerszene. Das war für mich eine völlig neue Erfahrung, das kannte ich so nicht. Man musste ja in der DDR immer arbeiten gehen und Mario Persch, der wie Uwe aus Rostock kam, unser Gitarrist und Mitbegründer vom Expander war Drucker in der Humboldt Uni. Diese Nähe hat dazu geführt, dass wir zusammengekommen sind und dass wir unsere Texte vervielfältigen konnten. Mario hat die Texte geschrieben und war ein extrem kreativer und existentialistisch denkender Kopf, textlich der wichtigste. Irgendwann hab ich meine Stasi-Dokumente eingesehen und musste feststellen, dass Uwe Baumgartner, unser Sänger, von Anfang an deren Informant war. Es gibt ein Dokument über unser erstes Konzert, bei einem Freund in einer Ein-Raum-Wohnung im Prenzlauer Berg. Ja, die waren überall. Ich sage heute, dass die Staatssicherheit zu den wichtigsten Kulturproduzenten in der DDR gehörte!

Ich habe alles drum gegeben, beim Expander mitzumachen. Vorher hatte ich mit Uwe Baumgartner und Eckehard Binas schon ein anderes Projekt, das war ästhetisch zahmes Liedertheater und nannte sich »Berliner Harmoniegesellschaft«, mit dem sind wir schon an die Grenzen der Machbarkeit innerhalb des Systems der Kulturpolitik gestoßen. Man musste ja immer seine Texte einreichen, bei einem Liedertheater erst recht. Das Projekt hieß »Des Kaisers neue Kleider«, das sagt natürlich schon alles. Wir wollten, glaube ich, beim Pfingsttreffen der FDJ auftreten und mussten unser Programm vorher vortragen – und da sagte jemand aus der Kommission: »Das ist das Programm der Konterrevolution!«

Aus diesen Leuten, da waren nicht mehr alle dabei und auch neue dazugekommen, wurde der EXPANDER. Vorher beim Liedertheater habe ich noch Querflöte gespielt, aber ich hab sofort gemerkt und gespürt, in diesem Zusammenhang, zu diesen Texten passt die Querflöte nicht! Und dann gabs einen Zufall, aber vielleicht war es auch keiner – ich hatte immer ein sehr gutes Verhältnis zu meinen Eltern – ich habe von meinem Vater ein Sopran-Saxophon zu Weihnachten geschenkt bekommen und damit war mein Problem gelöst. Auf dem Saxophon war ich Autodidakt, das konnte ich eigentlich nicht spielen, ich hab auch keinen Unterricht genommen. Ich wusste, was die einzelnen Klappen bedeuten – das ist ja fast identisch mit der Querflöte, aber der Ansatz ist anders und da hab ich einfach nur mit möglichst viel Puste rinjetrötet und dann gings los! Diese Unverfrorenheit ist, glaube ich, ein bisschen identisch mit dem, was eher im Punk gemacht wurde. Dass man sich eben darüber keene Gedanken gemacht hat, ob das jetzt handwerklich gut ist, im Gegenteil, das wollte man ja ablegen. Aus der Sache heraus sein Ding machen, für die Sache – und *die* Sache war dann natürlich schon kontra!

Im ersten Quartal 1989 hatten wir die meisten Auftritte überhaupt, das waren im Januar 10 Konzerte! Normalerweise waren es zwei bis drei. Alle Bands sind zwischen den engen Grenzen der DDR hin- und her gedüst, du hast sie getroffen auf den Autobahnraststätten oder in Arbeiterwohnheimen, wo man übernachtet hat, oder bei Probewochenenden irgendwo auf dem Dorf, da waren immer auch Leute, die man schon aus diesen Zusammenhängen kannte! Die im weitesten Sinne zu dieser Szene gehörten. Wir hatten einen Probenraum zusammen mit BIG SAVOD AND THE DEEP MANKO, Lychener Straße 5, Prenzlauer Berg, und bei den Konzerten, es gab diese großen Events wie *x mal EXTRA*, da spielten in allen Räumen die Bands hintereinander und ziemlich lange, da standen Anlagen von den Jugendklubs, die wir benutzen. Wenn wir zu Einzelkonzerten aufbrachen, hatten wir Techniker mit eigenen Autos, die haben unterm Strich auch das meiste

Geld gekriegt. Für uns gab es eine festgesetzte Summe, wir hatten eine Einstufung, Sonderstufe mit Konzertberechtigung und der Löwenanteil ging an die Techniker. Der wurde auch bezahlt von diesen Jugendklubs, oder zum Beispiel vom Kulturbund, oder auch Betriebe hatten Kulturklubs, auch die Universitäten, Jena, Leipzig, Halle, Dresden, TU Ilmenau. Das alles waren Orte bzw. Veranstalter, vergessen habe ich die Galerien, wo man aufgetreten ist, man schleppte das ganze Zeug mit. Die Einstufung haben wir im Kreiskulturkabinett Friedrichshain im Liebigklub gemacht, da kannten wir jemanden, einen Ermöglicher im positiven Sinne. Der hat die Kommission in sich so divers zusammengestellt, dass auch solche schrägen Projekte wie wir es waren, eine positive Resonanz bekamen. Ich hab sogar noch das Protokoll von der Einstufung, es war ein Jazzer dabei, die sind eh offen für die verschiedensten Klänge und wir hatten als besonderes Moment ja meist eine Audio-Spur drunter, weil wir am Anfang noch keinen Schlagzeuger hatten. Das war eine Beat-Spur, die wir meist aus Sprachsamples zusammengesetzt haben, »datttatdatttata, bapabappapappa«, so etwa. Das ist ja eine performative und eine Audio-Art-Dimension, die fand dieser Jazzer total interessant. Das war damals auch international üblich in diesem Feld. An den Texten haben sie eigentlich auch nicht rumgemäkelt und die waren sehr direkt und zugleich sehr poetisch.

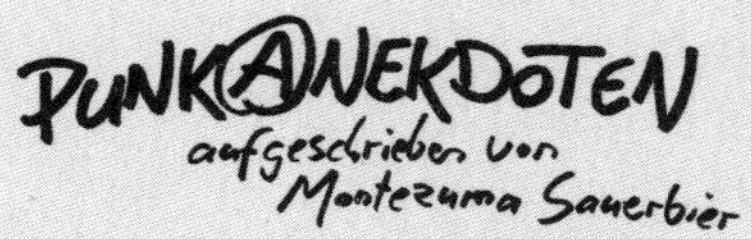

Folge 9: Dieter D., Platzwart Bernhard-Koenen-Sportstätte Eisleben

»Die hattn doch nie Jeld fürs Stadion, die Hottntottn. Fußball wolltense awer trotzdem guckn. Sinnse auf de Bäume jeklettert. Hocktn indn Ästn wie de Affn. Bis ma einer abjebrochn is. Hatte Glück, der Bankert, dass sich sein Schal im Baum verfang hat. Hinger üwern Jästeblock un zappelt wie ne Heppe am Strick. Am Erstickn. Der Jästeblock johlt. Unsre alle panisch. Sogar Spielunterbrechung. Musstn dann sowas wie ne Räuwerleiter machn, um an den ranzukomm. Wie im Zirkus. So freihändich. Wie heißtn das? Wie in Ägyptn die Dinger. N richtcher Turm war das, bis die den zu fassn krichtn. Der war schon fast blau. Im Jesicht meenich. Un kaum hattn die den ande Knochn jepackt, brechn die alle zusamm. Un der Bankert dazwischn. Ich denke, mich triffder Schlach un renne zum Telefon. SMH, die ganze Schose. Awer denkste. Wie ich wedder raus komme, steht der Bengel ander Bierbude un lässt sich feiern, weiler zwölfe vom Feind platt jemacht hat. Sauwer sin die nich, wennse mich frachn.«

Außerdem muss man sagen, es war 1987, das ist etwas ganz anderes, als wenn du jemanden fragst, der 1982 oder 83 eine Einstufung machen wollte! Denen war, glaube ich, 1987 schon völlig klar, dass sie nicht so mauern können. Und unser erstes Konzert war ja schon dokumentiert von der Stasi. Insofern war das vielleicht abgesichert, keine Ahnung! Wir bekamen dann die Sonderstufe mit Konzertberechtigung, was eine Absurdität ist, Sonderstufe – da hättest du eigentlich den ganzen Abend zum Tanz aufspielen müssen, aber das hat auch keiner mehr Ernst genommen. Und Konzertberechtigung hieß, du spielst ein Konzert, also etwa ne Stunde Konzert ohne Tanz. Mit einem Stundensatz von 8,50 pro Person, das wurde aber multipliziert, als hättest Du den Abend über zum Tanz aufgespielt.

Wir haben des Öfteren zusammen mit AG GEIGE Konzerte gegeben, von der Richtung her waren wir uns tendenziell am ähnlichsten. Heutzutage wird AG GEIGE öfter genannt, wegen ihrer schrägen Bühnenperformance, ihren Filmen, die sie zeigten und weil bei ihnen im Grunde genommen schon die Vorläufer des Techno und Elektro mitklangen. Die haben zum Beispiel nie mit Schlagzeug gespielt, sondern immer mit synthetischen Beats. DIE ART habe ich mehrere Male erlebt, die waren der Prototyp für das New-Wave-ige, englischer, groovig, rollend, was wir ja eher nicht gemacht haben. Wir hatten auch mal 5/4 und Wechsel, da konnte man sich manchmal schwer einhören, aber DIE ART haben ja so richtig zum Tanz gespielt, im übertragenen Sinne.

Otze und SCHLEIMKEIM kannte ich von Kassetten, reinhören, weitergeben, nur so. Wir hatten eher Kontakte nach Cottbus, zum Performer Scheuerecker und den Musikern von Sandow und direkten Kontakt hatten wir zu den »Autoperforationsartisten« in Dresden und den Leuten von *fett* rings um Christoph Tannert, mit denen haben wir zusammengespielt. Die Autoperforationsartisten, das sind Else Gabriel gewesen und Michael Brendel, Rainer Görß und Via Lewandowsky. Die hatten Szenografie in Dresden studiert und auch immer Klang, Performance und Objekte und Selbstzerstörung in Zusammenhang gebracht. Wir spielten z.B. zu deren Diplomverteidigung. Die war als Ausstellungseröffnung inszeniert. Rainer Görß hat dann später auch das Cover für unsere erste Platte entworfen, die 1989 in London von Chris Cutler bei rec rec herausgebracht wurde. Das allerwichtigste Musik-Verbreitungsmittel für die Szene in der DDR war die Kassette.

Erstens war es sowieso zur damaligen Zeit in Ost und West für Punk und überhaupt die Szenen ein wichtiges Verbreitungsmittel, weil es ja als ein dezentrales Medium keiner Abnahme-Bürokratie und -Prozedur bedurfte, das konnte man einfach machen. Im Westen konnte man so vorbei an den Majors oder auch den Indie-Labels seine Musik veröffentlichen, sozusagen jenseits ökonomischer Verwertungsprozesse. Die Technik war auch soweit entwickelt, es gab spezielle Aufnahmerecorder, 4 Spur Tascam, die muss nicht direkt in unseren Händen gewesen sein, aber es gab immer Leute, die man kannte, die so etwas hatten. Also wurde produziert. Was wir da benutzt haben? Es gab ja immer die Möglichkeit, über irgendwelche Omas Kassetten in Westberlin zu kaufen, ich denke, dass auf diesem Weg die qualitativ besseren Kassetten eingeführt wurden. Oder auf dem Schwarzmarkt.

Die Kassette hatte mehrere Funktionen, für uns selbst hatte sie eine ästhetische Funktion, denn wir haben diese Zuspielbänder auf Kassette gehabt – beim Expander stand immer ein Kassettenrecorder mit auf der Bühne, manchmal zwei übereinander, damit man alles ein- oder zuspielen konnte. Wir haben Sprachfetzen aufgenommen aus Alltagssituationen oder Politikerreden, Szenen aus Filmen – der eiserne Vorhang war ja medial nicht vorhanden –, aus Filmklassikern, die man in der DDR und eben auch international kannte.

Andererseits waren Kassetten wichtig, um Demo-Aufnahmen zu machen. Man musste im Osten keine Clubs bemustern, aber wenn du Teil dieser Szene warst, und auch über Kassetten konnte man das anzeigen, warst du credible. Die Fans wollten die Musik auch mal hören. Die Platten kamen ja erst später. Dafür hat man das gebraucht, einmal als Veröffentlichungsmedium und auch als künstlerisches Medium. Man hat z.B. mit viel Liebe, Zeit und Aufmerksamkeit im Detail die Cover gestaltet und die Kassetten auch in Serie, also wie ein Label, herausgebracht. Da gibt es Leute, die haben heute noch richtige Sammlungen von damals. Heinz Havemeister hat sicherlich die größte oder auch Alexander Pehlemann – und was ich neulich gehört habe – Christoph Tannert hätte wohl auch eine riesige gehabt, die ist aber bei dem großen Elbehochwasser überschwemmt worden, das ist jetzt ne Mischung aus Kassetten und Schlamm.

Kassetten als Kassiber habe ich das mal in einem Aufsatz genannt, das meint den halbillegalen Verständigungsaspekt innerhalb der Szenen, die Klopfzeichen! Sehr viele Exemplare hat es davon nie gegeben. Zwanzig vielleicht, manchmal weniger. Musik on demand, nicht tausend Stück, sondern auf Nachfrage. Effektiv eben.

Punk, dit wirste nich mehr los! Ich muss mir heutzutage die Situationen, in denen ich mich äußere, bewusst machen. Mittlerweile bin ich in Gremiensitzungen an der Uni z.B. total relaxt, spring da nicht mehr hoch, mir fällt nicht mehr der Frust aus dem Gesicht, wenn mir Sachen nicht passen, weil ich mich kontrollieren kann und ich abchecke, ob es etwas bringt, wenn ich mich aufrege. Aber es gibt so Situationen, da kann ich bestimmte Dinge nicht hinnehmen bzw. einfach so im Raum stehen lassen. Nachdem es den ECHO nicht mehr gibt, erklärte der Präsident des Deutschen Kulturrates seinen Austritt aus dem Ethikrat und begründete das u.a. damit, dass Rap-Musik nicht die seine sei und er die Texte widerlich fände. Als ich letztens auf einem sogenannten Musikwirtschaftsgipfel als Kommentatorin aus dem Wissenschaftsbereich etwas zum Feld der Musikförderung sagen sollte, konnte ich es mir nicht verkneifen, das aufzugreifen und zu kritisieren. Auch die Staatsministerin im BKM Monika Grütters hatte auf die Frage, welche Musik sie eher nicht mag, quasi reflexartig geantwortet: »Rap mag ich nicht!« Als es dann um meinen Kommentar ging und ich mich dazu äußern sollte, was ich von der Forderung halte, dass Kinder jeder Schulstufe vier Stunden Musik pro Woche erhalten sollten,– da hab ich gesagt, »das ist ja sehr ehrenwert, aber wenn Sie vier Stunden Musik anbieten, dann müssen Sie sich auch überlegen, was Sie da machen. Man müsste die Curricula umschreiben, man müsste mehr Musiklehrer ausbilden und man müsste hinterfragen, welches Musikverständnis man eigentlich hat. Und wenn von zwei hochkarätigen Vertretern des politischen Lebens geäußert wird, dass sie Rap nicht mögen, den geradezu widerlich finden, dann klingen bei mir die Alarmglocken. Einmal abgesehen davon, dass Kindern derzeit meist nichts so sehr gefällt wie Hiphop und Rap, erhalten Rapper wie Kendrick Lamar andernorts den Pulitzer Preis!« Das musste mal raus, denn auch die Welt des Hiphop ist bei weitem nicht so eindimensional, wie von den Politikern bzw. Lobbyisten jetzt dargestellt.

(Nach einem Interview Juni 2018)

Anne Hahn

Legende und Wahrheit – Otze im Spiegel der anderen

»Alles wird sterben, alles wird vergehn, nur Punk und SK werden bestehn«, lautete ein Wahlspruch Otzes. Mit SK ist natürlich er selbst gemeint, da er mehr als jeder andere die Band SCHLEIMKEIM ausmachte. Alles weitere ist relativ.

SCHLEIMKEIM begeisterte und begeistert mehrere Generationen von Punks. Die »Show« zog Otze jedoch nur auf der Bühne ab, privat gab er sich anders. Und ganz verschieden. Als ich Otze 1986 im Magdeburger Treffpunkt *Cafe Liliput* kennenlernte, hätte ich den Punkmusiker nicht in ihm vermutet. Bei einem Vorbeuge-Gespräch mit der Magdeburger Kripo wurde ich gefragt, ob ich einen Dieter Ehrlich kennen würde. Ich musste herzhaft lachen und sagte dem verblüfften Vernehmer, dass doch niemand so heiße – Dieter Ehrlich! Also wirklich. Viel später begriff ich.

Otze hat sich Zeit seines Lebens an Geschichten erfreut, selbst gerne Geschichten erfunden, und so wundert es kaum, wenn über ihn mehr Geschichten umlaufen, als die Wahrheit hergeben kann. Aber ist »die Wahrheit« nicht immer ein Produkt subjektiver, individueller Wahrnehmung? Warum heißt Otze eigentlich Otze? Ist er nach der sechsten Klasse abgegangen, nach der siebenten oder nach der achten? Wie kam es zu der Platte »DDR von unten«? Hat er SK verlassen, oder seine Musiker ihn? Wie immer bei Otze gibt es viele Antworten …

Wir haben einige Antworten in den Gesprächen mit Freunden und Wegbegleitern gefunden und wählten anderes aus Interviews mit Radiosendern und Fanzines und aus den Unterlagen und Schriftstücken, die in der Außenstelle Erfurt der BStU liegen.

Otze wurde als Dieter Roland Richard Ehrlich am 16. November 1963 in Stotternheim geboren, als Kind von Gisela und Siegfried Ehrlich. Otze wuchs mit den Brüdern Jürgen, Klaus und Rainer sowie der kleinen Schwester Heidi auf dem geräumigen Gehöft der Familie in der Bahnhofstraße auf. Die Großeltern lebten im Haus, Onkel und Tante nahebei in der gleichen Straße. Der Vater wird von der Stasi als geachteter Bürger beschrieben, er war als Lagerarbeiter in Stotternheim beschäftigt und arbeitete als VP-Helfer. Die Mutter kassierte Versicherungen und wird als »sehr höflich und sauber« eingeschätzt.

1974 kam es zum ersten Kennenlernen mit den Sicherheitsorganen, Otze wurde beim Diebstahl einer Flasche Corn Sour im Wert von 13,70 Mark erwischt. »Eine Bestrafung wurde nicht durchgeführt. Der Vorfall wurde mit den Eltern und im Klassenkollektiv ausgewertet.« (Quelle BStU) Mit dem Abschluss der sechsten Klasse (vermutlich hat Otze noch zwei Jahre als Sitzenbleiber an der POS verbringen müssen und diese mit 14 Jahren verlassen) startete Otze ins Arbeitsverweigerer-Leben. Eine Lehre zum Hilfsarbeiter beim Stahlbau Gispersleben geriet bereits zum Fiasko.

> »Zur Person Ehrlich, Dieter konnte im Rahmen der durchgeführten Teilaufklärung im Arbeits- und Freizeitbereich die Feststellung getroffen werden, daß der E. in seiner Entwicklung sehr zurückgeblieben ist, was sich letztlich in seinem gesamten Verhalten am Arbeitsplatz wiederspiegelt. Der E. ist kaum in der Lage, seinen eigen Namen zu schreiben. Er ist sehr labil und zum Teil arbeitsscheu … Im Betrieb Thüringer Stahlbau versucht der E. aus aus Draht Sicherheitsnadeln in der Größe von ca. 50 cm Länge herzustellen, worüber die übrigen Arbeitskollegen nur noch mit dem Kopf schütteln und der Meinung sind der E. wäre doch nicht normal, derartige Dinge herzustellen …«
>
> (Lehrmeister gegenüber der Kriminalpolizei. Hier und im Weiteren wurden Tippfehler des Originals unverändert übernommen.)

Zum Punk kam Otze wie die meisten seiner Generation: Er hörte Radio. In Thüringen empfing man Bayern 2 mit der Sendung *Zündfunk*, John Peel auf der Mittelwelle, Hessen und Radio Luxemburg. Otzes Oma trug ab '78 die alten *Bravos* ins verschlafene Stotternheim. »Das isses«, dachte Otze. Da er nicht an Platten herankam, machte er die Musik selbst.

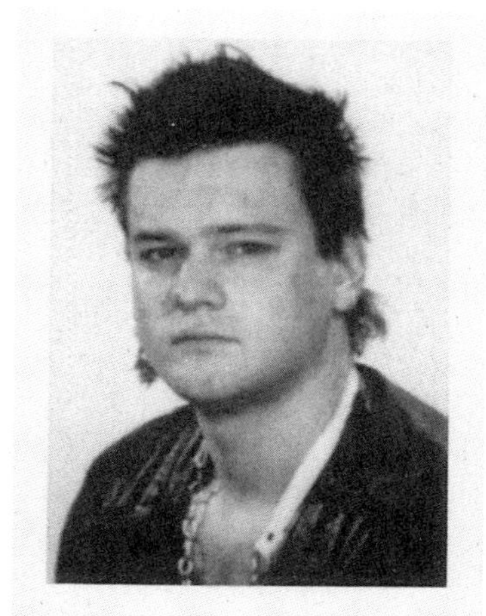

Passbild Otze, ca. 1982

Die Anfänge sind in den Interviews wunderbar geschildert, hinzuzufügen bleibt das Bild, das sich die Überwachungsorgane von Otze und Konsorten machten, als diese auf die Straße gingen.

> »Am 20.5.1981 wurde bekannt, daß sich auf dem Stadtpark von Erfurt eine Gruppe Jugendlicher zusammenfindet, die sich ›Punk‹ nennt und die nach dem Vorbild der englischen ›Punks‹ oder ›Punkys‹ durch eine dekadente Lebens- und Verhaltensweise auftritt. Bei der Kontrolle tragen sie Kuh- und andere Ketten am Körper, waren mit Sicherheitsnadeln und Reißverschlüssen u.a. behängt. Im Gespräch drückten sie aus, daß sie sich als ›organisiert‹ betrachten und von einer ähnlichen, ca 50 Personen starken Gruppe aus Weimar angeleitet würden. Ihr Ziel wäre die ›gewaltlose Gewalt‹. Zur Aufklärung dieser Erscheinung, der Aufklärung des Personenkreises, der Ziele und Handlungen, macht sich die vorbeugende Bearbeitung in der KA (Kriminalakte) ›Nadel‹ erforderlich ... Oltn. Birkner, Oltn. Haun«
>
> (Eröffnungsbericht – Akte »Nadel« zur Überwachung von Otze und Erfurter Punks, begonnen 17.5.1981, geschlossen 2.8.1985«)

Otze wurde schnell als Wortführer der Erfurter Gruppe am Stadtpark ausgemacht. Schon im Juni 1981 ist das erste Ermittlungsverfahren gegen ihn erwähnt, er wurde kurzzeitig inhaftiert. Verstoß gegen § 220. Dieser Paragraph stellte einen der fiesen Tricks dar, die in der DDR zahlreich aus dem Hut gezogen werden konnten, der »220er« war die

Im der Öffentlichkeit sind die Jugendlichen bisher nicht aufgetreten. Im der Gemeinde gibt es keine Hinweise oder Feststellungen, dass sich die Jugendlichen schlecht verhalten oder Gewalttätig wurden.
Im Volksmund nennt man die Jugendlichen "Bankert", da sie auffällig gekleidet sind. Die Gruppe nennt sich „Kein-Schleim."

Zum Beispiel: Haare kurz geschnitten und streng nach hinten gekämmt.
Tragen zum Teil lange Stoffmäntel und eng anliegen-de Stoffhosen oder aus Kunststoff.
Auch kurze Bundjacken je nach Jahreszeit mit allerlei Abzeichen und auf dem Rücken ein großes Emblem, wie der größte Teil der Jugendlichen auf dem linken Armel tragen. Auch Jeansanzüge.
Beim laufen klappert es unter dem Mantel oder Jacke, wie Kennten oder Metallblätchen am Gürtel oder um den Leib.

Als Anführer dieser Gruppe ist der Ehrlich, Dieter zu nennen, der die Zusammenkünfte und Treffs auf dem Grundstück und in Erfurt organisiert. Soweit hier bekannt wurde, verkehren die Jugendlichen im Kaffee Freundschaft zu Jugendtanzveranstaltungen und anderen Gaststätten am Anger.

BStU 000079

MfS, BV Erfurt, KD Erfurt, AOP 1794/83, Kopie 00079. Altertümliche Formulierungen eines Stasi-Mitarbeiters, der aus dem Thüringischen stammte und das Wort Punker – thüringisch »Banker« – als »Bankert« deutete.

»Öffentliche Herabwürdigung« (offizieller Sprachgebrauch: Staatsverleumdung durch öffentliches Verächtlichmachen von Staatsordnung, Staatsorganen oder Funktionären), zu ahnden mit Bewährung, Geldstrafe oder bis zu zwei Jahren Haft! Als Herabwürdigung konnte allein das äußere Erscheinungsbild gewertet werden; öffentliches Urinieren oder gar Verweigerung der Ausweiskontrolle summierten die Strafe.

Durch die große Staats- und Justizreform von 1968 hatten etliche neue Paragraphen Eingang in die Vollzugshandhabe der DDR-Organe gefunden. Sie betrafen vor allem die Dingbarmachung sogenannter

Staatsfeinde, richteten sich gegen Spionage, Nachrichtensammlungen, Landesverräterischen Treubruch (bis zur Todesstrafe!), Staatsfeindliche Verbindungen (ein bis fünf Jahre), Sabotage (drei Jahre bis Todesstrafe), Ungesetzlichen Grenzübertritt (bis fünf Jahre), Rowdytum, Zusammenrottung usw. Außerdem gab die neue Auslegung der Gesetze den Mitarbeitern des MfS die Möglichkeit, Andersdenkende als »Nichtinhaftierte« zu vernehmen, entsprechend einzuschüchtern, zu irritieren und zu »zersetzen«. Diese Methoden sind ausführlich in der Dokumentation von Andrea Herz zur Stasi-U-Haft in Erfurt beschrieben. Zum »Vermeidungskatalog« von Straftaten gehörten auch Vorbeugungsgespräche, zu denen potentielle Staatsfeinde nach Gusto der Verantwortlichen einbestellt werden konnten. Meist geschah dies über eine Postkarte mit der Aufforderung, zur Klärung eines Sachverhaltes im Revier der VP zu erscheinen.

Im August 1982 ist eine Aussprache des inzwischen verstorbenen Kriminalpolizei-Oberleutnant Birkner mit Dieter Ehrlich in der K-Akte »Nadel« verzeichnet. Birkner bemühte sich anscheinend besonders um Otze. Penibel nahm er seine Aussagen zu Punk im Allgemeinen auf und fragte ihn eingangs, warum Otzes Äußeres sich verändert habe. Antwort: »Der E. gab an, daß er seit ca. einem Vierteljahr nicht mehr als Punk gekleidet in der Öffentlichkeit auftritt, da er ständig in seinem Elternhaus aus diesem Grund Auseinandersetzungen hatte. Ein weiterer Grund dafür waren ständige Kontrollen durch die VP.« Interessant ist, dass Otze gegenüber Birkner betont, wie verschieden die Punkbewegungen in der DDR und im westlichen Ausland zu bewerten seien: »Die Punkanhänger in der DDR stehen der Politik aufgeschlossen gegenüber, sie interessieren sich für die Probleme der Erhaltung des Friedens, der Arbeitslosigkeit in den kap. Ländern u. a.«, während die Punks im Westen sich nur dem Alkohol und Drogen hingäben und ihre Musik hörten. Gott und Jesus seien hingegen in der DDR »kirchliche Probleme«, die in der Jungen Gemeinde diskutiert würden, aber nicht im Interesse der Punkanhänger lägen. Genauestens schildert Otze die Kirchentage der jüngsten Zeit, Tendenzen der Szene und die Treffpunkte der DDR-Punks, zum Beispiel den Plänterwald in Ost-Berlin, genannt *Kult*.

»Bei den Punks in Berlin bildet sich nach Angaben des E. immer mehr eine gewisse Rangordnung heraus. Diese Erscheinung widerspricht der Auffassung dieser Bewegung, denn bei der Punkbewegung gibt es keine Chefs und keine Rangordnung, jeder Punker ist gleichberechtigt ... weiterhin gab er an, daß der Treffpunkt *Kult* oft von westlichen Reportern aufgesucht wird und mit einzelnen Anhängern der Punks Interviews gemacht werden. Diese Reportagen werden dann in westlichen Massenmedien veröffentlicht ... Dabei wird auch die Anzahl der Punks und die Verhaltensweise hochgespielt, sodaß ein vollkommen unreales Bild ensteht. Der E. gab zur Anzahl der Punkanhänger an, daß sie im Republikmaßstab gesehen eine geringe Zahl ist, daß sie sich aber darum bemühen, die Punkbewegung auszubauen und ihr Ziel darin besteht, in allen Ortschaften ihre Vertreter zu gewinnen ...«

Otze on Stage

1980 begann Wolfgang Musigmann in der Offenen Arbeit der Evangelischen Gemeinde Erfurt auch Punkkonzerte zu organisieren. Thüringen war die Keimzelle der Offenen Arbeit, bereits 1968 hatte Walter Schilling durchgesetzt, dass die Räume der evangelischen Kirche für Jugendliche geöffnet wurden, die andernorts keine Aufnahme fanden. Nach der Blues- und Hippie-Generation eroberten Ende der Siebziger-, Anfang der Achtzigerjahre die ersten Punks Kirchen und Gemeinderäume. Der erste Auftritt von SCHLEIMKEIM fand am 11.12.1981 im *Johannes-Lang-Haus* in Erfurt statt, gemeinsam mit den CREEPERS, die sich für den Auftritt in ERNST F. ALL umbenannten, und den MADMANS aus Weimar. Ein halbes Jahr später folgte dort ein Auftritt unter anderem mit ZWITSCHERMASCHINE im völlig überhitzten Erdgeschosssaal. Wegen der freitragenden Decke und unguten Pogo-Erfahrungen wurde der darüberliegende Saal gemieden. SCHLEIMKEIM spielte nicht, Bandmitglieder von PARANOIA sollen die Anlage zerhauen haben, weshalb Otze sauer war. »Da hatte ich Zappen und habe sie niedergeschlagen.« Am gleichen warmen Juni-Abend 1982 ergab sich jedoch auf einer Hinterhofparty bei Erfurter Künstlern am *Fischersand 5* eine neue Gelegenheit für SK, zu zeigen, was sie drauf hatten. Conny Schleime, Sängerin der ZWITSCHERMASCHINE, konstatiert rückblickend: »Ich habe SCHLEIMKEIMS Schlagzeuger immer bewundert, der durch sein Gedresche den ganzen Scheißhaufen DDR zerlegen wollte. SCHLEIMKEIM waren im Gegensatz zu uns viel punkiger. Gingen wir in den Labyrinthen unserer Arrangements verschollen, so klangen sie, als würden sie gerade ein Schwein schlachten.«

Hinter Gittern

Auch Sascha Anderson zeigte sich beeindruckt. Über die Entstehung der Platte »DDR von unten« ist vieles erzählt und geschrieben worden, Fakt ist, dass nach dem Erscheinen der Platte der Ärger richtig losging. Aus einem Vernehmungsprotokoll mit Otze vom 1.3.1983:

> »Beschluß über das Anlegen eines Operativen Vorganges – Kreisdienststelle Erfurt, 1.2.1983 1. Deckname ›Gitter‹, 2. Tatbestand § 220 Abs. 1 und 2 StGB
>
> Gründe für das Anlegen: Inoffiziell wurde über die Abt. XX/9 der HA XX bekannt, daß die Punk-Rockgruppe ›Schleimkeime‹ aus Stotternheim im Dez. 1982 zu Musikaufnahmen bei Dresden waren. Die Titel tragen neg.-feindlichen Charakter und sind gegen unseren Staat gerichtet. Die genannte Gruppe hat die Absicht, diese Aufnahmen nach Westberlin zu bringen, um sie mit dem Ziel der internationalen Schädigung der DDR veröffentlichen zu lassen. Es soll der Nachweis dadurch erbracht werden, daß es in der DDR eine sogenannte Untergrundrockmusikbewegung gibt.
>
> Frage: Ist Ihnen eine Punk-Rock-Musik-Gruppe mit der Bezeichnung ›Schleimkeim‹ bekannt?
>
> Antwort: Ja. Eine derartige Gruppe wurde von mir und meinem Bruder Klaus Ehrlich ca. im Herbst 1981 begründet. Damals hatten wir noch nicht viel Technik und auch noch kein Schlagzeug gehabt. Anfang 1982 habe ich mir dann auch ein Schlagzeug gekauft und ungefähr zu diesem Zeitpunkt nahmen wir dann auch den uns bekannten Andreas DEUBACH mit in die Musikgruppe auf. Wir haben uns dann gemeinsam immer mehr Technik angeschafft und den gegenwärtigen Wert unserer Instrumente, Verstärker und sonstigem Zubehör würde ich auf ca. 7000,00 Mark schätzen. Von

mir steckten dabei ungefähr 2500,00 bis 3000,00 Mark darin. Einen eigentlichen ›Chef‹ gibt es bei uns nicht, und ich bin der Auffassung, daß bei uns alle gleichberechtigt sind.

Die Gruppe haben wir damals gegründet, weil wir am Musik machen Spaß hatten und auch der Meinung waren, daß es in der DDR viel zu wenig Punk-Gruppen gibt. Nach meiner Meinung wollen die Jugendlichen jedoch etwas anderes hören, als die ewige ›Disco-Musik‹ und den ›alten Blues‹. Punk und Untergrund sind eben etwas Neues und sprechen nach meiner Auffassung die Jugendlichen an. Es ist ein Protest gegen die ›Supergruppen‹, die das große Geld verdienen.

Frage: Welche weiteren Personen gehören dieser Musikgruppe an?

Antwort: Neben meinem Bruder Klaus Ehrlich … und Andreas DEUBACH …, sowie mir gehört niemand weiter zu unserer Gruppe. Ich spiele in der Gruppe Schlagzeug und singe, während mein Bruder ›E-Gitarre‹ und der Deubach ›Bass-Gitarre‹ spielen. Die Titel, welche wir spielen, sind entweder nachgesungene Punk-Titel aus der BRD, bzw. die Texte stammen von mir. Die Melodie machen dann mein Bruder und Deubach dazu. Früher hat auch ab und zu einmal der …, wohnhaft Stotternheim, in der Saline, genauere Angaben kann ich jetzt dazu nicht machen, bei uns gesungen. Richtig gehörte jener jedoch nicht zu unserer Gruppe, und seit Herbst 1982 war er auch nicht wieder bei uns.

Frage: Weshalb gaben Sie Ihrer Punk-Rock-Gruppe die Bezeichnung ›Schleimkeim‹?

Antwort: Weil sich das so schon unanständig anhört, mehr kann ich auch nicht dazu sagen. Außerdem war uns noch bekannt, daß es eine Punk-Rock-Gruppe ›Schleim‹ in Hamburg gibt.

Frage: Ist die von Ihnen gegründete Punk-Rock-Gruppe mit der Bezeichnung ›Schleimkeim‹ amtlich registriert bzw. zugelassen?

Antwort: Nein, das ist nicht der Fall. Wir haben uns auch nie um eine staatliche Anerkennung als Musikgruppe bemüht. Wir gingen davon aus, daß wir für unsere Punk-Musik doch keine Lizenz als Musikgruppe erhalten würden und außerdem waren wir auch der Auffassung, eine entsprechende staatliche Genehmigung nicht zu benötigen. Öffentlich sind wir bisher auch nur ein einziges Mal aufgetreten.

Frage: Unter welchen Umständen erfolgte der öffentliche Auftritt?

Antwort: Dies war im Sommer 1982 anläßlich der von der evangelischen Landeskirche durchgeführten ›Werkstatt 82‹. Wir spielten dort am 05. Juni 1982 im ›Johannes-Lang-Haus‹ gemeinsam mit den Punkgruppen ›Ernstfall‹ und ›Madmans‹ aus Weimar. Wir spielten dort drei Titel. Einer hieß ›Komplexe‹ und handelt von einem, der sich zum Schluß aufhängt, weil er keinen Sinn im Leben sieht. Ein anderes lautete ›Strand der Unendlichkeit‹ und ist gegen die ›Spießer‹ gerichtet, die immer nur sich was anschaffen wollen. Das ist zwar in der DDR nicht so schlimm wie im Westen, sonst besteht jedoch nach meiner Auffassung da kein Unterschied. Das dritte Lied hieß ›Das letzte Jahr‹ und hat eigentlich keine konkrete Aussage. Mir fällt ein, daß wir auch noch ein anderes Lied dort spielten, welches ›Keine Chance für die Punk's‹ hieß und von der Ausweglosigkeit der Punker in der Gesellschaft handelt, daß sie auf gesellschaftliche Ablehnung stoßen usw. Das Publikum bestand da aus etwa 100 Punks, welche aus der ganzen DDR gekommen waren. In diesem Zusammenhang fällt mir ein, daß wir die ersten drei Titel bereits im Dezember 1981 bei einem öffentlichen Auftritt im ›Johannes-Lang-Haus‹ in Erfurt spielten. Während der ›Werkstatt 82‹ am 05. Juni 1982 spielten wir nur den Titel mit den Punks, dann ging irgendein Verstärker kaputt, und wir konnten nur noch spielen, jedoch nicht mehr singen. Im Dezember 1981 waren ca. 150 bis 200 Punker als Zuschauer anwesend. Auch fällt mir nunmehr noch ein, daß wir im September oder August 1982 in einer Kirche in Halle einen Titel spielten, wozu wir die Instrumente einer dort auftretenden Bluesgruppe nutzten. Da wir jedoch einen Lautsprecher überdrehten, so daß er kaputt ging, jagten sie uns von der Bühne. Das müsste jetzt alles gewesen sein, an weitere öffentliche Auftritte kann ich mich jetzt nicht erinnern. Insgesamt müßten wir also dreimal öffentlich aufgetreten sein, wobei das letzte Mal die Geschichte mit Halle war. Dort waren ca. 50 bis 60 Zuschauer.

Frage: Welche weiteren Bezeichnungen gibt es für die Punk-Rock-Gruppe ›Schleimkeim‹?

Antwort: Es gibt keine andere Bezeichnung für uns als ›Schleimkeim‹. Wir haben nie einen anderen Namen oder ein Pseudonym benutzt.

Frage: Wurden von der Gruppe ›Schleimkeim‹ Aktivitäten unternommen, um ihre ›Musikstücke‹ in der Öffentlichkeit zu publizieren?

Antwort: Das haben wir nie gemacht. Ich und auch die anderen haben nie von unseren Liedern Bandaufzeichnungen gefertigt, die für eine Verbreitung vorgesehen waren. Wir haben lediglich einige Aufnahmen, zumeist Kassettenaufzeichnungen, vorgenommen, die wir an befreundete Rocker verschenkten. (…)«

Quelle: BStU, MfS, BV Erfurt, KD Erfurt, AOP 1794/83

Otze hat vier Wochen in U-Haft gesessen, ist jedoch nicht verurteilt worden. Bert Papenfuß erzählte er, dass er gegen den Vorwurf der staatsfeindlichen Hetze bei Vernehmungen behauptet hätte, die Texte bezögen sich auf Süd-Afrika. »Dann schreiben Sie das doch hin!«, soll der Vernehmer wütend geantwortet haben. Weil sie ihn nicht festnageln konnten, hätten sie ihn wieder laufen lassen. Die anderen Bandmitglieder befanden sich schon längst auf freiem Fuß. Seine Haftzeit variierte je nach Gelegenheit »zwischen ein paar Wochen« und »Monaten«. 1992 erzählte Otze in einem Interview mit dem Radio-Sender ROCKradio B, ein Mädchen hätte ihn damals verpfiffen, deshalb sei er in den Bau gegangen. Die Platte selbst, von der Otze vermutlich ein Exemplar besessen hatte, wurde von mehreren Personen bei ihm gesehen, bei der Verhaftung gerettet hat sie höchstwahrscheinlich seine Mutter. Variante 1: Sie warf die Platte hinter die Schrankwand, als die Stasi klingelte; Variante 2: Sie schickte die kleine Tochter Heidi mit Platte im Einkaufskörbchen aus dem Haus, als die Hausdurchsuchung stattfand …

Hier sei hinzuzufügen, dass Otze gerne komplett andere Einzelheiten über ein und dieselbe Sache erzählte, dem verdutzten Interviewer der ROCKradio-B-Sendung bot er im Jahre 1992 neue Varianten seiner Biografie – immerhin ca. 50 Minuten lang! In diesem Gespräch staunt Otze zum Beispiel darüber, dass Sascha Anderson bei der Stasi gewesen sein soll, das hätte er nicht vermutet …

Eine nach freiheitlich-demokratischen Maßstäben zu Unrecht verbüßte Haftzeit ist mit nichts aufzuwiegen. Eine plötzliche, unvorhersehbare Verhaftung ist für jeden Menschen ein Schock. In einer Studie von Andrea Herz ist vermerkt, wie die Stasi dabei vorging. Geplante Festnahmen (solche mit richterlichem Haftbefehl in der Tasche) waren die Ausnahme, in der übergroßen Mehrzahl gab es vorläufige Festnahmen. »Das Festnahmekommando wurde beauftragt, die günstigste Festnahmesituation festgelegt.« In den Fünfzigerjahren war diese der Arbeitsweg, bekannt sind auch überfallartige Festnahmen in der Wohnung, vorzugsweise sollte die Situation einen Überraschungsmoment beinhalten. Das Kommando trat in der Regel mit drei Leuten in Aktion, die mit Polizeiausweisen ausgestattet waren und als solche bei Bedarf auch auftraten, als Begründung für die Mitnahme wurde meist die täuschende Aussage »zur Klärung eines Sachverhaltes« benutzt. In der U-Haft wartete eine erniedrigende Körperdurchsuchung auf den Gefangenen.

> »Jeder neue Gefangene musste sich nackt ausziehen. Ringe und Uhren wurden ihm förmlich vom Körper gerissen. Mit Gummihandschuhen wurden Haare, Zähne und sämtliche Körperöffnungen abgetastet. Die Handflächen wurden ihm beschmiert und als Abdrücke genommen … Tätowierungen wurden festgehalten und abgezeichnet.« (Herz, »Die Erfurter Untersuchungs-Haftanstalt der DDR-Staatssicherheit 1952 bis 1989«)

Otze saß circa zwei Wochen in Einzelhaft. Der psychisch belastende Charakter der Einzelhaft war den Stasi-Verantwortlichen bekannt. Herz zitiert einen Haft-Mitarbeiter, der 1980 in einem Kontrollbericht Gedanken zur Einzelhaft notierte:

> »Die meisten Verhafteten sitzen dann stundenlang fast reglos auf ihrem Hocker und stieren vor sich hin oder laufen unruhig im Verwahrraum vor sich herum um diese neue Situation so gut wie möglich zu meistern. Nicht selten erleben wir völlig (entnervte) Verhaftete die dann vor sich hin weinen und bei denen wir immer mit dem schlimmsten rechnen müssen …« (Ebd.)

Im Jahr 1982 waren die Verwahrräume für die Unterbringung der Strafgefangenen oder Verhafteten fast voll belegt, aus Aufzeichnungen der Erfurter U-Haft geht hervor, dass 164 Verfahren liefen, davon 96 wegen Grenzübertritt/Vorbereitung, 31 wegen Staatsfeindlicher Verbindungsaufnahme, 25 wegen Beeinträchtigung staatlicher Tätigkeit und 12 wegen Landesverräterischem Treuebruch. 68 Plätze für männliche und 20 für weibliche Häftlinge standen zur Verfügung. In den Zellen stand die Luft, Hygiene und Verpflegung waren miserabel.

Die dokumentierte Inhaftierung der drei Bandmitglieder von SCHLEIMKEIM liest sich heute wie ein Krimi. Aus den Akten der BStU geht deutlich hervor, wie genau die Mitglieder der Band bereits kurz nach den Aufnahmen für die Platte beobachtet wurden. Es wurde geprüft, ob die Eltern für eine Überwachung genutzt werden konnten, ob IMs in die Gruppe zu schleusen seien, und ein »Beobachtungsstützpunkt« wurde in der Wohnumgebung eingerichtet. Am 3.2.1983 ergeht eine Eilmeldung der Erfurter Stasi nach Berlin, wonach der ABV (Abschnittsbevollmächtigter, Helfer der Volkspolizei) der Gemeinde Stotternheim telefonisch darüber informierte, »daß die Mitglieder der Punk-Rockgruppe ›Schleimkeime‹ seit Freitag, dem 28.1.1983 abgängig sind.« Die Berliner Kollegen sollten den möglichen Aufenthalt der Musiker in ihrer Stadt prüfen. Geplant war eine »Besichtigung der Wohnräume« von Dieter Ehrlich im Hause seiner Eltern. Sie wollten die Örtlichkeiten kennenlernen und feststellen, wie viele und welche Anlagen bzw. Tonbänder vorhanden seien. Dazu wurde ein Stasi-Mitarbeiter unter »der Verwendung der Legende, daß op. MA Fahndungsoffizier ist und die Vermißtenanzeige des Deubach bearbeitet« (Dippels sich sorgender Vater hatte just seinen Sohn als vermisst gemeldet), zur Arbeitsstelle des Vaters geschickt. Dieser berichtete, dass seine Söhne seit Sonntag, dem 7. März, wieder zu Hause seien. Auch berichtete er von Auseinandersetzungen mit Dieter, der sich schon lange dem Einfluss des Vaters entzogen habe und u.a. seit Oktober 1982 keiner Arbeit mehr nachgehe. Die Stasi sah von der »Maßnahme« ab. Die Verhaftung wurde geplant. Dutzende Berichte stellten klar, dass der Arbeitsverweigerer Otze nicht den Normen entsprach, eine westliche Lebenseinstellung zeigte, sich nicht am gesellschaftlichen und politischen Leben beteiligte und bereits in der Schule regelmäßig gebummelt hatte, »so fehlte er bereits in der 7. Klasse 35 Tage unentschuldigt.« Strafrechtlich

Hauptabteilung XX/9 Berlin, 27. Jan. 1983

Gen. Oberst Schneeberg

Als Anlage erhalten Sie einen konspirativ beschafften Umschnitt (Geschwindigkeit 4,5 cm/s) der Punk-Gruppe "Schleimkeim".

Eine offizielle Auswertung kann aus Gründen des Quellenschutzes nicht bzw. erst nach Rücksprache mit der HA XX/9 erfolgen.

Die Texte wurden Ihnen bereits schriftlich zugleitet (soweit sie verständlich waren).

Reuter
Oberstleutnant

Schreiben an den Oberst der HA XX in Erfurt – über die Verständlichkeit der beschlagnahmten Liedtexte

wurde eingeschätzt, dass besonders ein Liedtext von Schleimkeim auf der entstandenen Aufnahme für den Sampler eindeutig gegen die DDR gerichtet sei, da er Kommunisten mit Faschisten gleichstelle und die Behauptung enthalte, »man müsse sich seiner Heimat DDR schämen.« (Quelle: BStU, MfS, BV Erfurt, KD Erfurt, AOP 1794/83)

> Lied im Anlageteil der BStU:
>
> »Wollt ihr wirklich in den Bau / Ich schäme mich schon lange nicht mehr für meine Heimat in der DDR / Ich schäme …
>
> Bin damit durch / Karrieristen und Faschisten und nur falsche Kommunisten / ihr wollt uns alle erschießen …«

Die anderen Liedtexte wurden bereits vor der Verhaftung als strafrechtlich irrelevant eingestuft! Sie enthielten »z.T. sehr primitiv gestaltete Entäußerungen einer pessimistischen Lebenshaltung mit anarchistischen Zügen, allgemeiner Unzufriedenheit und einer grundsätzlichen Opposition gegenüber der staatlichen Ordnung.« Des Weiteren schien die strafrechtliche Wertung wegen »mangelnder Eignung, den Interessen der DDR zu schaden und aufgrund der pri-

Abschrift

BStU
000037

00ʟʟ26

Erklärung

Ich Dieter Ehrlich geboren am [geschwärzt] 1963 in Stotternheim [geschwärzt] Bereue meine Tat die ich begangen habe, und ich verspreche hiermit, daß ich mich in Zukunft an die Gesetze der DDR halten werde. Und die Grupe "Schleim Keim" wirt sich bemühen eine Genehmigung für ihre Zukunftiken auftritte einzuholen. Ich werde mich nach meiner Endlassung sofort um eine Arbeitsstelle bemühen, die ich auch Wahrnemen werde. Ich verspreche weiderhin mich an die Festgelgten Normen der Deutchen Demokratichen Rebuplik zu halten.

Erfurt den 25. 4. 1983

gez. Dieter Ehrlich

F.d.R.d.A.

Dieter Ehrlich, BStU Erfurt, 1409/83, Blatt 00037

mitiven Persönlichkeiten der Verdächtigen – zwei Personen verfügen über den Abschluß der 6. Klasse – überzogen und auf Grundlage des bisherigen Materials die Einleitung eines EV (Ermittlungsverfahrens) nicht gerechtfertigt.« Bestehen blieb der § 219, die Ungesetzliche Verbindungsaufnahme.

An dieser Stelle sei einzufügen, dass der Abgang eines Schülers aus dem DDR-Bildungssystem mit dem Abschluss der 6. Klasse nichts Ungewöhnliches war. Gerade aufmüpfige Jugendliche stellten sich im Unterricht der höheren Klassenstufen, der in den Fächern Geographie, Geschichte und Staatsbürgerkunde den ermüdend gleichlautenden Stoff vermittelte, quer. Relegierung und Ausschluss waren nicht selten die Folge. Viele Menschen mit solchen Lebensläufen verschlug es in den Jahren nach der Wende auf Schul- und Universitätsbänke. Nicht so Otze, aber selbst die Stasi bescheinigte ihm widersprüchlicherweise, dass er trotz niedrigen Bildungsstandes als geistig sehr beweglich eingeschätzt werden muss. »Bei ihm ist diese Tatsache Ausdruck einer anarchistischen Grundeinstellung und er lehnt jede Form von gesellschaftlichen Normen ab.« (Eröffnungsbericht zum OV Anarchie – 8.1.1986) Weiter unten heißt es sogar, dass Otze innerhalb seines Umgangs- und Verbindungskreises zu einer zentralen Figur geworden sei, »der in der Lage ist, inspirierend auf andere zu wirken …«

Zurück zum März 1983. Vor der Verhaftung wurde bereits festgelegt, wer wann in welchem Erfurter Vernehmungszimmer verhört werden sollte, wann die »Esseneinnahme« stattfinden und die Hausdurchsuchung abgewickelt werden sollte. Am 29. März kamen die Genossen, erfolgte die Festnahme und eine anschließende Hausdurchsuchung in Stotternheim. In den Gerichtsakten ist minutiös aufgelistet, was vorgefunden wurde. Der Proberaum und Otzes Dachkammer wurden in 27 Aufnahmen fotografiert. Seine Zeichnungen an den Wänden, Fußballposter und sein selbstgefertigtes T-Shirt mit Buttons und dem SK-Zeichen sind noch heute in den Unterlagen zu besichtigen. Jedes Tonband, jeder Zettel, jedes Zigarettenbildalbum wurde beschlagnahmt und ausgewertet. Mit dem Ergebnis, dass Otze nach vier Wochen Untersuchungshaft auf die Erklärung hin, nunmehr arbeiten gehen zu wollen und seine Tat zu bereuen, aus der Haft entlassen wurde.

IKMO Richard

Otze wurde an seine Eltern übergeben, erhielt auch sämtliche beschlagnahmten persönlichen Dinge zurück. Die empörte Mutter äußerte beim der Übergabe vorausgehenden Gespräch, dass ein Oberleutnant der K1 (stasinahe Abteilung der Kriminalpolizei) ihren Jungen erst so tief in der Punkerszene verstrickt hätte, indem jener ihm noch »Punk-Abzeichen« und dergleichen geschenkt und ihn aufgefordert hätte, mit Punkern zu verkehren und über diese zu berichten. Was hat das zu bedeuten? Mit dem Oberleutnant ist Birkner gemeint, der seit Mai 1982 engen Kontakt zu Otze suchte und auch ständig bemüht war, eine Arbeitsstelle für ihn zu finden. In der Gerichtsakte wird lapidar notiert, dass die Ausführungen der Mutter davon zeugen, »daß jene Kenntnis von der inoffiziellen Mitarbeit ihres Sohnes mit der K1 besitzt und sie sprach sich im weiteren gegen eine solche aus, da sie nicht wolle, daß ihr Sohn weiterhin in ›Punkkreisen‹ verkehre …«

In der BStU-Außenstelle Erfurt befindet sich die oben bereits zitierte Kriminalakte »Nadel«, die verzeichnet, dass Dieter Ehrlich seit dem 31.8.1982 als IKMO (Inoffizieller Kriminalpolizeilicher Mitarbeiter für operative Aufgaben) »Richard« geführt wurde. Es hatte sich im Rahmen eines »Abschöpfungsgespräches« herausgestellt, dass Otze umfangreiche Kontakte zur Punkbewegung pflegte.

Anderthalb Jahre lang lieferte Otze Berichte ab, für jedes Gespräch existiert eine handschriftlich gezeichnete Lohnquittung. Meist bekam Otze 20 Mark für einen Bericht oder für Absicherungsmaßnahmen. Manchmal außerdem eine Packung Zigaretten.

»Mündliche Information des IKMO »Richard« -Reg.Nr. 0193/82

Über seinen Aufenthalt in der Martinikirche am Sonntag, d.15.5.83 im Rahmen der Kirchentage in Erfurt

Der IKMO teilte dem Unterzeichner mit, daß sich nach seiner Schätzung ca. 30 bis 35 Punker, zum größten Teil aus Weimar und Erfurt, zu den Werkstattagen in der Martinikirche aufgehalten haben. Die Führung dieses Treffens in der Martinikirche soll der Jugendpfarrer Musigmann gehabt haben. Der IKMO war als eine Art Ordner unter den Kreisen der »Punks« eingesetzt worden … es traten auf die Gruppe »Wutanfall« aus Leipzig, die Gruppe »Ernstfall« und »Metmens« aus Weimar … Der IKMO berichtete,

Erfurt 11.10.1983

Quittung

Ich erhielt von einem Mitarbeiter des Sicherheitsorgans für gute Information 20 Mark Zwanzig Mark ausgehändigt

Richard

BStU
000201

Handschriftliche Quittung IM »Richard«

Kommissariat I

Erfurt, den 8.2.1983

BStU

000199

Betr.: Einschätzung zu der Person

E h r l i c h , Dieter
geb. [geschwärzt] 1963 Erfurt
wh.: Stotternheim, [geschwärzt]
Beruf: Teilfacharbeiter für Stahlbauschlosser
Tätigkeit: [geschwärzt]

Der Ehrlich wurde dem Unterzeichner seit dem 20.5.1981 im Rahmen der Bearbeitung der KA "Nadel" - Reg.Nr. 70118/81 bekannt. Er wurde bis zum 31.8.1982 als Verdächtiger in der KA "Nadel" bearbeitet.
Im Rahmen eines Abschöpfungsgespräches stellte sich heraus, daß der E. umfangreiche Verbindungen zu Anhähgern der Punkbewegung in Erfurt und in Leipzig sowie Berlin hat und noch aktiv in dieser Bewegung mitwirkt.
Auf Grund seiner Aufgeschlossenheit gegenüber dem Unterzeichner zu den Problemen der Punkbewegung sowie seiner Verbindungen unter den Kreisen der "Punks" wurde der Vorschlag zur Umregistrierung als IKMO/K am 31.8.1982 gefertigt. Seit der Bestätigung des Vorschlages wird mit dem Ehrlich auf der Basis als IKMO/K zusammengearbeitet. Die Zusammenkünfte werden regelmäßig in den Zeitabständen von 14 Tagen durchgeführt.
Es wurde bisher versucht sich regelmäßig mit dem Kandidaten zusammenzufinden, dabei traten jedoch seinerseits Schwierigkeiten auf die geplanten Termine einzuhalten. Der Grund hierfür war darin zu suchen, daß er oft mit seinen Freunden, welche ebenfalls der Punkbewegung angehören, unterwegs war, zum Teil außerhalb von Erfurt.
Die bisherige Berichterstattung erfolgte in mündlicher Form.
Die Zusammenkünfte werden ausschließlich im Aussprachezimmer bzw. ABV-Zimmer Erfurt, Nonnenrain 13 durchgeführt.
In der Anfangsphase der Zusammenarbeit war es notwendig den Kandidaten umfassend zu befragen, jedoch zum gegenwärtigen Zeitpunkt kann eingeschätzt werden, daß er größtenteils von sich aus berichtet.
Zu den bisher erarbeiteten Informationen kann eingeschätzt werden, daß sich diese vorwiegend auf das Geschehen der Punkbewegung in Erfurt und darüber hihaus in Leipzig und Berlin beziehen.
Bisher hat der Kandidat keine Absichten geäußert, die darauf zielen, Informa tionen durch die Sicherheitsorgane zu bekommen, mit dem Ziel diese unter den Kreisen der "Punks" auszuwerten.
Was die Frage der Prinzipien betrifft, so kann gesagt werden, daß die bisherigen Informationen auf ihren Wahrheitsgehalt geprüft wurden und stand hielten.
Der Kandidat ist körperlich und geistig in der Lage die an ihn gestellten Aufgaben durchaus zu erfüllen, jedoch bedarf es einer ständigen Einflußnahme durch die Sicherheitsorgane, um seine Bindung zur Zusammenarbeit ständig neu zu festigen.

Abschnitt aus BStU Erfurt, Akte Dieter Ehrlich, IX/486/83, Kopie Blatt 000199 daß vor allem das Fernsehen aus Westberlin jede Gelegenheit wahrgenommen hat, um jeden einzelnen »Punks« zu filmen ... Der IKMO zählte mit zu dem Personenkreis, welcher nach Beendigung der Abschluß-Veranstaltung auf dem Domplatz zum gemütlichen Beisammensein in der Andreasgemeinde eingeladen wurde. Bei diesem Treffen in der Andreasgemeinde wurden Wein, Bier und belegte Brötchen verabreicht. Der IKMO hat bis ca 01.00 Uhr in der »Jungen Gemeinde« an der Abschlussfeier teilgenommen. Er hatte nach seiner Meinung so viel getrunken, daß er gar nicht fähig war am Montag seinen Arbeitsplatz aufzusuchen ... hat an diesem Abend in Erfurt bei seinem Freund. »Ritschi« übernachtet und ist erst am Dienstag, d. 17.5.83 zur Arbeit gegangen ...«

Im selben Bericht beschwert sich Otze nachdrücklich, dass er immer noch nicht weiß, warum »man ihn überhaupt ca. vier Wochen eingesperrt hat, wo man ihm doch überhaupt nichts nachgewiesen hat, wonach er Feindtätigkeit betrieben haben soll.« Diese Frage käme bei dem IKMO immer wieder hoch, schreibt Oltn. Birkner, der Otze weiterhin »väterlich« betreut. Und »auf Grund seiner Inhaftierung wird der IKMO jetzt noch mehr als bisher unter den Kreisen der ›Punks‹ geachtet.« Übrigens schließt der Bericht mit der Information, dass alle beschlagnahmten Gegenstände dem IKMO wieder übergeben wurden: Musikinstrumente, Tonbandgerät, Verstärker und auch einige Tonbänder und Kassetten. »Zwischenzeitlich wurde die gesamte Musikanlage wieder an ihrem alten Ort aufgebaut und es wird auch schon wieder musiziert.«

In der Folge berichtet Otze über Treffpunkte, Kirchentage, Neuzugänge unter den Erfurter und Weimarer Punks, gibt Adressen und Namen weiter, nennt Kneipen und Klubs der Szene. Spitznamen, Arbeitsstellen, Diebstähle, geplante Reisen und Treffen – alles wird aufmerksam notiert und prämiert.

Vor Zuführungen (vorübergehende Festnahmen) schützte ihn sein Doppelleben jedoch nicht, am 18.12.1983 regte sich Otze lautstark in der Erfurter HO-Gaststätte *Wildbret* über Reserviert-Schilder auf und beschimpfte die Kellnerin als »faules Schwein«, woraufhin die VP gerufen und alle Personalien festgestellt wurden. Drei von neun »Pankern« wurden zugeführt. Otze beschwert sich in seinen Aussagen des

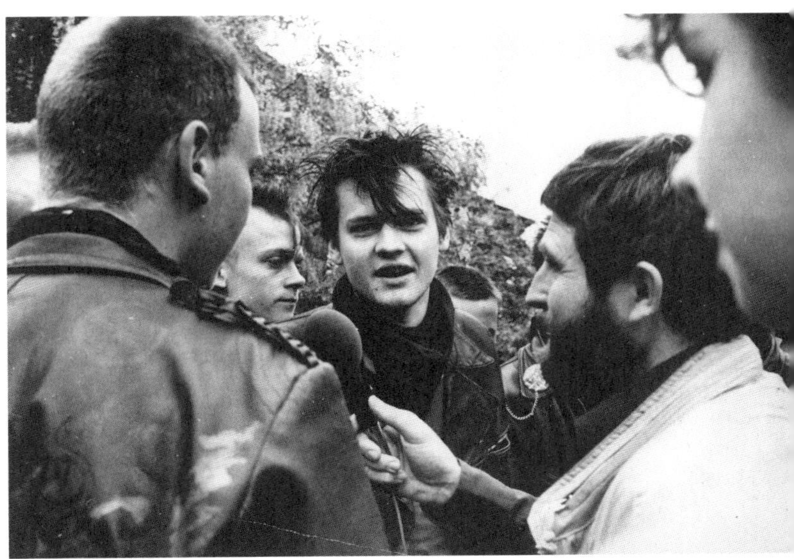

Otze gibt ein Interview, Erfurt 1983

Öfteren über die auf Punks veranstalteten »Hexenjagden« der Polizei. Der einzige, der zum damaligen Zeitpunkt etwas von den inneren Konflikten Otzes ahnte, war sein Freund Spinne (siehe Interview). Die Polizei (K1) versuchte durch gefakte Treffen, Otze zu dekonspirieren, musste aber feststellen, dass dieser dichthielt. Äußerlich sah Otze nicht mehr aus wie ein Punk. Aber er dichtete und komponierte, es gab weiterhin Auftritte von SCHLEIMKEIM.

Die Akten verzeichnen die Umregistrierung Otzes. Aus einem Vermerk der VP-K1 vom März 1984 heißt es:

> »Nach anfänglich guten Informationen und Hinweisen aus den Kreisen der ›Punks‹ gab es in den letzten Monaten erhebliche Schwierigkeiten bereits schon in der Phase der Kontaktherstellung. Der E. hat sich bereits unter den Kreisen der ›Punks‹ dekonspiriert, indem er über Absprachen mit dem Unterzeichner gesprochen hat. Auf Grund seines jetzigen Lebenswandels in Bezug auf die Arbeitsbummelei … und der Antragstellung auf Übersiedlung in die BRD am 29.2.1984 wird vorgeschlagen, eine Umregistrierung vorzuneh-

men und den E. in der KA »Keim« operativ zu bearbeiten.« (BStU, MfS, AOP 517/87, Bd. Nr. 1)

Kurz darauf inhaftierte die Stasi Otze für vier Monate wegen asozialen Verhaltens. Die häufigsten Paragraphen des DDR-Strafgesetzbuches, nach denen Otze belangt wurde, lauteten: § 100. Staatsfeindliche Verbindungen, § 158. Diebstahl sozialistischen Eigentums, § 177. Diebstahl persönlichen oder privaten Eigentums, § 249. Gefährdung der öffentlichen Ordnung durch asoziales Verhalten, § 215. Rowdytum, § 219. Ungesetzliche Verbindungsaufnahme, § 220. Staatsverleumdung.

Bis zur Wende sollte es so bleiben, Otze fuhr immer wieder ein, für Tage, Wochen oder Monate. Natürlich setzte man ihn unter Druck. »Im Ergebnis geführter Aussprachen wurde im August 1984 bei dem Punkanhänger Dieter Ehrlich die Rücknahme seines Antrags auf Übersiedlung in die BRD erreicht. Ehrlich wurde nach seiner Haftentlassung am 15.7.1984 wieder im Elternhaus aufgenommen. Die Arbeit nahm er in der Pflanzenproduktion Stotternheim auf. Ehrlich hält sich derzeit von den Punks zurück und hält auch seine Auflagen ein ...«

Otze als Anarchist

Im Januar 1986 wurde durch die Kreisdienststelle IX der Staatssicherheit im Bezirk Erfurt ein operativer Vorgang mit dem Namen »Anarchie« eröffnet, der sich speziell der Überwachung Otzes widmete. Traurig zu lesen ist, dass diese Überwachung vor allem durch die Aussagen eines IM aus dem näheren Umfeld der Band bedingt wurde. Dieser »Peter Leitner« hatte herausgearbeitet und »weiter operativ verdichtet«, dass die Person Ehrlich, Dieter, genannt »Otze«, wieder negativ in Erscheinung tritt. »Otze« beschäftigte sich demnach intensiv damit, sogenannten ›Garagenpunk‹ zu machen und hat mit seinem Bruder einen Proberaum im Grundstück der Eltern eingerichtet. »Er interpretiert punkeigene Musik und will vor allem von sich reden machen. Seine Hauptangriffsrichtung bilden dabei die Schutz- und Sicherheitsorgane, die er in seinen Texten verunglimpft.« (BStU, MfS, AOP 517/87, Bd. Nr. 1 »Anarchie« 20.1.1986–27.3.1987) Es folgt eine Aufzählung der Konzerte von SCHLEIMKEIM, der Kontakte und Freunde

Otzes. Die Stasi wollte verhindern, dass noch einmal Texte und Tonaufnahmen in den Westen gelangen und dort veröffentlicht werden konnten. Auch die alte Geschichte mit dem DDR-Sampler taucht in den Akten wieder auf. »Otze fühlt sich durch seine damalige Inhaftierung und die Täuschung durch enge Bekannte aus Berlin, die mit der Produktion zu tun hatten, benachteiligt.« Den Hauptanteil habe Sascha Anderson kassiert. Vom Einbruch in die Wohnung der Freundin Sascha Andersons im Dezember 1985 ist hier die Rede, bei dem Otze 400 Westmark entwendete und diese in einer Berliner Diskothek gegen 1000 (Ost) Mark eintauschte, um sich davon weitere Technik für seine Anlage zu kaufen. Anderson war nach dem Diebstahl bemüht, »daß es zu keiner Anzeige bei den Sicherheitsorganen kommt.« (Ebd.)

Otze ordnete sich nicht unter, seine Arbeitsverweigerung zog sich nun bereits über mehrere Jahre hin, auch als Punkmusiker ließ er sich nicht mundtot machen. Auffällig im strafrechtlichen Sinne wurde er durch »Körperverletzung, Diebstahl und Asozialität«. Deshalb käme es im operativen Vorgang vordergründig darauf an, »diese letztgenannten Handlungen als Ausgangspunkt der Einleitung eines EV (Ermittlungsverfahrens) mit Haft zu nehmen …« Man war richtig sauer auf Otze. Seine kurzzeitige Spitzeltätigkeit für die Kriminalpolizei erschien der Stasi nun erst recht in einem ungünstigen Licht.

> »So hat Ehrlich zielgerichtet den Verbindungsmann der VP, Komm.I, mit dem er inoffiziell zusammengearbeitet hat, getäuscht und hintergangen. Dadurch hatte er relative Ruhe und konnte, ausgerüstet mit aktuellen Informationen, seine Handlungen zur Täuschung der Sicherheitsorgane fortführen. So hat z.B. im September 1985, unmittebar nach einer Belehrung und Beauflagung durch die VP, diese Beauflagung zielgerichtet unterlaufen. Er hat weiterhin am 21. 11. 1985 in der HOG ›Zum Mohren‹ grundlos einen Kraftfahrer der Stadtreinigung zusammengeschlagen und diesen nach seinen eigenen Angaben 56 Mal durch Faustschläge traktiert.« (Ebd.)

Otze wurde zum operativen Gebiet. IM »Peter Leitner« wurde direkt beauftragt, sich auf das Gehöft der Familie Ehrlich zu begeben und in Erfahrung zu bringen, wann welche Konzerte stattfänden und wer wen zu treffen gedachte. Otze wusste um die Bedrohung. Bei Befragungen, zu denen Otze ins Revier der K1 gebeten wurde, gab er sich kämpferisch und erklärte z. B., dass ein echter Punk, auch nachdem er von der VP in mehreren Fällen zur Dienststelle zugeführt worden war, sich »noch dazu bekennt und nicht aufgibt.« (Ebd.) Auch wenn verschiedene persönliche Gegenstände und Kleidungsstücke durch die VP eingezogen wurden und dieser Punk immer noch ältere und zerlumpte Sachen anziehe, kann man »sich nach seiner Meinung als echten Punk fühlen.« Er ließe das jetzt seit mehreren Jahren über sich ergehen und hätte sich dadurch einen Namen gemacht, müsse sich auch nicht mehr durch besonders auffällige Kleidung in der Öffentlichkeit beweisen, um als Punk anerkannt zu sein. An tätliche Auseinandersetzungen bei Disko- und Tanzveranstaltungen konnte sich Otze im Übrigen nicht erinnern.

IM »Peter Leitner« ermittelte indessen fleißig weiter. Einen neugegründeten »Schleimkeim-Fanclub« aus Sömmerda, dem vor allem Kermit angehörte, meldete er beflissen. Es wurde ein eigener Überwachungsvorgang für Otzes Fans aus dem Nachbarort angelegt, neue IMs geworben. Otze machte aus seinen Proben, Texten und Ansichten kein Geheimnis. Ein Bericht eines neu angeworbenen IM »Breaky« vom März 1986 erzählt, wie Otze sich in der Öffentlichkeit gab.

> »Letztes Wochenende traf ich mit Dieter Ehrlich im ›Angereck‹ zusammen, von wo aus wir in den ›Goldbroiler‹ gingen … Es entwickelte sich ein Gespräch über Gorbatschow. Dieses führten Ehrlich und ich bei einer Zigarettenpause vor der Gaststätte fort. E. vertrat die Meinung, daß Gorbatschow zur Zeit einer der wichtigsten Leute sei. Seine Politik würde er gutheißen, weil er richtig aufräumt. Es ist anzunehmen, daß es Gorbatschow ernst meint … Im Angereck hatten wir uns über seine Texte unterhalten. Er trug mir etwas zum Thema ›Steinzeit‹ vor. Er wollte wissen, ob er seine Texte darbieten könnte. Darauf antwortete ich, wenn er es mit sich vereinbaren könne und die Texte politisch nicht so extrem sind, könne er es machen. Er teilte mit, bei der -K- (Kriminalpolizei) gewesen zu sein, und dort die Texte schon einmal vorgetragen zu haben – ohne Reaktionen seitens der ›Bullen‹, wie er sie nennt. E. vermutet in seinem Umfeld Personen, die ihn bespitzeln. Diese würde er noch rauskriegen. E. hat sich gefreut, daß ich ihm ein paar Bier spendiert habe, da er nicht viel Geld hat.« gez. Breaky (Ebd.)

Otze als Songschreiber

Die meisten SCHLEIMKEIM-Songs entstanden zwischen 1982 und 1989 in Stotternheim und Gotha. Bekannt ist, dass nur die Titel »Spitzel« und »Ata, Fit und Spee« (Mitarbeit von Niels Kraushaar) nicht ausschließlich aus Otzes Feder flossen. »Spitzel« wurde inspiriert durch das Gedicht »Ein Märchen« von Lutz Rathenow. Der Gedichtband »Zangengeburt« erschien in erster Auflage 1982 bei Piper in München. Rathenow gab Lesungen in Kirchen und Gemeinderäumen, vor Hippies, Punks und Omas. Er kann sich leider nicht mehr an Otze erinnern, aber an die Punks an sich, die friedlich neben strickenden Großmüttern saßen und seinen Gedichten lauschten. Nach solchen Lesungen, die auch in Thüringen stattfanden, verschenkte der Dichter Exemplare seines Bandes, die er zahlreich zur Verfügung hatte. Sein Honorar war ihm zum eigenen Schutz nicht in Devisen, sondern in Buchform aus dem Westen übermittelt worden. Otze verwendete aus dem 15-zeiligen Gedicht die ersten vier Zeilen. Den Song nannte er »Spitzel«.

Ein Märchen
(Originaltext Lutz Rathenow aus »Zangengeburt«)

Spitzel kriegen grüne Ohren
Der General hat die Armee verloren
Zwei Minister haben glatt ihr Amt vergessen
Der Dritte überlebte nicht das Festtagsessen
Der Rest hat sich im Ausland verlaufen
Die Dichterherde ertrank beim Saufen
Gefängniswärter verschließen die Zellen nicht mehr
Nachrichtensprecher husten sehr
Verbrechen sterben langsam aus im Land
Die Philosophen kommen zu Verstand
Polizisten müssen ihre Langeweile ertragen:
Zum Zeitvertreib tun sie sich lustlos erschlagen
(Und weil sie sonst tot sind, sich wieder vertragen)
selbst Beamte zweifeln an Gesetz und Recht
Der Landeshöchste findet sein Regieren schlecht

(1) Wollt ihr in den Bau
Ich schäme mich schon lange nicht mehr für meine Heimat in der DDR
Ich schäme ...
Bin damit durch
Kareristen und Faschisten und nur falsche Kommunisten
ihr wollt uns alle erschießten
Ich schäme mich schon lange nicht mehr ...
Ich schäme mich schon lange nicht mehr ...
Ich bin durch damit sind alles nur Faschisten mit uns alten Kommunisten
uns alle erschießten, alle erschießten, alle Killer ah ah
schöner Mist schon lange nicht mehr meine Heimat meine Heimat die DDR
schöner Mist schon lange nicht mehr
ist denn, alles nur Faschisten ich höre schon Geräusche sind alles nur Faschisten
und dann ... Kommunisten ... alle erschießten ah ah
du Kaot ... Kaot ... Kaot heute muß es rot Parole, Parole, Parole
Kaot Kaot so arschlos, Kaot so arschlos Ebbe, Ebbe, Ebbe ... Ebbe

(2) Faustrecht, Faustrecht hier regiert das Faustrecht
Faustrecht ...
Holt man dich von der Straße weg, dann, dann, dann , dann du bist im Recht
Holt man dich ...
Faustrecht ...
Faustrecht ...
Sie schlagen dir in die Schnauze rein, für die bist du nur ein dreckiges Schwein
Sie schlagen dir in die Schnauze rein für die bist du nur ein mieses Schwein ah ah ah
Faustrecht, Faustrecht hier regiert
Faustrecht ...
Sie machen mit dir was wolln, sie machen mit dir was sie wollen
Mit dem Arsch aus der Koje holen, mit dem Arsch ... jäh jäh
Faustrecht, Faustrecht, Faustrecht, Faustrecht äh

(3?) Sieh dort, alle rennen fort, alle ziehn rot, alle in den Tod
seht dort, der eine kann schon nicht mehr, seht dort, bedaure auch sehr.
Seht dort alle rennen fort, seht dort alle rennen fort ...
Sieh dort ...
schreit ein und schreit ein ganz allein, schreit ein schreit - la la la
sieh dort, alle rennen fort, alle ziehn rot, alle in den Tod
sieh dort ...
Sieh dort, alle rennen fort

Abgetippte SCHLEIMKEIM-Texte aus der Gerichtsakte, BStU

Wir sind das Volk, wir sind die Macht

Ungefähr 1986 entstand das Lied »Prügelknaben«, in dem Otze seine Ansichten zur DDR-Realität äußert. Auch wenn er später in Interviews politische Haltungen gern dementierte, in seinen Texten war er mehr als deutlich: »Wir wollen nicht mehr, wie ihr wollt / wir wollen unsere Freiheit / wir sind das Volk, wir sind die Macht / wir fordern Gerechtigkeit / Wir sind das Volk, wir sind die Macht / Es ist zu spät, wenn es erst mal kracht …«

In einer jüngst erschienen Dokumentation zum Hergang des Herbstes 1989 in Leipzig (Martin Jankowski, »Der Tag, der Deutschland veränderte – 9. Oktober 1989«, 2007) erzählt der Autor die Geschichte der Leipziger Montagsdemos. Wir wissen, dass Imad von WUTANFALL / L'ATTENTAT eine kurze Zeit bei SCHLEIMKEIM gespielt hatte, die Punkszene in Leipzig war durch Konzertauftritte und die umlaufenden Kassetten mit der SK-Musik vertraut, auch mit den Texten.

Martin Jankowski: »Als wir, etwa 25 000 Menschen, am Montag, den 2. Oktober, verunsichert über die eigene Courage, auf dem Heimweg vom Friedensgebet erstmals am Hauptbahnhof vorbei auf dem Innenstadtring durch Leipzig ziehen und schließlich vor dem Tröndlinring von einer Polizeikette und Hundestaffeln aufgehalten werden, rufen wir ›Wir sind das Volk!‹ Wir antworten damit auf die Lautsprecheransage ›Hier spricht die deutsche Volkspolizei!‹«

Hat ein Punk oder Freund und Kenner der Liedzeilen von »Prügelknaben« als erster die Parole gerufen? Jankowski kann sich nicht an Punks erinnern, aber unter 25 000 Demonstranten werden gewiss einige gewesen sein. Otze als Vorbereiter der friedlichen Revolution? »Völlig Titte«, würde er sagen. Bei einem Interview im Winter '92/'93 anlässlich der beiden SCHLEIMKEIM-Konzerte in Berlin (im *Knaak* und *Tacheles*) erzählte Otze Ritschie Ziemek (von NM!MESSITSCH und ROCKradio B), dass er keine Rachegefühle gegenüber den Bullen und Stasitypen hätte, die ihn seinerzeit in Erfurt verknackten. Otze: »Das ist völlig Titte. Ich leb von einem Tag in den anderen. Das ist mir egal. Und die sind mir egal …«

Mach dich doch selbst kaputt

Ist Otze nach der Wende der Kampfgeist von »Prügelknaben« und Co. verlorengegangen? Colonel (Ost-Berliner Punk der ersten Generation) sagte in einem aktuellen Dokumentarfilm (»too much future«) über die Zeit nach der DDR: »Ich kam mir im Westen vor wie ein pensionierter Krieger.« Vielleicht ging es Otze ähnlich. Neben rotzigen Fun-Songs wie »Eine Frau wie dich« entstanden zuletzt eher traurige Balladen zum Elektro-Piano, mit Liedzeilen, die resigniert klingen, wie in »Party im Cannabisbeet«. »Du bist jeden Tag besoffen, du bist jeden Tag bekifft / doch lass dir von mir sagen, das ist für dich kein Gift / denn du hast ein Leben, das so schwer ist wie ein Stein / drum lass uns einen heben und kipp noch einen rein.«

Arbeit und Leben waren für ihn Schleimkeim. »Ich hab nichts gegen Arbeit«, sagte Otze '93 zu Ritchie Ziemek: »Ich finds nur scheiße, andern dabei zuzuschauen.« Lippe an anderer Stelle: »Zur Lehre zu alt, zum Arbeiten keine Zeit.«

Da Otze sein ganzes Leben lang in der Gegend umhertingelte und gern mal versumpfte, war es schwer, mit SK richtig Geld zu verdienen. Es konnten keine Tourneen geplant, Konzerte mussten mitunter abgebrochen werden. An eine Vermarktung von SK war nicht zu denken. Und nicht gewollt. Otze dazu 1993: »Wenn ich zum Beispiel in Eisenach bin, da laufen die Punks mit Schleimkeim-T-Shirts rum. Aber jedes ist anders, weil sie sie alle selber gemacht haben. Die Leute haben sich da einen eigenen Kopf gemacht – ist völlig genial. Das bringt viel mehr, als wenn ich tausend Mark verdient hätte. Die Leute machen von dir T-Shirts und Sticker. Das ist ein richtiges Glücksgefühl, und nicht mit Geld aufzuwiegen.«

Magie und Drogen waren Otze immer wichtig. Er sah mehr als andere, hatte besondere Kanäle. Die Verflechtungen mit der anderen Seite hat Otze nicht nur gesehen, sondern auch gemalt. Erschreckende Gestalten der Anderwelt. Wir hoffen, dass er nun alle Antworten gefunden hat auf die vielen Fragen, die ihn umtrieben.

Alles gegurgelt

Interview-Auszüge, aufgenommen für den Beitrag »Eine Stürmische Landjugend« im Buch »Wir wollen immer artig sein …« von Heinz Havemeister und Ronald Galenza.

Im Archiv Havemeisters befinden sich zwei Kassetten à neunzig Minuten, von denen drei Seiten mit einem Interview bespielt sind, das Bert Papenfuß ca. 1995 mit Bastian Biedermann und Otze aufnahm. Aus den offenherzigen Erzählfragmenten verwenden wir hier Ausschnitte, die so nicht in den anderen Interviews und Dokumenten erhalten sind. Die wörtliche Rede ist ausschließlich von Otze.

Aller Anfang

… Ich hab Stahlbauschlosser gelernt. Die bauen Tagebaukräne, aber ich hab keine Tagebaukräne gebaut, sondern Schlagringe. Die hab ich durch einen Mittelsmann an die Typen von der Ostkurve verklickert. Das war Qualitätsarbeit! Vorher brauchte ich einen Handabdruck von demjenigen, der das haben wollte. Mein Schlagzeug hab ich mit Waffen finanziert.

Als mein Vater meine erste Fußtrommel gesehen hat, wie die in meinem Zimmer stand, ist er fast rückwärts die Treppe runtergefallen. Ich hatte das Schlagzeug sechs Tage, da kamen die Leute von Weimar, die Creepers und die Madmans, auf einmal. Meine Mutter, mein Vater, die Geschwister, die hatten noch nie so viele Verrückte auf einem Haufen gesehen. Mit bunten Haaren, Kid zum Beispiel von den Küchen-

SPIONEN. Wir hatten im Haus gerade was zu tun und die haben alle mitgeholfen. Da hatten sie einen Stein im Brett! Wir hätten sonst ein paar Tage gebraucht. Danach gab es Essen und Trinken und alles war roger. Sie haben mir erzählt, dass in Erfurt ein Konzert ist, im *Johannes-Lang-Haus*. Wir hatten gerade drei Lieder fertig! Haben uns da hingesetzt. Kid hatte sich einen Iro geschnitten, und ich dachte, was soll denn das sein? Ich hab mir einen ›Hamma Gamma‹-Schnitt gemacht, hier so reinrasiert, von den Haaren hingen zwei Dinger runter.

T-Shirt angehabt, druff geschrieben »Fresst Scheiße«, ich dachte, das passt. Und 'ne Riesenkette umgehangen, die ich aus der Firma mitgenommen hab. Da gibt es ein Foto von …

… Es gab Leute, denen das nicht gepasst hat, wie wir rumliefen. Ich hab mich nie mit Politik beschäftigt. Ich hatte mir aus 5-Millimeter-Stahl einen Riesen-Totenkopf gemacht. So etwas wie es im *Tacheles* heute rumsteht, abends zusammengeschweißt. Und damals haben die das gefunden und gedacht, das hat was mit Rechtsradikalismus zu tun. Das war mein erster Kontakt mit der Staatssicherheit. Ich hatte auch eine Sicherheitsnadel im Ohr, so fing das an. Ich wurde beobachtet, ohne dass ich es mitbekommen hab …

SCHLEIMKEIM zu viert

Fozzy hatte ein gutes Gefühl fürs Schlagzeug, Dippel am Bass, dann waren wir zu viert. Ich konnte richtig ins Publikum reinspringen und Theater machen. Wir hatten zwei Auftritte, einen im Lutherpark in Erfurt, diesem Kultteil. CHARLY KAPUTT und SCHEISSHAUFEN aus Erfurt haben damals gespielt, ich hab denen den Namen verpasst, hab gesagt, ihr braucht einen richtigen Namen. SCHEISSHAUFEN, das hat keiner vergessen! Erst wollten sie »Bierlaune« nehmen, aber das klappt doch nicht so.

Der zweite Auftritt zu viert war in Zella Mehlis. Ich weiß noch, da haben die Punks von der Kirche einen ganzen Weinkeller ausgeräumt, das gab Theater! Für ein paar tausend Mark uralten Wein. Scheißegal, das Etikett konntest du nicht lesen, die haben das weggetragen …

Wir haben damals schon angefangen, im Plänterwald Geld zu schlauchen. Was die Punks jetzt noch machen, wir wussten aber nicht, dass das Punks im Westen auch machen. Anscheinend ist das einfach so. Dadurch haben wir immer mehr Informationen gekriegt. Was in England abging, in den Staaten ... Das nächste, was kam, war Leipzig. Am besten bin ich mit Zappa klargekommen, von Wutanfall. Der hat sich die Finger blutig gespielt am Bass. Die haben richtig schnellen Krach gemacht. Wir eher so Postpunk, Schepperpogo. Der Mann war ein bisschen mein Stil, mit dem hab ich manche Nächte durchgequatscht.

Paranoia und Anderson

Paranoia aus Dresden waren Nobelpunks, die sind damals schon mit richtigen Lederjacken mit Saum und Lederhosen angekommen, was unbezahlbar war für uns! Anscheinend haben die reiche Verwandte gehabt im Westen, haben sich das schicken lassen. Da waren sie schon ein bisschen schlecht angesehen bei uns. Wir haben gestunken nach Strich und Faden, weil wir PVC-Lederjacken anhatten. Die alten Motorradlederjacken, die haben wir uns auf der Müllkippe gesucht. Meinen Verstärker und meine Lautsprecherbox haben die kaputt gemacht und sich noch nicht mal entschuldigt. Wir konnten nicht mehr spielen, da hab ich Zappen gehabt, da hab ich die niedergeschlagen.

An dem Abend war Sascha Anderson mit seinen Leuten bei irgendwelchen Intellektuellen in Erfurt, Schreiblinge. Eine Hinterhofparty, und etwa zwanzig Leute von unserem Konzert sind da hingegangen, Wutanfall, zwei Leute von den Creepers, und Zwitschermaschine spielte. Die Anlage war viel besser. Wutanfall waren danach dran, sind durcheinandergekommen, haben zwei, drei Lieder verhauen. Da bin ich hingegangen, ich war schon völlig niedergeschlagen und dachte, ›willstes mal probieren.‹ Dann hab ich mich ans Schlagzeug gesetzt, Dippel den Bass genommen und mein Bruder die Gitarre. Haben angefangen zu spielen, das hat wunderbar geklappt. Warum, weiß ich auch nicht. Zehn Minuten nachdem wir fertig waren, hat mich der Gitarrist von Zwitschermaschine (Ralf Kerbach) gefragt, ob ich eine Telefonnummer hab. Mein Großvater war Unternehmer und hat 'ne Kiesgrube gehabt, und ein Telefon.

Ein halbes Jahr später ruft der an und fragt, ob ich eine Platte machen will. Da bin ich vom Bauernhof fast zum Bahnhof gelaufen und zurück, dachte, was für eine Verarschung! Ich konnte mir das nicht vorstellen, wir hatten damals zwölf Lieder, und die haben mir noch nicht mal alle gefallen. Ich hab mir immer gedacht, die Lieder müssen nicht schön sein, aber gut!

Hin und her, er hatte gesagt, er ruft noch mal an, ich war dann an dem Tag dabei, als er nach Westberlin rübergegangen ist, seine Koffer gepackt hat. In der Schönhauser wohnte Anderson und hat eine Abschiedsparty gemacht. An dem Abend hat er sich schon bei mir verraten. Ich hab ihn gefragt, das ist bestimmt nicht ganz erlaubt, eine Platte in Westberlin zu machen. Wenn was passiert, schieb alles auf mich, sagte er. Dachte ich ein bisschen drüber nach, da stimmt was nicht. Anscheinend hat er zu viel Whisky getrunken gehabt an dem Abend. War mir klar, dass der bei Horch und Guck ist. Scheißegal, machst die Platte. Das fetzt einfach, eine Platte machen! Ich hab mich auch nicht um das Gesetz gekümmert, hätte mir das Gesetzbuch holen und gucken können, das hätte bedeutet »unerlaubte Aufnahme mit einer fremden Macht«, bis zehn Jahre! Das haben die mir erst in der Zelle gezeigt, zur Vernehmung, da ging mir echt der Arsch, klar. Ich dachte vorher, ich sitz hier ein paar Stunden. Dass die das so extrem angesehen haben, war mir nicht klar …

Die Platte kam raus, da haben sie mich gleich verhaftet. Die kamen an und haben gesagt, wir sind vom Amt für Arbeit, weil ich damals keinen Job hatte. Mit zwei Posten. Ich wusste einfach Bescheid. Ich hatte einen Tag vorher noch meine handschriftlichen Texte mit meinem Bruder auf dem Dachboden hinter einer Esse versteckt, als ob ich es im Blut hatte. Die haben das ganze Haus auf den Kopf gestellt. Meine Mutter hat die Platte hinter die Schrankwand geworfen – und erst Jahre später wieder vorgeholt … Anderson hatte mir ja Geld versprochen, hat mich gelockt. Die Platte hab ich mir von ihm geholt, der wollte die gar nicht rausrücken. Später bin ich mit Colonel in die Bude, hab die Tür eingetreten. Hundertzwanzig Mark West hab ich einfach so mitgenommen, Anderson hat noch angerufen und sich beschwert. Aber es ist nie was gekommen! *(alle lachen dreckig)*

… Anderson hat mich für blöd und naiver gehalten, als ich war. Er war ein Intellektueller. Wir waren so achtzehn und haben uns ums

Biertrinken und Musikmachen gekümmert, was willst du dich mit dem Mann überhaupt groß unterhalten? Der hat bloß von irgendwelcher Lyrik gesprochen mit seinen Künstlern, und die haben Bilder gemalt, die ich nicht verstanden hab. Was heißt Bilder, die haben irgendwelche Farbe auf irgendwelche Zettel geschüttet und sind drauf rumgetreten, und ich hab gedacht, was ist denn mit denen los? Die sind noch verrückter als wir! Dann war es aus. Ich hab den nie wieder gesehen …

Knast

Nach zwei Wochen Einzelhaft haben sie mit mir ein Kreuzverhör gemacht, mit vier Mann. Ich war froh, mal wieder reden zu können. Ich hab dreizehn Stunden lang alles geleugnet. Dann haben sie das Tonband von unserem Basser vorgespielt, den hatten sie schon klargemacht …

Die haben nichts machen können, meine Texte waren so, dass man nicht wusste, aus welchem Land das stammt. Es ging mir nicht darum, zu sagen, dass jemand in den Westen abhauen wollte oder so. Jeder konnte verstehen, was er wollte. Das hatte dem Anderson auch so gefallen, das ist schon fast Lyrik, hat der gesagt. L'ATTENTAT hatte damals gesungen »Russen raus aus Afghanistan«, und mir war klar, dass das so nicht erlaubt sein kann, aber dem Imad ist nichts passiert. Das kam mir spanisch vor, für mich war das Unsinn, ich hätte das ganz anders gemacht. Ich hab das mit Fabelwesen gemacht. Bei späteren Vernehmungen, da musste ich sogar lachen, ging es um einen Text, der ziemlich knallhart gegen irgendein System war. Es war klar, ich meine das hier, aber es stand so nicht drin. Ich bin ja immer wieder verhaftet worden, immer mal ein paar Monate. Und da hatten sie dann was Handschriftliches gefunden, das war aus »Prügelknaben«: »Wir sind das Volk, wir sind die Macht … wir fordern Gerechtigkeit.« Das ist staatsfeindliche Hetze, haben sie gesagt. »Was für eine staatsfeindliche Hetze? Ich meine damit Südafrika.« »Dann schreiben sie das auch hin!« Haben auf den Tisch gehauen. »Schreiben Sie auch hin, dass Sie Südafrika meinen!« Die wussten, dass es anders funktioniert, aber sie konnten es mir nicht nachweisen. Dann hab ich das nur noch so gemacht. Habe erst später drüber nachgedacht, hab mitgekriegt, was der Spaß an der

Sache ist. Die können dir nichts, weil die Gesetze das nicht vorgesehen haben.

Nach dem ersten Verhör hab ich mit anderen gesessen, zu sechst. Ein Schmuggler war auch dabei, der Leute nach Westberlin gebracht hat. Dort hab ich nie über Politik geredet, eher über Magie und so Zeug. Weil ich wusste, wie leicht man jemanden abhören kann. Ich hab vorher mal meine Mutter, meine Eltern und Brüder in der Küche abgehört, weil ich wissen wollte, was die so erzählen, wenn ich nicht dabei bin. (Lacht) Habe mitgekriegt, wie einfach das ist, mit den technischen Möglichkeiten damals. Das war kein Problem, da drin abzuhören, was du so erzählst. Einer hat immer wieder angefangen, so gegen den Staat zu hetzen, wortwörtlich genauso.

Wir haben jedes Mal einen Rechtsanwalt genommen, '84 haben die eine Verhandlung dreimal wiederholt, mich aber nicht reingekriegt. Die konnten nichts machen. Das hat jedes Mal über tausend Mark gekostet, das haben meine Brüder und meine Schwägerin bezahlt. Einmal bin ich zu vier Monaten verurteilt worden, wegen sogenanntem Asozialen Verhalten, da hab ich zwei Monate nicht gearbeitet. Die hab ich schon in der U-Haft abgesessen, bin am nächsten Tag rausgekommen. Dadurch, dass ich meine Eltern und meine Brüder hinter mir hatte, hat das Asi-Gesetz nicht hingehauen. Der Staatsanwalt, der »rote Hilpert«, war Alkoholiker und ist gleich nach der Wende entlassen worden, der hat so richtig abgedroschene Sprüche rausgehauen: »Ehrlich, Sie sind ein Hemmschuh des Sozialismus! Sie wollen doch nur den Staat auf den Kopf stellen.« Da hat meine Mutter nur den Kopf geschüttelt. Ich hab niemanden umgebracht, ich hab Musik gemacht. Keiner hat das so richtig verstanden.

Der Staatsanwalt hat mal zu meiner Mutter gesagt: »Sie sind an allem schuld, Sie und …« – was weiß ich, mein Opa. Warum, weiß ich nicht, der ist schon lange in die ewigen Jagdgründe eingegangen …

Hier in Berlin hab ich mal drei Monate in Rummelsburg gesessen – wegen einer Flasche Schnaps. Und noch anderthalb Monate in Erfurt, weil ich eine Flasche geklaut hatte, in Pankow in einer Kaufhalle. Ich konnte mir wirklich nichts mehr erlauben! Habe mitgekriegt, wie die auf mich starren.

Jetzt hab ich noch ein paar Dinger offen, hab ein paar Scheiben eingeknallt. Das ist noch in der Schwebe.

SCHLEIMKEIM in Gotha

Für Fozzy waren wir nicht düster genug, zu primitiv. Der ist schon auf so Düster-Sachen abgefahren. Der hat die Sachen unheimlich schnell kapiert. Ich musste Bass spielen, weil Deubach zur Armee gegangen ist. Dann kam Andreas Hempt von MANDATA … Wir waren so zwölf, dreizehn Mann, die spielen jetzt alle in irgendwelchen Bands. Ich hab Lippmann aus Gotha kennengelernt, dem hab ich Schlagzeug beigebracht, Deubach kam von der Fahne wieder. Spielte mit. Von einem Tag auf den anderen wollte Dippel sein Leben ändern, hat seine Frau mit Kind verlassen und bei SK aufgehört. Auf einen Schlag. Wie einer, der Zigaretten holen geht und nicht wiederkommt …

Der gurkt jetzt jeden Winter ein paar Monate in Asien rum, irgendwo, wo nur Reisfelder sind. Macht das Geld alle, das er hier im Sommer verdient. So ähnlich, wie ich es mache. Im Winter bin ich drei Monate weg, da fahre ich auf meinen Bauernhof und schalte von allem ab. Das hat er sich wahrscheinlich von mir abgeguckt. Als Dippel weg war, kam Hagen Schröder, auch aus Gotha. Den kannte ich schon und hab ihn in einer Kneipe angehauen: »Wie siehts aus?« Der hat vorher in anderen Bands rumgegurgelt gehabt, was probiert und gleich zugesagt. Wir haben unseren Proberaum von Stotternheim nach Gotha verlegt bei ihm in den Keller. Lippmann hatte ein Haus vom Freund seiner Mutter bekommen. Das ist der Proberaum, da ist er jetzt noch. Nur wir sind zu selten drinne.

Bin irgendwie in Gotha hängen geblieben. Die Stadt gefällt mir auch. Die Stadt der Brunnen, an jeder Ecke ist da ein Brunnen, vor allem schöne alte! Die Stadt hat ein Schloss, ist ja eine Residenzstadt gewesen – aber ich will euch hier nicht die Geschichte von Gotha erzählen. Kennt ihr den Park? Das ist nicht so ein Park, wie sie sonst dastehen, da sind jeden Morgen zehn, fünfzehn Leute drin und schnippeln dran rum. Da kann man sich in Ruhe hinsetzen, einen Joint rauchen und Schach spielen. Geile Kulisse. Seitdem sage ich: »In Gotha bin ich froh da! Nichts ist unmöglich, in Gotha.« (Singt:) In Gotha gibts 'nen Laden, da gibts das Bier auf Raten. Dann is kein Pils mehr da, is egal, wir sind in Gotha!« Da bin ich patriotisch.

Wende

Da sind sie mir gerade wieder auf den Sack gegangen. Erst als ich mitbekommen hab, dass hier wirklich nichts mehr zu machen ist, bin ich zurückgekommen. Ich wusste, dass die Stasi mehr oder weniger im Eimer war. Irgendwann ging es mir ja auch auf die Eier! Das war vielleicht Sinn der Sache, dass die sich sagen, irgendwann wird er sozusagen vernünftig. Geht einer geregelten Arbeit nach und lässt das! ... Vielleicht haben sie auch mitgekriegt, dass ich gar nicht so ... Hier in Berlin haben sie mir einmal gesagt: »Staatsfeind Nr. 1 sind Sie noch nicht!« Das waren immer so Drohgebärden. Ich wusste, was mit manchen Leuten passiert, mit sogenannten Staatsfeinden. Jedenfalls wenn sie es nachweisen konnten. Lord zum Beispiel, so ein Berliner Urpunk, der ist dann auch in den Westen gegangen. Damals in der Zone hab ich eine unheimliche Wut gehabt. Normalerweise wäre auch ich losgegangen und hätte das rausgeschrien, aber ich hab halt wenigstens noch die Nerven behalten. Der hat sich an irgendeinen Fahnenmast gelehnt, das Scheißding bricht ab und er kriegt zwei Jahre! Da hab ich echt Angst gehabt, wenn mir so was passiert, dann krieg ich zehn. Da wusste ich auch nicht mehr so richtig, was hier losgeht. Ich glaub, die von der Stasi haben viel früher gemerkt, dass es zu Ende geht. Wie sie sich gegeben haben, ich hab das gespürt.

Ich bin zurück, und in Gotha ging es weiter, im Winterpalais hatten die ein autonomes Jugendzentrum. Da war Anarchiezustand, unheimlich locker. Mehr Freiheit als jetzt. Konntest was besetzen und urste Dinger machen, da ist keiner von der Stadt gekommen, kein Bulle. Haben gedacht, lass die Leute mal die Freiheit ein bisschen auskosten, die kriegen es dann schon wieder. Merkst du ja jetzt. Ein bisschen die Briefmarkensätze ordnen, und jetzt geht es wieder los, das Theater.

Techno

Das hat im Grunde keinen Namen, »Mülltech« würde ich das vielleicht nennen. Ich mache das eigentlich schon immer. Hab schon früh von alten Kofferradios – am besten gingen die alten russischen – die Leiterplatten runtergenommen und gewisse Verbindungen hergestellt. Da kamen absolut abgedrehte Geräusche raus. Fozzy musste das Schlagzeug dazumixen, den Liedern hab ich einfache Namen wie »Weltuntergang« gegeben. Ich weiß, wie das andere Zeug gemacht wird, meines hat nichts mit der Technik zu tun, mit der die das machen. Mit einem Sampler, mit teuren Geräten. Ich hab zum Beispiel mit einem Taschenrechner was gemacht, da sind verschiedene Computergeräusche drin, die lasse ich über Effektgeräte laufen. Vielleicht noch ein Keyboard oder zwei. Abgedrehtes Zeug. Mein Bruder hat mir, als er das gehört hat, gesagt, ich wäre meiner Zeit hundert Jahre voraus! Ha! Wo sich andere Leute einen Rhythmuscomputer kaufen, hab ich mir selber einen gebaut. Aus einem Blinkgeber vom Auto hab ich die Stromentladungen über einen Kondensator laufen lassen und das gibt einen unheimlichen Kick. Da muss man nur aufpassen. Weil das Hochfrequenzen sind, geht immer der Verstärker aus. Einen Equalizer hab ich gebaut, urst verstärkt, da hab ich mir die Höhen ein paar Mal durchgeschossen. An so was gurke ich den ganzen Winter rum. Mein Zimmer sieht manchmal aus wie eine einzige Leiterplatte. Was die Leute wegschmeißen, liegt bei mir rum. Aus einer Quarzuhr oder einem alten CD-Player kannste urste Geräusche rausholen! Da kriegt man Angstzustände. Und meine Effektgeräte: Ich tausche dann immer, Digitalequalizer und Delay, wo Echo drin ist. Die variiere ich dann, Voice-Prozessor, wo man einen Ton um zwölf Oktaven nach oben oder unten verschieben kann. Und der selbstgebaute Equalizer, der urigste Bässe hat. Das Ding zu entwickeln hat sechs oder sieben Jahre gedauert. Damit hab ich viele Aufnahmen gemacht, die jetzt auf den Platten sind. Die im Studio haben gesagt, die sind ja alle phasenverkehrt, die Aufnahmen. »Siehste, das hab ich nicht gemerkt«, hab ich gesagt. (Lacht) Wenn ein starker Basston kommt und deine Anlage ist völlig normal angeschlossen, schlägt ein Lautsprecher normalerweise nach außen. Bei meinen Dingern schlägt der nach innen, das bedeutet phasenverkehrt.

Spiegel

Ich verdrehe anscheinend alles. Gucke zu oft in den Spiegel. Das ist ein bisschen mein Hobby, was mit Spiegeln zu machen, ich hab die ganze Bude voller Spiegel stehen. Wie man sich wirklich sieht. Hast

Otzes Malerei

Otze hat düstere Bilder gemalt, seine Spukgestalten. Früher so Krickelkrackel, das SK-Zeichen war auch von ihm. Ursprünglich hing unter dem Zeichen noch ein abspritzender Schwanz. Später waren die Sachen sehr farbig, A4-Blätter, bemalt mit Buntstiften.

Bei ihm im Zimmer hingen etwa 30 Zeichnungen an der schrägen Wand über dem Bett. Es waren schreckliche Bilder, viel rot, Dämonen, böse Geister. Er hat sie einfach nur abgemalt. Die saßen vor ihm, sobald er die Augen aufschlug, waren für ihn keine Fantasieprodukte. Um sie zu bannen, hat er auf jedes der Bilder ein Zeichen gesetzt. Das Bannzeichen sah aus wie ein nach links gedrehtes W, umrahmt von zwei großen »L«. Das Zeichen prangte auf jedem der Bilder, mal am Körper der Dämonen, mal am Bildrand.

du es rausgekriegt, Bastian? Ist manchmal nicht so leicht, hab ich lange rumgegurgelt, bis ich das hatte, wie das stehen muss. Also, angenommen du bist jemand, der einen Seitenscheitel trägt. Warum kämmst du den nach links oder nach rechts? Weil du dich im Spiegel genau umgekehrt siehst und denkst, so gefällt es dir. Aber die anderen sehen dich doch andersrum! Da wollte ich mich so sehen, wie ich wirklich aussehe. Wie andere mich sehen. Das hat eine ganze Weile gedauert. Angenommen, du guckst dann da in den Spiegel und zwinkerst mit dem Auge, aber im Spiegel zwinkert das andere, so wie ich dich sehe … Ich brauche zwei Spiegel dafür, die müssen eine bestimmte Größe haben, einer wesentlich größer als der andere. Musst da so komisch um die Ecke gucken. Aber du musst aufpassen, wenn du reinguckst und streckst die Zunge nach rechts raus, da geht es zur anderen Seite, normalerweise ist es im Spiegel ja die gleiche Seite – dann hast du das Gefühl, dass du mit dir selber tanzt. Kannst ein bisschen lachen.

Kannst schon verrückte Sachen machen, alles was mit Bewegung zu tun hat. Wenn jemand von dir ein Foto schießt, ist das auch richtig, aber damit kann man nicht spielen. Ich hab lange rumgesucht, du siehst mehrere Gesichter von dir, aber bloß eins ist es. Bei manchen Sachen kannst du dich ganz schön erschrecken, kriegst gewisse Erkenntnisse dadurch. Im Grunde stehen wir alle auf dem Kopf, bloß wir merken das nicht! Irgendwie muss das mit der Lichtbrechung zu tun haben. Es gibt im Grunde kein Oben. Egal, wo du bist, du stehst immer auf dem Kopf. Die Prismen, so Pappteile, zweite, dritte Klasse, da guckst du durch und es ist alles auf dem Kopf. Aber ich hab jetzt rausgekriegt, dass du rumlaufen kannst und siehst dich selbst als Schatten verkehrt rum an der Decke laufen. Das fetzt! Deine Füße sind nicht auf dem Fußboden, sondern da und dein Kopf ist da, da läufste rum, weeßte – da kannste verrückt werden, wenn du das siehst! Das war ein dummer Zufall, wie ich das entdeckt hab. Mit solchen Sachen beschäftige ich mich, wenn ich mal eine Weile nicht zu sehen bin. Und nicht nur damit.

Stotternheim

Ich mache jeden Winter die lange Pause, weil ich manchmal ziemlich abgedreht bin, muss ich mal behaupten. Ziemlich viele verrückte Sachen, die ich durchziehe: durch die Gegend ziehen und mal zwei Monate in irgendeiner Stadt bleiben, ohne Geld, sich da durchkämpfen. Dann brauchst du wieder mal eine Ruhephase, wie ein Straßenkater. Fast zehn Kilo abgenommen hab ich manchmal, da muss ich mich wieder aufpäppeln. Für meine Familie ist das kein Thema. Vielleicht weil ich vom Dorf komme, das ist eine verschworene Gemeinschaft. Stotternheim ist ziemlich gewachsen in den letzten Jahren, wurde jetzt an Erfurt angeschlossen, aber Dreieinhalbtausend werden es dort schon sein. Eines der größten Dörfer in der Gegend. Mich kann da im Grunde auch keiner wegjagen, weil mir von dem Hof auch was gehört. Das ist aufgeteilt. Meine Schwester wohnt in Augsburg, und Klaus wohnt nicht mehr im Haus, weil er geheiratet hat, und jetzt sind wir noch zu fünft da im Haus. Die Großmutter, meine Punk-Oma, ist 86 Jahre alt. Die kocht. Mein Daddy und noch zwei Brüder. Mit Rainer geh ich mal um die Ecke in die Kneipe, ein, zwei Pils reingurgeln, oder mit Daddy.

Letztes Konzert

Ab und zu spielen wir noch. Wir haben vor einer Weile mal in Wandersleben gespielt, ich bin ja fast nur noch in Berlin. Jetzt spielt Lippe noch mit und Hagen. »Haste irgendwelche Fragen, wende dich an Hagen.« Bei unserem letzten Konzert in Wandersleben kamen wir gar nicht zum Spielen. Das ging den ganzen Tag. Wir haben nachts um zwölf angefangen und die Punks haben schon beim ersten Lied die

Bühne gestürmt. Da hab ich sie einfach selber singen lassen, weil ich nicht mehr konnte, die haben mir schon das Mikrofon weggedrückt. Die haben vierzig Ordnungskräfte da eingestellt, keiner konnte was machen, weil die mit rumgesprungen sind. Dann hab ich die Gitarre in die Ecke geschmissen und mich hingesetzt.

Drogen

Kiffen hab ich erst hier in Berlin kennengelernt. Selbst in der Bundesrepublik haben die da gekifft, aber ich bin lieber in die Altstadt gegangen und hab ein Altbier getrunken. Ich hab gesehen, dass die so schlaff wurden, wenn die gekifft hatten. Und ich wollte erst mal die ganzen Kneipen durchgurgeln, kennste doch, Düsseldorf, die längste Theke der Welt. Meine ganzen Drogendinger hab ich erst in Berlin erlebt, LSD, Kokain, Speed, MDMA, also Extasy, das war hier, fällt mir gerade auf! Irgendwo dran muss es ja liegen. Ist die Stadt so verrückt? Ich weiß es immer noch nicht. Hier stimmt was nicht. Vorher konnte ich das an zwei Händen abzählen, aber ich wollte das mal probieren, ich wollt die Erfahrung machen. Die meisten Sachen beruhigen mich zu stark und ich rege mich gern auf! Weil du dich mit Wodka nicht aufregen kannst, das ist was anderes. An Haschisch gewöhnst du dich mit der Zeit auch dran, brauchst immer mehr, damit du ein bisschen was merkst. Dann mach ich mal eine Pause. In Erfurt sind Fünfzehn-, Sechzehnjährige, die hauen sich zwanzig Eimer rein und noch mal Blubber dazu! Da wirst du keinen mit einem Joint rumlaufen sehen wie hier. Nur Hardcore, nur Komakiffen. In Gotha ist es noch schlimmer, da ist Komakiffen voll angesagt. Da kannst du nicht ein Krümelchen auf den Tisch legen und mal einen Joint rauchen, die holen gleich eine ganze Platte hervor, da wird so ein Haufen aufgebröselt und dann geht es los. Fenster zu und plötzlich sind alle völlig platt und ziehen durch die

Seltsame Maschinen

Wenn Otze unter schweren Drogen stand, erfand er seltsame Maschinen. Ein elektrisches Gerät zum Beispiel, mit dem er kleine Teilchen herstellen konnte. Sie waren lebendige Wesen. Otze öffnete das Fenster und ließ die Teilchen frei. Nachts sammelten sie sich vor seinem Fenster und grüßten ihn, als wäre er ihr König.

Stadt, lachen sich über alles kaputt. Wenn einer so angeknallt ist, gib dem mal zwei, drei Wodka, dann ist Schicht.

Ein Grund zum Feiern ist Geburtstag. Kommt nicht so oft vor. In Gotha haben wir das mal gemacht, eine geile Feier. Wir haben beschlossen, dass jeder mal eine Stunde Geburtstag hat. Den Film haben wir uns richtig eingeschoben, jedem gratuliert und Geschenke gegeben. Kann man alles machen. Man muss nur dran glauben.

Songschreiber

Wir haben nicht den ganzen Tag drüber nachgedacht, wann wir wieder in den Knast gehen. Wir haben Spaß gehabt. Meine Texte hab immer ich geschrieben, nur einen hab ich geklaut von Lutz Rathenow. Bloß eine Strophe, ich hab den Mann ja in Erfurt kennengelernt. »Spitzel kriegen grüne Ohren ...« Er war in Erfurt, in der *Jungen Gemeinde*, da hat er eine Lesung gemacht und ich hab ihn da getroffen. Er hat bloß ein Buch mitgehabt und das hat er mir geschenkt. Das hab ich durchgelesen und bin immer hängen geblieben bei dem Teil. Das sind vier Strophen und ich hab die eine genommen. (Singt die Melodie) Und dann kommt »Spitzel kriegen grüne ...«, das singen alle mit! Würde den Mann gerne noch mal kennenlernen, den würde ich da schon gern mit hinnehmen! Damit er sieht, wie tausend Punks ausrasten, wenn sie die Strophe hören und alle mitsingen ...

Wenn ich einen Text geschrieben hab, dann behalt ich den manchmal so ein, zwei Jahre auf und erzähle ihn x Leuten, um deren Meinung festzustellen, bevor ich den später rausbringe. Manchmal, wenn ein Lied rauskommt, ist der Text schon zwei, drei Jahre alt. Der liegt so lange rum. Ich hab die ganze Verantwortung, ich mache alles.

Stasi

Ich hab erfahren, dass Imad in Leipzig ausgestoßen wurde, als das rauskam. Aber das sind sowieso harte, abgedrehte Knochen da. Die sind anders drauf als hier. Als das rauskam, wurde er von allen abgeschossen. Ich kann nicht viel über den Mann erzählen, der ist mir einfach zu unwichtig. Der hat zu Zonenzeiten schon Sachen verbreitet über SK, wir würden nur die Anlagen kaputt machen. Der wollte seinen Einfluss geltend machen. Ich hab mal einen Auftritt mit Imad gehabt, bei einem Tim auf einem Bauernhof, und da hab ich ihn von der Bühne verwiesen, vor allen Leuten. Da ist er den ganzen Abend rumrotiert: »Schmeißt den Otze raus.« Das konnte er nicht fassen. Ich hab immer alle Lautsprecher, Verstärker und so eingestellt, da hab ich keinen Techniker gebraucht – an den Knöpfen rumdrehen ist ja so ein bisschen mein Faible. Aber er hat ständig seine Gitarre so laut gestellt. Da hab ich meinen Verstärker abgeschaltet, seinen Stecker rausgezogen und gesagt: »Imad, wir müssen jetzt hier spielen. Hier unten ist Publikum.« Das hat er mir nie vergessen. Er hat versucht, zu sticheln …

Was für mich ein bisschen enttäuschend war: Unser Ex-Schlagzeuger Andreas Link, sein Bruder, der auch mit in der Szene drin war – von dem hat sich nach der Wende rausgestellt, dass er da mitgegurgelt hat.

Saukerle

Wenn das schon halbwegs verboten ist, dann ein Pseudonym! Ich dachte, vielleicht klappt es doch, dass sie es nicht rauskriegen. Aber da Sascha Anderson der Veranstalter war, war es im Endeffekt sinnlos. Aber ich glaube, dass die Staatssicherheit von Berlin und in Erfurt untereinander gar nichts wussten. Dass die keinen Austausch gemacht haben. Die haben sich eine Stufe höher gefühlt, warum sollten wir denen in der Provinz da was erzählen.

Otze als Punkrockstar

Da kam mal einer an, der hatte zwei, drei Sicherheitsnadeln an der Jacke gehabt und von irgendeiner Band einen Sticker, die mit Punk überhaupt nichts zu tun hatte. Da bist du gar nicht in so eine Szene reingekommen. Da hab ich mich aufgeregt drüber! Ich wusste ja genau, wie dumm ich angefangen hab, wie dumm die angefangen haben. Ich hab gesagt, es ist doch keiner als Punk geboren worden! Zum Punk wird man gemacht! Das haben die nicht mal verstanden.

In Berlin hat sich alle Woche eine Band gegründet. Kaum hatten die einen Auftritt und sind ein paar Leute ausgerastet, sind die gleich beinahe größenwahnsinnig geworden. Haben die alle Komplexe? Was ist denn mit denen nur los? So eine Art Cliquenbildung war das, ein enger Kreis, da durfte keiner mehr ran: »Wir sind die und die. Was wollen die Trottel von uns, alle blöde.« Ich hab Leute getroffen, die Otze waren. Da hab ichs dabei belassen. Das macht doch Spaß, wenn du dich selbst triffst! Steht der da und sagt: »Ich bin Otze von Schleimkeim!«

Es gibt eben Leute, die nur Bier trinken und sonst nichts machen, die haben aber Kultstatus, weil sie was zu melden haben. Und die nachsteigen, geben sich für die aus, um Anerkennung zu kriegen. Viele, die das gemacht haben, die so rumgelaufen sind, hatten unheimliche Angst. Wollten hinter der Punkmaske ihre Angst verstecken. Das hab ich immer versucht rauszukriegen. Immer noch.

Otze-Otze

Ist der Spitzname frauenfeindlich? Hat mit einem Witz zu tun …

Zu irgendeiner Party bei unserem Basser war das, ist wirklich ein paar Jahre her. Wir haben ziemlich lange zu viel Weinbrand getrunken und angefangen, dumme Witze zu erzählen. Deubach erzählt: »Geht ein Bulle ins Krankenhaus zu seiner Frau, die gerade entbunden hat, und unterhält sich mit ihr. Zum Schluss fragt er: ›Na, wie soll die Tochter denn heißen?‹ ›Na Uschi‹, sagt er, ›das kann ich mir nicht merken, den Namen. Ich muss doch aufs Amt, das melden, das kann ich mir nicht merken.‹ ›Denk an meine Muschi, lass den ersten Buchstaben weg.‹ Dann ist er eben zum Ordnungsamt gegangen, sein Kind anmelden und die: ›Wie soll es denn heißen?‹ Sagt der Bulle: ›Otze.‹«

Und weil ich besoffen war, frage ich: »Was soll'n das fürn Mist sein?« Ich hab mich da über eine Stunde über den blöden Witz aufgeregt. Und die haben mir den nicht erklärt. Die haben dann nur noch gelacht – über mich! Seit der Zeit hieß ich dann Otze, Dippel hat dann angefangen, mich vor allen Leuten Otze zu nennen. Einer fängt damit an, und irgendwann akzeptierst du es oder nicht. Ich hab drauf gehört und dann hat sich das verbreitet. Ein Bullenwitz. Das war so blöde.

Hammerotze kam später. Das waren Hooligans, die sind immer nach Großrudestedt gefahren und haben da gefeiert. Das liegt auf der Strecke Richtung Sömmerda, durch Stotternheim. Ich und Fozzy haben an dem Tag geprobt und ich hatte Bock, noch mal mit nach Erfurt zu fahren. Bin in den Zug eingestiegen und da waren die ganzen Massen. Bestimmt vierzehn, fünfzehn Mann von denen. Die waren schon ein bisschen rechts angehaucht und hatten was gegen Punks. Haben uns als Kommunistenschweine beschimpft, das ist nicht so neu, wie manche erzählen. Die Stasi hat das ja gewusst, aber wollten nicht, dass an die Öffentlichkeit kommt, dass es hier auch Faschisten gibt. Da gab es Ärger, wir haben uns beschimpft. Ich hab einen Kopfkick gekriegt, an die Stirn, schönes Teil! Und ich hatte, weiß nicht warum, zu der Zeit immer einen Fünfhundert-Gramm-Hammer bei mir, bloß mit dem Oberteil in der Hand. Hast einen besseren Schlag. Na, da bin ich mit einem Typen raus, hab ein paar weggeholzt. Zum Schluss sind die alle über mich hergefallen. Trotzdem haben die gesehen, dass ich abgedreht bin, dass ich mich mit den zwölf Mann angelegt hab. So was akzeptieren die, weil von vornherein klar war, dass ich fertig gemacht werde.

Na ja, ein paar Tage oder Wochen später, meine Lädierungen gingen schon ’n bisschen zurück, geh ich zum Bahnhof. Da rufen plötzlich welche »Hammerotze«! Ich wusste nicht, was los ist, ich bin ein bisschen kurzsichtig, dachte, das sind Kumpels von mir. Zehn Mann von denen waren das. Mitten am Tag. Ich gehe auf die zu, bis ich merke, dass die das sind. Doch dann bin ich weiter auf die zugelaufen. Da sind die auseinander, haben mich durchgehen lassen. Seitdem hieß ich Hammerotze, das war geregelt. Ist nie wieder was vorgekommen.

Briefmarken und Diktatoren

Bastian sagt zu mir, ich hab eine kleine Überraschung für dich. Er wusste ja, dass ich ein Philatelist bin. Mal sehen, ich gehe also zu ihm und er holt einen großen braunen Koffer, voll mit Alben und losen Marken. Das konnte ich sortieren, da bin ich dran hängen geblieben. Zehntausende, im Wodkawahn hab ich mal angefangen, die zu zählen.

Bei 30 000 hab ich aufgehört. Einen Tag lag ich auf dem Boden, um mich herum alles voller Marken …

Mein Blick ist die ganze Welt. Wenn ich eine Briefmarke finde – ich kaufe mir ja keine im Laden, das ist mir zu einfach – aus einem Land, aus dem ich keine hab, dann falle ich in eine Euphorie! Und ich hab an dem Tag drei Marken gefunden aus Ländern, aus denen ich noch keine hatte. Normalerweise passiert das nicht, da finde ich eine im Jahr. Da bin ich fast abgedreht. Hab angefangen zu suchen, überlegt, was fehlt mir noch. Belize. Sonst hab ich aus jedem Land mindestens einen Satz. In Rostock hab ich mal einen Satz geschenkt gekriegt. Den hab ich vergurgelt. Irgendwo liegen lassen. Weil ich sie jedem gezeigt habe. Da hab ich jetzt Tausende von Marken durchgewühlt. Ich hab jede in der Hand gehabt … Das ist eine verrückte Macke, andere Leute wollen als Diktatoren die Welt beherrschen, ich mache das so. Das ist ein bisschen gesünder für die Welt, wenn jeder, der Diktator werden will, sich einfach eine Briefmarke aus aller Welt besorgt und sagt: »O.k., ich hab die ganze Welt im Album! Langt doch!«

Das Gefühl der Liebe

Ich hab letztens eine Frau kennengelernt, die arbeitet hier in einem Museum. Anastasia. Sie ist schon dreißig, hat mich einfach mitgenommen, das ist mir noch nie passiert. Der ganze Tisch macht die Frau an, in der *Kommandantur*. Das war eine Top-Frau. Die hatte so ein feministisches Faible und ich hab es so gemacht, wie die das eigentlich hassen. Ich bin der Beste im Bett, aber eines nach dem anderen. Nichts Intellektuelles oder so, was ihr gepasst hätte. Nach einer Weile steht sie auf, schnappt mich an der Hand, zerrt mich ins Auto und weg zu ihr. Lässt mich dann aber noch ein paar Stunden zappeln, im Bett. Nee nee, ich bin bald wahnsinnig geworden. Da musste ich mir echt Arbeit machen, aber irgendwie hab ich es dann doch geschafft. Das war auch wieder scheiße, wahrscheinlich. Man weiß ja nie, wie man es richtig macht. Das ist ja gerade das Verrückte. Für mich ist der Gedanke an der Sache unteilbar. Man kann im Grunde jeden Gedanken auseinandernehmen – ist ja der Job von Rechtsanwälten –, aber nicht das Gefühl der Liebe. Ich hab urste Probleme damit gehabt. Das Gefühl kann

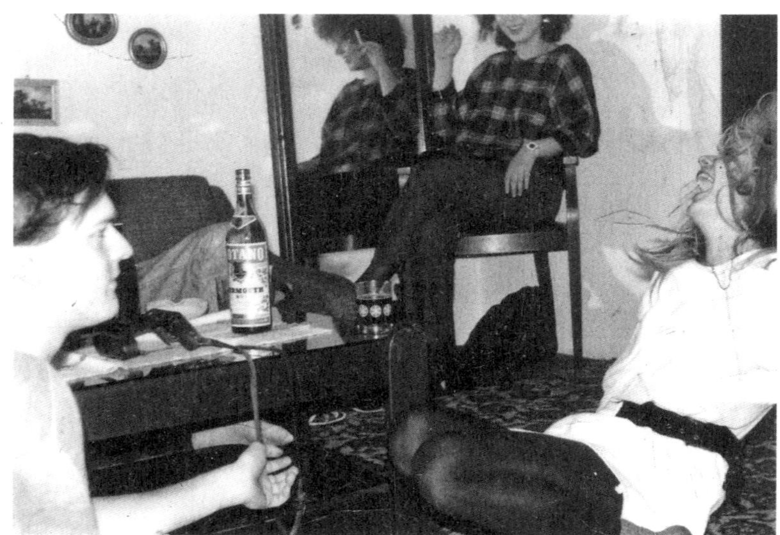

Otzes magische Wirkung auf Frauen

man einfach nicht teilen. Es gibt normalerweise immer ein »Plus« und »Minus«, ein »Gegen« und ein »Für«. Hier gibt es nur eins: Die Liebe! Das verschmilzt, das ist schon immer da gewesen. Ich kann das nicht erklären, ich glaube, das hat noch keiner geschafft. Und wenn sie es versucht haben, dann stimmte es nicht. Ein unlösbares Rätsel.

Ich hab mir vorgenommen, da läuft nichts mehr, aber ich muss jeden Tag an sie denken. So fängt es eigentlich an. Das ist völlig gegen deinen Willen, du hast dir das vorgenommen, du willst das nicht mehr haben, weil es dich auch quälen kann. Wie ich das damals och erlebt hab.

Du kannst das hier ruhig verwenden, das ist nicht privat, ich erzähle von mir, was ich denke, wie ich fühle. Jeder kann Liebe machen, aber man muss sich Gedanken drüber machen! »Satan« ist für mich ein Liebeslied für die absolute Liebe, das ist für jemanden, der wirklich dem Bösen angehangen hat. Aber die Liebe nimmt das weg, kippt das weg. »Satan, kannst du mir noch mal verzeihen, weil ich heute keine Sünde beging. / Hab's versucht, doch konnte mich nicht befreien, weil ich wie angekettet an ihr hing. / Oh Herr der Hölle, ich kann dir nicht mehr dienen, die Liebe riss mich weg von dir, / riss mich los von allem Bösen, von Rache, Hass und Gier. / Oh Herr der Hölle, würdest du sie kennen, selbst du würdest mich verstehen, / ich würde, wenn sie es will, in Gottes Namen selbst zur Beichte gehen.« *(letzter Absatz mit rauchiger, tiefer Stimme, lacht dann)*

Magie und Tod

Magie spielt die absolute Rolle. Ich meine nicht den Magier, der in einer Vorstellung eine paar Tricks zeigt. Ich weiß auch noch nicht so richtig, was es genau ist. Ich glaube, wenn ich es rauskriege, bin ich tot. Ich weiß nur eines: An dem Tag, an dem du stirbst, kriegst du alle deine Fragen, die du dir in deinem gesamten Leben gestellt hast, plötzlich beantwortet. Aber du kannst nicht mehr zurück.

Interviews

Das letzte Interview mit Dieter »Otze« Ehrlich

Geführt 1998 von Jörg Dietrich im Kunsthaus Erfurt. Mit im Stuhlkreis: Dieter »Otze« Ehrlich, »CD Spinne«, Andreas »Fozzy« von Nida, Claus Bach und Monique Förster, die dieses Treffen ermöglicht hat.

Jörg Was ich von den Anfängen in Erfurt weiß, ist ein besetztes Haus in der Altstadt …

Spinne In der Kürschnergasse.

Jörg War dort auch der erste Auftritt von Schleimkeim?

Spinne Das war ein bisschen später.

Otze '81 war der erste Auftritt mit den Creepers und Madmans im *Johannes-Lang-Haus*. Ich glaube, wir waren die Ersten dort mit den Creepers. Keine Ahnung, wann das genau war. Jedenfalls lag Schnee draußen. War kalt. Wir haben schon vorher 'ne ganze Weile rumgetrommelt. Hab ich mit meinem Bruder zusammen alleine gemacht. Der einzige Grund war bloß, weil wir nicht an die Musik rangekommen sind. Platten. Damals. Da haben wir gesagt, wir machen es selber. Das war der erste und der einzige Grund am Anfang. Und weil es Spaß gemacht hat. Wir haben damals noch nicht dran gedacht, was zu verändern. Oder politisch zu sein. Das kam erst, als sich die Stasi eingemischt hat. Dann haben wir angefangen, nachzudenken: Da stimmt doch irgendwas nicht.

Jörg Weißt du noch, wann ihr angefangen habt, selber was zu machen?

Otze Muss Ende '79 gewesen sein. So Mitte '79.

Jörg Das war auf jeden Fall in Stotternheim …

Otze Mmh.

Jörg Ihr seid ja dann auch relativ schnell zu dritt gewesen. '81 wart ihr doch schon zu dritt?

Otze Andreas Deubach aus Großrudestedt.

Jörg Das war also die Urbesetzung.

Otze Andreas Deubach, mein Bruder Klaus und ich.

Jörg Und Klaus war bis '86 dabei?

Otze Mmh, ja, muss ich mal überlegen.
(Otze nuschelt mit Spinne und Fozzy unverständlich eine Minute lang Besetzungsvarianten durch)

Spinne Wo waren wir gerade?

Fozzy '81.

Jörg '81 waren wir gerade.

Otze Da ist dann eine ganze Weile nichts passiert. Wann genau Konzerte damals waren, weiß ich echt nicht mehr.

Jörg Bis wann hat denn Andreas Deubach mitgespielt?

Fozzy Der Dippel ist '84 zur Asche gegangen. Dann hast du (Otze) Bass gespielt und ich hab Schlagzeug gemacht.

Otze Dann ist Klaus noch weg und Fozzy als Nächster.

Fozzy Ja, Klaus war weg und dann bin ich irgendwann nach Eisenach gezogen.

Otze Damals in Berlin warst du ja dabei …

Jörg Wer hat Fozzy abgelöst? War das Frank Zieris?

Otze War Lippmann.

Fozzy Anthony hat damit nüscht weiter zu tun.

Jörg Ich hab in einem Artikel von Gabi Stötzer gelesen, dass auch Anthony von MANDATA mal bei der Band war.

Monique Bei SCHLEIMKEIM?

Fozzy Zwei Proben vielleicht.

Jörg Das war dann wohl ein bisschen dick aufgetragen?

Fozzy Sehr dick. Sehr dick aufgetragen.

Jörg Dann kam also gleich Lippe?

Fozzy Dann war erst mal gar nichts.

Otze Kleine Pause wie immer. Dem hab ich erst ein bisschen das Schlagzeugspielen beigebracht. Der hat doch gar nichts gekonnt.

Jörg Seit wann war der dabei. Seit '88? Oder '87 schon?

Otze Tja '87, '88? Irgendwann. Dippel kam dann von der Armee wieder.

Jörg Der war dann noch mal dabei?

Otze Der hat noch mal Bass gespielt. Und dann gab es kurz mal eine Vierer-Besetzung. Einmal, zweimal.

Jörg Ja, das hab ich noch in Erinnerung. Von 1988. Diesem Kirchentag in Halle. Da war ich dort. Da habt ihr zu viert gespielt.

Fozzy Da bin ich noch mal eingesprungen.

Jörg Genau. Fozzy ist noch mal eingesprungen, weil …

Otze … weil ich mit den Hippies und den Kirchenfreaks Hagebuttenwein getrunken hatte.

Spinne Er war da etwas angetütert.

Alle *(lachend)* Ja, genau.

Spinne Da hat sich doch jemand total drüber aufgeregt, dass das Mikro irgendwie …

Otze Mit dem bin ich doch in die Massen reingesprungen, mit Pogo. Und da ist es runtergefallen und einer draufgesprungen. Wie das dann so ist.

Jörg Das wird auch dauernd wieder aufgewärmt. In jedem Artikel oder so steht, dass du dort ein Mikrofon kaputt gemacht hast.

(alle lachen schallend)

Jörg Das also hat dir die Kirche nie verziehen.

Spinne Die guten Mikrofone, die gab es einfach nicht. Otze, du bist doch auch mal unter einer Bühne langgekrabbelt und wolltest ein Mikro besorgen. Bei Pankow war das, glaube ich.

Otze Das war doch so teuer, das Zeug. Da musste man sich helfen. FEELING B oder FIRMA. Kennst du die?

Jörg Die FIRMA trägt ja wohl ihren Namen auch zu Recht.

(allgemeines Gelächter)

Otze Habe ich dir das Ding erzählt, wo die mich auf die Bühne geholt hatten? In Cottbus. Ich sollte ein paar Lieder singen. Mit einer umgehängten Gitarre. Klingt aber gut, dachte ich, da muss doch was Geiles dran hängen, am Kabel. Ein Verzerrer. Aber der hat ihn irgendwann wiedergekriegt.

Fozzy Die ganze Geschichte damals ist eigentlich sehr verworren. Man ist ja eher zufällig zu einem Auftritt gekommen. Zwei bis vier Auftritte im Jahr. Damit hatte sich das eigentlich schon. Ansonsten haben wir geprobt. Den Sound richtig eingespielt.

Jörg Wichtig wäre mir noch, wo die Auftritte waren?

Otze Berlin war damals angesagt.

Fozzy Das war alles kirchliches Zeug.

Jörg Ich kann mich auch noch an eine Geschichte in Erfurt im Steiger erinnern …

Fozzy Im Lutherpark. '86 war das.

Otze Wo Dings gespielt hat, mit dem, mit dem, wie heißt er, Lothar König und Papst.

Fozzy Bernd Papst.

Spinne Es gab doch noch einen Auftritt in Gispersleben in der katholischen Kirche, wo wir alle geraucht haben. Wann war das gewesen?

Otze '83.

Spinne Nee, das war später.

Monique Mindestens '87.

Spinne Ich glaube sogar '88. Ganz legendär. Mit einer katholischen Band hat SCHLEIMKEIM gespielt. Wir haben alle geraucht und gesoffen. Und der Pfarrer, ich weiß nicht, warum der das gemacht hat.

Otze Der hat nicht gewusst, was auf ihn zukommt. Der hat dann noch richtigen Ärger gekriegt und ist rausgeflogen.

Spinne Auf jeden Fall hat SCHLEIMKEIM damit schon eine katholische Kirche entweiht. Und der Papst hat es nicht erfahren. Da wollten noch die Glatzen kommen, aber die haben sich nicht reingetraut.

Jörg Was könnt ihr mir über Geschichten erzählen, dass sich seit Mitte der Achtziger Nazipunks und Glatzen vom Erfurter Pöbel abgespalten haben?

Spinne Also ich hab das mal für mich ein bisschen betrachtet. (Unverständlich). Ich glaube, es ging auch darum, Steigerungsformen zu finden.

Jörg Es hat ja sicher in Erfurt auch mit ein paar Hanseln angefangen, Anfang der Achtziger?

Fozzy Drei, vier.

Jörg Ich meine Punks.

Spinne '81 würde ich sagen.

Jörg Ich hörte halt von ein paar Leuten, die sich zum Biertrinken getroffen haben. Da sollen nach und nach ein paar Jüngere dazugekommen sein. Und es soll irgendwann zum Bruch gekommen sein.

Spinne Vielleicht war ihnen das zu lasch.

Jörg Die Öffentlichkeit kennt vom Erfurter Pöbel lediglich ein Foto von 1985, das auf dem Höhnie-Sampler »Sicher gibt es bessere Zeiten …« abgedruckt worden ist.

Spinne Das war schon die zweite Generation.

Jörg Wie lange war denn SCHLEIMKEIM die einzige gewissermaßen öffentliche Punkband in Erfurt? Wenn du dich als Erfurter Band verkaufen lässt …

Otze Lange.

Fozzy Es gab mal einen Versuch. KONSTRUKTIVES LIEBESKOMMANDO. In irgendeinem Keller. Da gings um Knast, IM, meinen Bruder, war wie ein schlechter Krimi.

Jörg Hat er was mit dem *OV Anarchie* zu tun gehabt?

Fozzy Weiß ich nicht.

Jörg Ich hab Auszüge aus der Akte vom BRECHREIZ-Sänger gesehen. Da hat sich jemand zu einem Besuch von BRECHREIZ in Stotternheim geäußert. Das war '85 oder '86. Da waren Steffen und Öre da. Da habt ihr ein bisschen geklimpert, und da sind ein paar Fotos entstanden …

Otze Hat der die noch?

Jörg Der Steffen hat das alles noch.
Der hat halt ein paar gemacht. SK alleine und dann auch mal alle zusammen im Proberaum. Eines davon ist dann auf dem zweiten Höhnie-Sampler aufgetaucht. So. Und der Steffen hat mir in seiner Akte gezeigt, dass über die Session nicht

nur was geschrieben wurde, sondern es waren auch zwei Fotos dabei.

Otze *(Unverständlich)* … rumgeprobt. Und nach einem halben Jahr hat uns der Sascha Anderson aus Berlin angerufen. Mich. Ob wir nicht eine Platte machen würden. Die geplante Band Rosa Extra aus Berlin war abgesprungen.

Claus '82, '83 muss das gewesen sein?

Otze Ende '82 haben wir sie aufgenommen, '83 kam sie raus.

Fozzy *Aggressive Rockproduktion Westberlin.*

Otze Da fing das erst richtig an mit dem Ärger. Mit der Platte. Da haben sie angefangen, uns ernst zu nehmen.

Jörg Das erste Lied auf der Platte »Seht dort« soll dem Vernehmen nach in engerem Zusammenhang mit einer Aktion der Bullen gegen die Punks stehen. Es heißt, die Bullen hätten die Erfurter Punks quer über die IGA gejagt.

Otze Die haben uns doch fast immer weggefangen, wenn die uns gesehen haben.

Fozzy Die Frage war, ob der Text was damit zu tun hat.

Otze Tja, als wir die Platte gemacht haben, sind wir noch ziemlich naiv an die ganze Sache rangegangen. Ich hab doch nicht gewusst, dass es dafür bis zu zehn Jahre geben kann. Unerlaubte Aufnahmen, das gibt zehn Jahre. »Was bilden Sie sich überhaupt ein?« So in etwa. Dachte, das ist nur Spaß gewesen, dann ist es aber richtig ernst geworden. Ich war fast jedes Jahr für ein paar Monate eingesperrt. Erst eingesperrt, dann haben sie gesucht.

Claus Wie ist der Sascha eigentlich auf euch gekommen?

Otze Das war Sommer '82 hier im *Johannes-Lang-Haus*. Unten in dem kleinen Saal war ein Punk-Festival. Da haben die auch gespielt. Zwitschermaschine, Madmans, Creepers, Paranoia aus Dresden …

Jörg Mir hat man erzählt, dass das Konzert absichtlich mit Zwitschermaschine stattgefunden hätte. Die sollen mit dem Anderson richtig eingeschleust worden sein.

Fozzy Durchaus denkbar, sowas.

Jörg Um noch mal darauf zurückzukommen. Wenn es Ärger mit den Bullen gab, dann war das einfach so? Nicht dass Veranstaltungen zerschlagen wurden, sondern wenn irgendwo eine Truppe rumgehangen hat, dass die einfach aufgescheucht worden ist?

Otze Mhm.

Jörg Woanders in der Provinz ist das einfach nicht vorgekommen, weil es da immer nur drei, vier Hanseln gegeben hat. In Erfurt sah die Sache schon anders aus.

Spinne Wir sind manchmal gar nicht weggegangen, weil Platzverbot, Angerverbot, Bahnhofsverbot, Innenstadtverbot. Deswegen gab es dann auch einen Schnitt. Wir haben uns dann auch zurückgezogen.

Claus Und wie ist das dann mit dem Sascha ausgegangen? Hat der sich, nachdem die Platte raus war, noch mal gemeldet?

Otze Wir haben die Bude gestürmt, weil er uns reingelegt hat. Ich hab einen Haufen Ärger gehabt, und der hat uns massenweise Kohle versprochen.

Claus In Berlin seid ihr ihm gleich auf die Pelle gerückt?

Otze Mhm.

Fozzy Nach einem Auftritt.

Otze Da hab ich auch das einzige Exemplar von der Platte her. Das hab ich von dem persönlich. Das hab ich nie irgendwo anders sonst hergekriegt. Meine einzige Platte. Die hab ich heut noch. Hat immer gesagt, »du kriegst soundso viel Platten noch.« Und Kohle wird er uns in West oder Ost zahlen. Der hat uns das richtig irgendwie schmackhaft gemacht.

Jörg Die Platte hat in der Öffentlichkeit den Status einer Legende. Niemand kennt einen, der sie hätte.

Claus Ich hab sie aber im *Zweitausendeins*-Katalog gesehen. Weiß ich noch.

Jörg Ich war nach der Maueröffnung oft drüben bei irgendwelchen Szene-Händlern und auf Flohmärkten. Nichts …

Otze Ach, der Anderson existiert noch?

Claus Ja, der war sogar mal eine Zeit lang in Jena. Ist jetzt, glaube ich, wieder in Berlin; steckt in seinem Verlag und sitzt bescheiden am Computer und bastelt …

Jörg Seit wann war Lippmann letztendlich mit dabei?

Fozzy '87, '88.

Otze Das hat ja eine ganze Weile gedauert, bis der was konnte.

Jörg 1988 in Halle ist er jedenfalls nicht mit aufgetreten.

Fozzy Dieser eine Auftritt in Halle, als ich noch mal ans Schlagzeug bin, als Du …

Otze Da hat Hempd Gitarre gespielt.

Spinne Da hat Hempd Gitarre gespielt.

Jörg Bis wann war der Hempd dabei?

Otze Kurz. Ich hab mir doch keine Gedanken gemacht, wann wer wo und wann dabei war. Das ist schon alles ziemlich verzwickt. Ein gutes Dutzend wird das gewesen sein. Kid von den KÜCHENSPIONEN hat auch mal mitgespielt. Das war ganz am Anfang. Der hat was auf dem Bass versucht. Der ist immer aus Weimar mit dem Fahrrad gekommen. Mit dem Rennrad. *(freut sich)* Bis Stotternheim gefahren.

Jörg Das war ziemlich früh.

Otze Dippel stand auf AC/DC. Den hab ich in Großrudestedt kennengelernt, auf der Disko. Der hatte ein paar Sicherheitsnadeln an der Jacke gehabt, Kettchen, ein paar Anstecker, AC/DC drauf. Da kannte die groß noch keiner, 1978. Ich kannte ja Dippel schon eine ganze Weile, bevor Kid mitgespielt hat. Der konnte ja auch nichts vorher. Den hab ich erst überredet, sich irgendwas zu besorgen. Bass oder so. Bis das dann kam mit dem ersten Auftritt. Da war der dann nicht dabei. Wir mussten improvisieren, einfach losgelegt. Und so haben wir dann im Sommer '82 gespielt, auf einer Hinterhof-Fete, abends. Da hat ZWITSCHERMASCHINE noch mal gespielt, und WUTANFALL.

Spinne Hatte grüne Haare, musste sie sich abschneiden. Und wir haben alle gekichert …

Otze Wo wir das mit der Platte gemacht haben, das war spektakulär. Wir sind in mehrere Studios gefahren. Die wollten es alle nicht machen, weil sie Angst hatten. Da sind wir dann bei Coswig in so einen Proberaum von einer Hippie-Band. Bis ich die Platte dann gesehen hab, hatte ich nicht mehr dran geglaubt. Anderson wollte alles bezahlen. Die wollten immer wissen, um was es geht, hatten alle Angst um ihre

Konzession oder Lizenz. Bei John Peel ist die öfters gelaufen, dann sind wir in den Punk-Charts gewesen, Platz zwei. Ich hatte keine Ahnung, dass wir da jede Woche im Radio sind, in Berlin. Deswegen hat es mich gewundert, dass uns da jeder Affe gekannt hat.

Jörg Hat John Peel damals in Berlin eine Sendung gehabt, beim Rias? Oder lief das auf BBC?

Otze BBC. Hat man in Berlin gehört. Über Mittelwelle oder Kurzwelle. Hab ich manchmal gehört. Da gab es immer so Schwankungen.

Jörg Ich glaube, es hat sich jetzt einiges angeglichen. West-Punk war damals schon so Scheiß-Bullen-Punk und Ost-Punk war in erster Linie Fun und am Rande politisch. Du musstest ja nicht viel tun, um politisch zu sein. (...) Da gibt es noch so eine hübsche Legende, die mit Erfurt zusammenhängt, die ich auch irgendwann in den Achtzigerjahren mal gehört hab. Als Keks plötzlich in Lacklederhosen aufgetaucht und von den Punks verjagt worden sein sollen.

Allgemein Mhm. *(lachend)*

Fozzy Die haben einmal im Stadtgarten gespielt. Einen Tag später war irgend so eine FDJ-Veranstaltung, da haben Keks noch mal gespielt. Da sahen die plötzlich ganz anders aus und spielten nur noch ihre eigenen Songs. Da war es dann, aus und vorbei.

Jörg Welche Rolle spielte die Band Naiv in Erfurt?

Fozzy Gar keine.

Jörg Irgendwann Anfang der Achtzigerjahre muss doch auch mal so eine Fernsehgeschichte gelaufen sein, wo jemand einen Beitrag für die Reihe »Gott und die Welt« gemacht hat.

Otze »Gott und die Welt«. Ja. Das war die Kirche in der Mittelhäuser Straße. Dort war ein Konzert. Wir, Madmans. Das war zu den Kirchentagen in Erfurt. Da war überall was los.

Jörg Und die Zukunft?

Otze Alles wird sterben, alles wird vergehn, nur Punk und SK werden bestehn.

Ugly Hurons

Die Ugly Hurons sind eine Punkband aus Hermsdorf. Sie polieren seit 1987 (mit einer kurzen Unterbrechung zwischen 1992–2010) unsere Gehörgänge.

Was gab es Ende der 80er für Punkbands in eurer Ecke?
Erwähnenswert wären da die DEUTSCHEN KINDER – aus Eisenberg/Saasa, die geil waren, weil sie eben gegen den Staat gesungen haben und man als Mensch aus dem HURONEN-Dunstkreis oft in deren Proberaum in Saasa abhing (wo natürlich auch inoffizielle Konzertparties stiegen, bei denen man Undercoverleute der Stasi unauffällig in den angrenzenden Teich fallen ließ). Nach der Wende ist Schi (Git) zu den HURONEN übergelaufen, während die anderen KINDER Versicherungsvertreterlaufbahnen im Westen absolvierten. Es gibt sie mittlerweile wieder ohne ihn, aber die »alte Liebe« ist vorbei.

Musikalisch sticht die SPERMACOMBO hervor, deren Mucke live schön schnell war. Der zweite HURONEN-Auftritt bzw. der erste vor größerem Publikum fand mit der Jenaer Band dort in der JG statt. Im alten Kohlekeller der Gemeinde probten die Jungs, wo sich auch so mancher HURONE ab und an einfand, wenn es denn die Logistik zuließ. Der Sänger (Kunststudent und Lebenskünstler) wohnte auch einige Zeit in Hermsdorf bei HURONEN-Drummer Tom, wo er Obdach fand.

Neben den KÜCHENSPIONEN und den FANATISCHEN FRISÖREN, die in der gruppendynamischen Aufarbeitung der gemeinsamen Punkhistorie noch fehlen, muss natürlich auch noch U.A.N. (ULRIKE AM NAGEL) einen Platz finden. Ende der Achtziger noch eher schneller Punk als Hardcore (aber immer lustig), sind ULRIKE wie die HURONEN aus jeweils zwei Mitgliedern der Krauts aus Schippis Garage hervorgegangen. U.A.N. war für die Zeit technisch ein richtiges Brett und Sänger Peter hat bei gemeinsamen Konzerten immer die Mädels abbekommen, was uns das ein oder andere Mal ein bekanntes Lied von Walter Elf anstimmen ließ. Wahrscheinlich ist es nur Neid auf seine Bühnenpräsenz, die

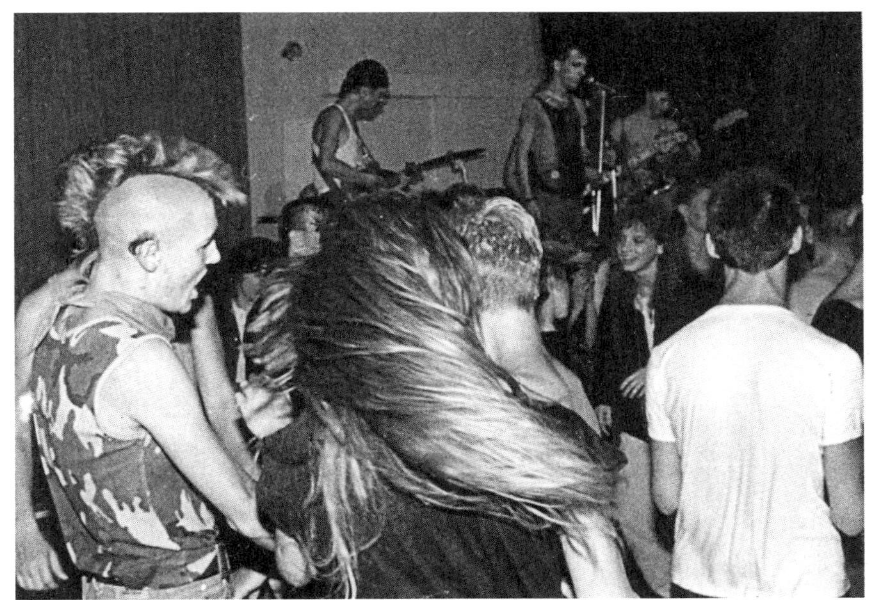

Ugly Hurons, Hermsdorf 1989

dezent von einer nicht vorhandenen Bescheidenheit unterfüttert war. Nach '90 kam sogar ein bisschen szeneinterner Erfolg zustande.

Warum seid ihr auf den Punk, und nicht auf den Blues gekommen?

Weil Blueser halt scheiße tanzen und scheiße angezogen sind. Lange Haare, versiffte Kutten, und natürlich waren wir als Punker gegen Alles, also auch gegen Blueser. Obwohl sie ja auch politisch waren, von wegen Friedensbewegung und so, aber zu lasch. Nicht so schnell, hart und ruppig, eher aus der hippiesken Ecke betrachtet. Trotzdem ergab sich der ein oder andere Ostsee-Urlaub in gemischten Gruppen, wo man sich blendend verstand. Meist waren Blueser ein paar Jahre älter und daher wohl musikalisch etwas anders geprägt. Es gab auch solche, die uns Batschaken nannten, weil sie doch nicht auf der richtigen Seite standen. Wir riefen sie dann »Suhler« (wegen des Wälzens im Dreck wohlgemerkt), bevor man sich schlug. Am besten ist aber die

Anekdote von Saufjo, der erst Blueser war, des Nächtens den Gehörnten sah und dann zum Metal bekehrt wurde. Wer weiß, was passiert wäre, wenn ihm Sid Vicious erschienen wär.

Wieso war Punk der passende Soundtrack zum Untergang der DDR?

Punk passt pauschal einfach zu jedem Untergang. Außerdem war Punk zufällig zur gleichen Zeit wie der Untergang da. Die Art der Musik war fast gar nicht mehr so wichtig. Eher zählte die Tatsache, dass es da wieder eine nicht-institutionalisierte Jugendbewegung gab. Aber Blues hätte auch nicht sein müssen. Von daher ist es eigentlich ganz ok gelaufen.

Wenn ihr an Schleimkeim denkt, fällt euch was zuerst ein?

Mike: »In Gotha gibt's nen Laden!«

Schi: Tausende Male gesehen, die Konzerte waren immer stark.

Tom: Ich habe immer das Gesamtpaket gesehen. In meinen Augen hat sich Otze bei den Auftritten gar nicht besonders hervorgetan. Personenkult hat da gar nicht die Rolle gespielt, die nach den Ereignissen so konstruiert wird.

Daniel: Ich hatte damals Susi als Freundin, die ununterbrochen SK hörte und mich teilhaben ließ. Dabei mochte ich die Band gar nicht so sehr. Der Sound war schrecklich und ich habe nie auf die Texte geachtet.

Frank (dauermitreisendes Maskottchen): Die Stimme hat sich abgehoben, das war für mich das allerbeste. Außerdem war mein erstes Tape von denen.

Marco (dauermitreisender Vortänzer, Merchandise-Beauftragter): Man erzählte sich, dass SK auf Zinnowitz spielen, wo wir dann schnurstracks hin sind. Hat sich am Ende als Fehlschuss erwiesen. Immerhin haben Feeling B gespielt und es wurde an diesem Tag »Flüstern und Schreien« gedreht, wovon wir natürlich nichts wussten. Als wir am Strand danach besoffen versackten, kesselte uns eine Abgesandschaft von Greifswalder Nazis ein, durch die wir uns schlagen mussten. Nur indirekt mit SK verknüpft, aber prägend.

Nick: Ich bin ja bedeutend jünger (exakt 237 Jahre) als die anderen Huronen und habe die wichtigste Phase nie erlebt, aber SK sind für mich vor allem »nicht zwanghaft schön sein wollend«. Die scheißen auf Anbiederung, dazu muss man gar keine Bandgeschichte studieren, das hört man. Und das ist Punk für mich. Auf jeden Fall nach wie vor gutes Zeug!

Welche Rolle spielt SK für euch in der Musikgeschichte der DDR?

Hans Eisler haben sie auf jeden Fall getoppt. Irgendwie waren sie ja schon die Besten. Hammerstark, dass sie es geschafft haben, ihre Musik in den Westen zu schmuggeln, wo ihre Platte leider unter dem Synonym SAUKERLE veröffentlicht wurde. Sie haben schon einiges angestoßen und Leuten Halt gegeben, die sich nicht ohne anzuecken in das System eingliedern konnten.

Wir haben in diesem Jahr zusammen mit SK auf der Höhnie-Party gespielt, hatten sie in der neuen Besetzung noch nie gesehen und es bestand einige Skepsis, ob es gut werden würde. Wenn du dann aber die alten Kracher hörst und alte Männer mit Gänsehaut und Pippi in den Augen im Publikum siehst, sind die Zweifel verflogen. SK waren und sind immer noch Kult!

Habt ihr Otze live erlebt, wenn ja, welche Erinnerungen habt ihr daran?

Mike hat SK (auch mit anderen HURONEN zusammen) gesehen, kann sich aber nicht genau erinnern, wann und wo. Schi kann sich dafür gut an einen Auftritt in der JG erinnern, zu dem Otze bei eisigen Temperaturen inkognito anreisen musste, weil er Stadtverbot in Jena hatte. In seiner dicksten DDR-Wattejacke kam er einen großen Teil zu Fuß und konnte natürlich keine Instrumente mitführen. Damals spielte er auf Schis Musima 25 Deluxe, einem feschen roten Flitzer von einer Gitarre, die jeden Hochglanz-Garagenrocker heutzutage vor Neid ergrünen lassen würde.

Welches sind eure Lieblingslieder von SK?

Schi: »Werkzeug der Macht« – jedes Wort haut hin/rein.
Mike: »In Gotha gibt's nen Laden« – kein Geheimtipp, aber auch eben lustig, bin mehr der Typ für die leichtfüßigen Stimmungslieder. Glücklicherweise hat es bei mir nicht zum Popper gereicht.

Frank: »Spione im Café« – weil es die Stasi dumm darstellt. Am liebsten in der Urversion. Die späteren Aufnahmen waren zu unkaputt.
Marco: »Karnickel« – leben entspannt, ficken, lungern rum, sind aber auch eingesperrt und werden gegessen.
Daniel: »Kriege machen Menschen« – starker Text, auch wieder perfekt auf den Punkt gebracht. Hab ich ewig nicht gehört, ist aber unwiederbringlich im Hirn eingebrannt.

Ihr habt einen SK-Titel gecovert. Warum gerade »Geldschein«, wie ist die Geschichte dahinter?
2012, im ersten Jahr unserer Neuformierung mit Bläsersatz nach 12 Jahren, wollte Eddie vom *Major Label* einen SK-Sampler mit Coverversionen rausbringen und fragte auch uns nach einem Beitrag. Ist ja bei so populären Bands nicht immer leicht, ein passendes Lied zu finden. Vor allem sind die Huronen und Schleimkeim von der Atmosphäre der Lieder her schon ein ganzes Stück weit voneinander entfernt. Wir haben aber zum Glück Punk-Sommelier und Maskottchen Frank S., der uns »Diktator« und »Geldschein« als nach seinem Gefühl passende Nummern herauspickte. Mike hatte dann das letzte Wort und stimmte »Geldschein« zu. Als Nick den Song das erste Mal hörte, um ihn irgendwie für die halbe Bigband umzufrickeln, fielen ihm bald die Ohren raus, aber als dann die Töne klar waren und die markante Basslinie aufgegriffen war, lief der musikalische Rest geschmeidig zusammen. Das Lied ist einfach gemacht, klingt aber nicht billig. Wir spielen es immer wieder gern, es läuft eigentlich immer. Über den natürlich wieder pointierten Text muss man kein Wort mehr verlieren. Vielleicht der einzige SK-Song, der so gut zu den Huronen passt. Ob andere Coverer ihn auch so gut hingekriegt hätten?

Ist der Punk dead?
Die meisten von uns sind »Dad«. Und die Kinder mögen SK nicht. Ein paar sind punk-affin, aber SK ist da kein Thema. Manche von den ganz harten Kidpunx mögen Schleimkeim wegen der Alten vielleicht oder wegen des Hypes. Otze ist ja auch irgendwie der Kurt Cobain des Ostpunks. Warum schreibst du wohl sonst gerade ein Buch drüber?

Im Kopf und vor allem im Herzen ist der Punk bei uns sicher nicht tot, außenrum schon. Die Iros in der Öffentlichkeit fehlen einem schon

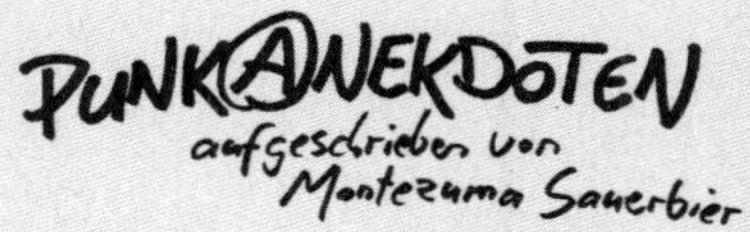

Folge 10: Michi, Jena

»Unser Verhältnis zu den Kunden war nie ganz konfliktfrei. Lange Haare, Jesuslaschen, Wischiwaschimusik. Und dann mussten die sich ständig an den Schultern fassen und sich gegenseitig sagen, wie gut sie es fänden, dass sie sich so gut verstehen. Wie eine Sekte. Die wollten immer werweißwie erdig sein und waren dabei so etepetete. Das kannst du doch nicht ernst nehmen. Die musst du doch verarschen.

Da hat sich mal was Schönes ergeben, als eines dieser Hühner auf ne neue Erfahrung aus war und mit einem unserer Punkbrüder in die Kiste gesprungen ist. Die fand das wohl gut und wollte gleich auf Familie und Völkerverständigung machen. Meinte, mal schön Rotwein, wir und ihre Hippiemädchentruppe. Aber gerne, die Dame. Zu so einer Gelegenheit sagt man doch nicht Nein. Die durften dann lernen, dass wir auch ganz tolle Vegetarier waren.

Meine Bude war perfekt dafür. Plumpsklo auf'm Flur und so. Wir mussten nur die Klotür aushängen. Schwarzwurzeln kaufen. Bohnen. Nicht zu lange kochen. Funktioniert besser. Kleines Dinner für die Damen und wir scheiß freundlich, alle bisschen auf Anmache.

Hat keine Stunde gedauert, bis der erste von uns den Arsch heben musste. Und ordentlich. Schockstarre bei den Weibern. Die guckten sich völlig entsetzt an. Dann ging das Geknatter erst richtig los. Und wir weiter ganz ernst in die politische Debatte vertieft, als wäre das alles normal. Die waren völlig entgeistert. Bekamen natürlich auch schöne Krämpfe in den geblähten Blueserbäuchen. Aber loslassen wollten die auch nicht. Etepetete eben. Und Keine hat sich auf unser schönes öffentliches Klo getraut. Die mussten noch erstaunlich lange durchhalten, wegen ihrer Freundin, der Sexforscherin. Erst als die endlich ihre Peacer-Fassung vergaß und unserem Kumpel erklärte, dass wir alle Drecksäue wären und dass uns die Krätze am Arsch wachsen möge, durften unsere blassen Besucherinnen im Gänsemarsch und von vielen Hurra-Rufen begleitet auf nimmer Wiedersehen abmarschieren. Hat die Beziehung zu den Hippies insgesamt nicht so verbessert. Die eine hat uns sogar wegen Körperverletzung angezeigt. Alleine dafür hat sichs doch gelohnt.«

ein bisschen. Man sieht sie eindeutig zu selten und auch wir haben keinen Bock mehr unsere grauen Harre zu färben (außer Daniel). Wobei man anmerken muss, dass die größten Iros später oftmals die stolzesten Faschos geworden sind.

Punk ist älter geworden, aber immer noch da, so wie viele andere Subkulturen. Wenn man Pfingsten in Leipzig ist, fragt man sich auch, wo die ganzen »Sargnägel« herkommen, aber die sind noch da. Peine dieses Jahr hat wieder gezeigt, dass »Punks not dead« sind und neben den alten Säcken ist auch immer noch junges Volk am Start. Punk ist ja auch gerade das Nichtsetzen von Standards, aber in der Rotzpunkform von früher gibt es ihn eigentlich fast nicht mehr. Wenn wir mit jungen Bands zusammenspielen, fragen wir uns manchmal, was die Gymnasialbübchen jetzt vorhaben, aber dann spielen die mit einer Energie, irre! Die sehen eben nicht mehr so aus wie früher. Gesellschaftlich fehlt auf jeden Fall die Relevanz und Punk spielt da fast keine Rolle mehr, bzw. ist er in der breiten Masse und im Angebot diverser Modeketten zum Accessoire verkommen.

Beispiel gefällig? Im Osten konnten Iros nirgendwo hingehen, ohne alle zwei Minuten von der Polizei behelligt zu werden. Und wie das dann ausging, wusste keiner. Es sind eher die Verhältnisse des damaligen Westpunks (nicht alle und nicht verallgemeinert) eingekehrt, bei dem die Asseln vor dem Supermarkt selbst die Polizei angerufen haben, wenn diese nicht nach einer Stunde von sich aus kam. Ein bisschen Spaß muss sein und außer einem eventuellen Platzverweis gab es keine Konsequenzen.

Höhnie, Lippe und Hagen, 19. Oktober 2008

Als Otze im April 2005 plötzlich mit nur 41 Jahren in der psychiatrischen Klinik in Mühlhausen starb, schien das Schicksal von SCHLEIMKEIM – der größten und kultigsten ostdeutschen Punk-Band – für immer besiegelt. Aber danach traten Menschen auf den Plan, die massenhaft SK-Artikel auf den Markt warfen, Behauptungen in den Raum stellten, bewusst Gerüchte streuten und mit moderner Technik massenhaft verbreiteten. Was liegt da näher, als einmal die letzten verbliebenen Originalmitglieder von SK zu fragen, die eigentlich wissen müssen, was damals mit der Band abging. Hagen und Lippe, beide aus Gotha, haben die wichtigen Alben nach der Wende, »Abfallprodukte der Gesellschaft« und die Live-Scheibe »Mach dich doch selbst kaputt«, mit Otze eingespielt, Lippe schwingt auch auf der kompletten »Nichts gewonnen, nichts verloren Vol. 2 LP/CD« die Knüppel sowie auf der ersten EP »Schwarz-Rot-Gold – nie gewollt«. Los geht's:

Höhnie Es stehen Aussagen im Raum, bei denen es um den letzten Auftritt beim Open-Air bei Wandersleben geht, im Sommer 1995 in der Nähe von Gotha: Ihr hättet Otze im Stich gelassen. Wie kam es zum Auftritt und was ist da vorgefallen?

Lippe Da haben etliche Bands hier aus Gotha und Umgebung gespielt, organisiert hat das Ganze noch Steffen »Glocke« Glöckner. Wir wurden auch gefragt und haben zugesagt. Wir hatten uns nachmittags schon getroffen, SK sollte wie so oft als letzte Band spielen, was wir natürlich nicht wollten. Sonnenschein ohne Ende, den ganzen Tag Freibier: Abends auf der Bühne waren wir ziemlich angeschlagen, aber Otze hatte natürlich wieder voll übertrieben. Der kam auf die Bühne, konnte keine Gitarre mehr stimmen, hatte keinen Überblick mehr, zum Bier noch andere Drogen genommen. Ein oder zwei Lieder sind zustande gekommen, aber auch gerade so. Dann gings los, hat er eben gedacht, wenn ich nichts mehr richtig hinkriege, spiele ich halt jetzt meinen eigenen Kram: »Ich bin stolz, stolz, stolz auf mein Nudelholz« und »Eine Frau wie sie«. Das hatten wir damals nie richtig als Lieder geplant.

Hagen Alleine, quasi als Liedermacher.

Lippe Hinter mir standen die ganzen Leute aus Erfurt, die sagten, »Macht euch von der Bühne runter, ihr macht euch ja voll zur Feile, wenn ihr oben mit stehen bleibt.« Wir haben versucht, Otze anzusprechen, er soll ein normales Lied ansagen, aber er hat uns vollgenölt, warum wir nicht mitmachen. Aber wie sollte das gehen, wo wir diese Lieder noch nie gespielt hatten? Die nächsten Konzerte waren dann immer irgendwelche Ausnahmezustände. Das waren eigentlich keine Konzerte mehr, es ging nur noch darum, kriegt er es noch hin oder kriegt er es nicht mehr hin? So ist es am Schluss bei allen Konzerten abgelaufen.

Hagen Das waren nicht mehr viele, in Bad Langensalza war es dann nochmal genau dasselbe.

Höhnie Also war Wandersleben gar nicht das letzte Konzert?

Hagen Nein, es gab noch drei, vier danach!

Lippe Das waren keine richtigen Konzerte mehr, sondern nur so Rumgeeier.

Hagen Diese Nudelholznummer, die hatte er vorher schon eine Woche lang im AJZ geübt, weil er so stolz war, dass er das komponiert hatte. »Ich bin stolz aufs Nudelholz«.

Höhnie Das war schon jenseits von Gut und Böse!

Hagen Ja klar!

Höhnie Mir haben damals drei, vier Fans, die bei dem Konzert in Wandersleben waren, einen Brief geschrieben, daß Otze gar nichts mehr hingekriegt hat.

Lippe So weit ich mich erinnern kann, waren da auch Erfurter, die dann richtig stinkig waren. »Extra hergekommen, so eine Scheiße, da hätte ich auch zu Hause bleiben können oder in Erfurt in irgendeine Kneipe!« Es waren zwar nicht viele aus Erfurt da, so sieben, acht Mann, aber die waren alle komplett enttäuscht gewesen!

Höhnie Wie viele Leute waren eigentlich in Wandersleben?

Hagen So 300. Es war nicht übervoll, aber es war okay.

Höhnie Wie ging es dann mit Schleimkeim weiter, habt Ihr mit Otze über die ganze Sache gesprochen?

Hagen Ging nicht, das war sinnlos!

Lippe Dann kam die Zeit, in der er bei jedem drei Nächte gepennt hat, der irgendwelche Drogen in der Hosentasche hatte. Da hat er sich mehrere Tage aufgehalten und wenn du ihn dann getroffen hast, ging gar nichts. Wenn Du mal runter ins besetzte Haus in der Margarethenstraße gegangen bist, ist er dir entgegengekommen, Schuhe hatte er weggeschmissen im Wahn, einen Lappen um die Füße gebunden, damit er nicht in Glasscherben tritt. Er kam an mit Speer wie ein Indianer und hat sich gefreut wie ein kleines Kind!

Wenn Du ihn angesprochen hast, hat er das gar nicht mehr richtig realisiert. Früh um sieben gleich die erste Pulle Sangria am Hals und alles hinein in den Körper, was da rumgekullert ist.

Höhnie Also ging gar nichts mehr?

Lippe+Hagen Gar nichts!

Höhnie Ihr hattet nach Wandersleben noch Konzertanfragen, seid da auch hingefahren, zum Beispiel nach Bad Langensalza?

Lippe Meine Adresse in der Uelleberstrasse war ja damals die Kontaktadresse von SK, da sind die ganzen Briefe hingekommen mit Auftrittsangeboten. Mindestens einmal in der Woche hat da ein Brief dringesteckt von was weiß ich woher, und wenn Du Otze wirklich mal getroffen und gefragt hast: »Bei mir liegen bestimmt noch 20, 30 Briefe rum, wollen wir nicht mal wieder irgendwo einen Gig machen?«, kam nur: »Ach ja, hast Du was zu kiffen dabei?« oder »Haste mal Bier?«. Ich hab gesagt: »Wir müssten auch mal wieder proben!«. Das hat ihn gar nicht interessiert, Probe, Auftritt, das war alles hinfällig. Die Krönung war dann, als er mit seiner Schwägerin rumgezogen ist. Da saßen wir mal vor dem Rathaus auf dem Markt rum – da hatte ich ihn bestimmt ein halbes, dreiviertel Jahr nicht gesehen – da kam er an, war ordentlich angezogen, hat einen cleanen Eindruck gemacht, ich dachte schon, dass er endlich mal fragt, wann wir wieder was machen und ich meine: »Ey, Dieter, was ist los, wollen wir mal proben oder 'nen Auftritt machen?« »Ich bin eigentlich nur da, ich wollte Dich fragen, kannst Du mir ein bisschen Speed, Koks oder Heroin besorgen?« Ich sage: »Erst mal nehm ich den Mist nicht, höchstens ein Gramm Shit. Und selbst das kann ich nicht besorgen.« Und dann meint er: »Dann war das eigentlich alles, was ich fragen wollte, sag den anderen einen schönen Gruß, wir hauen wieder ab.« Dann ist er mit seiner Schwägerin gegangen, das war sein Auftritt gewesen in Gotha!

Höhnie Und seine Sachen standen hier noch im Übungsraum?

Lippe Da stand alles rum.

Höhnie Es gab nie eine offizielle Auflösung von SK?

Lippe Nee, gab es nicht.

Höhnie Du bist ja auch mal nach Stotternheim gefahren, um Otze aufzusuchen. Wie sollte man ihn sonst erreichen? Man musste ja hinfahren auf gut Glück, ohne Telefon …

Lippe Es ging am Schluss soweit, dass wir Auftritte hatten, dass verabredet war, wir treffen uns dann und da, wir haben das Auto vollgepackt mit unserem Mist und wer war nicht da? Herr Ehrlich! Wo isser? Biste in die Stadt gefahren, mal dahin, mal dorthin, da war er nicht … Wenn du zum Auftritt fahren wolltest, musstest du ihn erst suchen, bevor du überhaupt losfahren konntest. Das waren keine Zustände mehr zum Schluss.

Höhnie Welches war denn der letzte »Auftritt«, wo ihr zu dritt hingefahren seid?

Hagen Ich würde sagen: Langensalza! Schon die Hinfahrt war eine Katastrophe und was dann vor Ort stattgefunden hat, war noch schlimmer als eine Katastrophe.

Höhnie Die Strecke ist ja nur 20 Kilometer, wie lief das ab?

Hagen Es war schon dunkel, das war im Oktober. Otze meinte: »Wir finden das nie, wir finden das nie …«, nur weil einer von uns nach dem Weg gefragt hat. Wir waren dann auf jeden Fall dort, das war so ein Jugendklub, nicht besonders groß, vielleicht 100 Leute drin, aber es war gemütlich, kleine Bühne und so. Aber was da von Schleimkeim kam, war gar nichts.

Höhnie Was ist nach der Ankunft genau passiert?

Hagen (*lacht*) Das ist fast 10 Jahre her.

Höhnie Über 10 Jahre, genau genommen 13 Jahre!

Hagen Otze rein, gleich die Pulle angesetzt, war ja klar, und irgendwie auf die Bühne, das Übliche, das Gitarrenmanöver, das hatte sich sowas von eingebürgert. Man kann doch wenigstens eine gestimmte Gitarre dabei haben oder sie zumindest stimmen, bevor man auf die Bühne geht.

Höhnie Das war in Chemnitz, Weihnachten '94, schon das Problem, als die Live-CD aufgenommen wurde. Wenn Lippe nicht so geil durchgetrommelt hätte, hätte man das gar nicht rausbringen können. Wie seid Ihr denn mit Otze verblieben?

Hagen Gar nicht, der war einfach fort!

Lippe Er ist gekommen und gegangen wie er wollte, die Band hat ihn am Schluss gar nicht mehr interessiert, dafür alles andere! Ein paar CDs, die er irgendwo hatte, hat er verklingelt, um ein paar Mark zu kriegen, schnell wieder das nächste Getränk geholt oder ein Tütchen gebaut ... Mit den Platten, die er von mir gekriegt hat, ist er bei allen aufgeschlagen, unter der Jacke die Platten, hat sie angeboten für 15 Mark damals, »Ach nee, okay, kriegst 'se für zehn, ach nee, achte, nee, sieben, na gut sieben«, Platte hin und sieben Mark, kannste wenigstens 3 Bier trinken.

Höhnie Könnt Ihr Euch noch erinnern, wo und wann Ihr Otze das letzte Mal gesehen habt?

Lippe Ich habe ihn das letzte Mal in Erfurt im AJZ getroffen. Irgendwann nachts stand er plötzlich da, total tütenzu. »Hallo, alles klar, was macht Ihr denn hier?« »Bands angucken«, fertig, dann ist er wieder nach drinnen verschwunden.

Höhnie Und er hat nie nach seinen Sachen gefragt?

Lippe Das hat ihn gar nicht interessiert.

Höhnie Seine Schwägerin hat mal erzählt, dass ihr seine Gitarren verhökert habt.

Hagen Die Gitarre ist gar nicht da, die muss in Stotternheim sein.

Lippe Die »Schrott« ja.

Hagen Die »Schrott« und auch die andere schwarze.

Lippe Welche andere schwarze?

Hagen Seine richtige. »Schrott« war die Bastelgitarre.

Lippe Mit der hat er doch am Schluss nur noch gespielt.

Hagen Das war »Schrott«, mit der hat er die Aufnahmen gemacht, danach hat er noch eine andere gehabt, die ihm so zugelaufen ist. Die hab ich aber auch nicht im Proberaum gesehen, die hat er mit nach Stotternheim gezerrt. Da hat er ja auch sein Tonbandgerätchen und Keyboard zusammengebastelt.

Lippe Hier war er ja auf der Welle, er wolle Techno machen!

Höhnie Erzähl doch mal die Geschichte, wo er bei Dir eingebrochen ist! Wann war das denn?

Lippe Einmal hat gar nicht gereicht! Wenn ich nicht zu Hause war, ist er hinten ans Fenster gegangen. Hat er es nicht aufgekriegt, hat er was genommen und es eingeschlagen! Rein und drinnen gepennt.

Hagen Das war ganz normal!

Lippe Ich habe gesagt, »Ich muss eine neue Glasscheibe besorgen, um die Scheiße hier dichtzumachen«. »Jaja, tut mir ja leid«, aber ein paar Wochen später ist es dann wieder passiert und nicht nur einmal!

Höhnie Otze muss auch noch zuvor kleine Phasen gehabt haben, wo er relativ fit war.

Lippe Ja, die hat er immer gehabt, wenn es ihm richtig schlecht ging. Wenn du dich jeden Tag zuhagelst bis obenhin, sagt irgendwann der Körper, ich hab jetzt erst mal die Schnauze voll. Dann hat er mal eine Woche eingelegt, da hat er nur Milch und Kaffee getrunken. Oder ist eine Woche nach Stotternheim gefahren und hat sich bekochen lassen. Und wenn er gemerkt hat, »die Reifen beißen wieder«, dann Jacke an und los gings.

Höhnie Diese Phasen, wo er sich Ruhe gegönnt und nach Stotternheim zurückzogen hat, wurden mit Sicherheit immer kleiner!

Lippe Auf jeden Fall.

Höhnie Und ihr habt auch nicht mitbekommen, dass er zwischen 1996 und 1998 mehrmals in der geschlossenen Abteilung in der Klapse von Erfurt war?

Lippe Er war nur noch ganz selten hier, denn in Gotha konnte ihn keiner mehr leiden. Er hatte es sich bei allen Leuten versaut.

Hagen Selbst in Erfurt.

Lippe In der Stadthalle war mal ein Konzert, wo er mit den zwei »Mokkatassen« ankam. Von Vogt hat er die Alte ausgespannt und hat dafür richtig den Wanst vollgekriegt, und auf der Bühne hat er dann erzählt, die Glatzen hätten ihn überfallen. *(alle lachen!)*

Zwei solche Klüsen, hammerhart! Da ist er dann mit Sonnenbrille aufgetreten, war ziemlich im Arsch und nach fünf oder sechs Liedern hat er einfach gesagt: »Ich hab gehört, in Erfurt wird das AJZ überfallen, wir fahren alle nach Erfurt!« Da sind die wirklich alle nach Erfurt gefahren. Das muss ungefähr im Sommer '93 gewesen sein.

Höhnie Es soll aber selbst in der Endphase '95 noch ziemlich gute SK-Gigs gegeben haben. Es gab da einen Auftritt in Potsdam zusammen mit den Boskops.

Hagen Im Archiv.

Höhnie Ich hätte mich sogar mitnehmen lassen können, aber ich habe nicht gedacht, dass Ihr dort wirklich spielt. Hinterher habe ich mich total geärgert. Ein paar Tage vorher hatte mich einer aus Brandenburg angerufen, er habe gehört, SK spielen am Wochenende in Potsdam. Ich meinte, das hätte ich bestimmt mitbekommen, aber fahr doch hin, das ist ja nicht weit von dir. Der hat mich dann Montag oder Dienstag wieder angerufen und gemeint, es war der totale Hammer und selbst Video-Olli und Leute von Boskops, die nun wirklich keine eingefleischten SK-Fans sind, waren völlig begeistert und beeindruckt. Wie könnt Ihr Euch noch an diesen Auftritt erinnern?

Hagen Gut.

Lippe Wir waren die Letzten, die draußen auf der Open-Air-Bühne gespielt haben. Danach wurde alles indoor gemacht.

Höhnie Es war sicher gut für Otze, mal nicht als letzte Band zu spielen.

Hagen Die wollten uns schon als letzte Band haben, aber draußen kam das besser. Und deshalb waren wir draußen die Letzten. Das war das »Viva Zapata«-Festival! Da waren auch Zapatisten aus Lateinamerika vor Ort, vor unserem Auftritt hat ein südamerikanischer Ureinwohner eine Rede gehalten! Der ging den Leuten komplett auf die Eier. »Hör uff« und so, der hat versucht, da in gebrochenem Deutsch zu agitieren, es fiel ihm auch schwer, er hat aber seine Rede gehalten.

Otze meinte, lass den mal machen, da werden die Leute schön aggressiv. *(allgemeines Lachen!)*

Lippe Wir standen schon auf der Bühne und waren kurz davor, anzufangen. Da kam einer an: Wartet mal noch ein paar Minuten. Na ja, machste noch 'n Bier auf. Alle dachten, es geht gleich los, aber das ging bestimmt eine Viertelstunde.

Höhnie Dann habt Ihr direkt nach dem Redner angefangen und das war nochmal richtig gut.

Hagen Da war ganz schön was los auf der Bühne.

Lippe Ich muss dazu sagen, dass es oben nichts anderes gab außer Bier, vielleicht mal einen Schnaps zwischendurch. Sonst hätte ihn das gleich umgeschmissen. Wenn die verschärften Sachen dazukamen, ist die Umlaufbahn zusammengebrochen!

Höhnie Wie lief das denn in Chemnitz ab, als die Live-Platte aufgenommen wurde? Als ihr relativ früh ankamt, war Otze noch total fit. SK war mal wieder letzte Band, dann hatte ich Otze zwei Stunden nicht gesehen und auf einmal konnte er kaum noch stehen.

Hagen Da langt ein Apfelkommando und haste mal 'ne Fanta oder 'ne Cola, is egal, weil ich brauche eh nur die Flasche! Und einen Eimer Wasser!

Höhnie Und dann?

Hagen Eimer ziehen, lang hin.

Lippe Er hat Shit mitgehabt und den im Backstage komplett geraucht. Wir sind dann noch zu MÜLLSTATION rüber in den Nachbarraum, weil bei denen mehr los war.

Hagen Da war noch 'ne andere Band, LUSTFINGER, waren die nicht dabei?

Höhnie Nee, das waren SCHLIESSMUSKEL …

Hagen Wir dachten, was soll denn das, ein Backstageraum für jede Band, so'n Käse, gehste mal rüber und unterhältst dich mit denen, aber die haben von Lohnsteuerkarten und irgendwelchem Steuerkram erzählt, nee, gehen wir wieder, das ist nicht unser Gesprächsthema. *(lacht)*

Höhnie Und Otze hat sich in Eurem Backstageraum den Eimer reingepfiffen.

Lippe Gigi war ja auch mit, den hat es auch so breitgeschossen, beim Konzert hat er sich hinter mich an die Bühnenkante gesetzt und wollte mir zugucken, da er auch ein bisschen Schlagzeug spielt, aber nach dem 3. oder 4. Lied ist er eingeschlafen.

Höhnie Unglaublich. Dann soll es – auch relativ spät – noch einen Gig in Parchim gegeben haben, zusammen mit Toxic Walls.

Hagen Das war eigentlich ein relativ cooler Auftritt. Wir haben uns erst gar nicht zu erkennen gegeben, das Auto um die Ecke abgestellt, hingegangen, »Was ist denn hier los?« »Na ja, wir warten noch, SK sind noch nicht da«. Wir haben uns komplett inkognito gegeben, haben uns an der Bar abgefüllt und dann haben wir gesagt: »Hallo, es kann losgehen!«

Höhnie Hat Euch da niemand erkannt?

Hagen Da kannte uns keiner!

Lippe Der an der Bar, dem wir's gesagt haben, muss der Chef gewesen sein.

Höhnie Da habt Ihr also quasi erst mal mit den Leuten gefeiert und als ihr auf die Bühne gegangen seid, haben die Leute gesehen, dass ihr SK seid?

Lippe Genau.

Höhnie Und da war Otze relativ fit.

Lippe Da war er fit. Aber da waren wir alle ganz schön angeschlagen, sodass wir die Lieder nur grob durchgespielt haben, die ganzen Soli sind weggefallen. Wir haben die Lieder angezählt, durchgespielt ohne irgendwelchen Schnickschnack und fertig.

Höhnie Aber es gab nicht diese Ausfälle von Otze wie z.B. in Chemnitz, als für die Live-Scheibe über 10 Lieder weggefallen sind, weil die durch Otzes Ausfälle so unbrauchbar waren?

Lippe Nein.

Hagen Und das ist eben genau die Sache, das hat er nicht mehr mitgekriegt.

Lippe In Chemnitz hat er hinter der Bühne schon angefangen, die Gitarre zu stimmen, ohne Verstärker. Irgendein Gitarrist von einer anderen Band stand so daneben mit Bier in der Hand und hat ihn beobachtet, man, was hat denn der für Schwierigkeiten? Und das Ding war überhaupt nicht gestimmt, null! Da hat der Typ sein Bier hingestellt und gemeint: »Soll ich sie Dir stimmen?«. Und er: »Meinst Du, ich krieg das nicht hin oder was?« »Ich beobachte Dich doch schon 'ne Viertelstunde!«

Höhnie Ich kann mich noch gut erinnern, ich stand an der Seite auf der Bühne, als es losgehen sollte und er schlägt die Gitarre an, die war sowas von verstimmt, da ging gar nichts.

Lippe Wie wenn neue Saiten aufgezogen sind. *(lacht)*

Höhnie Nee, schlimmer, es war grausam. Rialdo von MÜLLSTATION, die haben glaube ich vor Euch gespielt, stand noch in der Nähe und hat sie auf die Schnelle nach Gehör gestimmt. Und Du, Hagen, hast glaube ich auch noch geholfen. Man hört auf der Live-Aufnahme, dass sie immer noch verstimmt ist, aber es ging wenigstens einigermaßen.

Hagen Dann kam noch dazu, dass er ständig auf sein Gitarrenkabel gelatscht ist und das Kabel aus dem Verstärker riss, so dass die Gitarre ausfiel.

Lippe Ich glaube auch, dass die Buchse hinten an der Gitarre nicht mehr die beste war.

Höhnie Was waren die Gründe, dass sich Otze in diese Richtung entwickelt hat?

Hagen Ganz einfach: Drogen. Da braucht es keine besonderen Gründe. Was verfügbar war, hat er sich einverleibt. Eine ganze Zeit war diese Technophase, als es mit Tabletten und so losging.

Lippe Eine Pille reichte ihm nicht, immer gleich dreie, viere, fünfe auf einmal rein.

Höhnie Hat ihm die Trennung von seiner Freundin Elfi vielleicht arg zugesetzt? Über sie hat er ja zwei Lieder geschrieben, »Sigrun« und »– +« von der »Abfallprodukte«. Bei den Aufnahmen in Hannover muss das ganz frisch gewesen sein, er hat mir den Text auch erklärt.

Lippe Glaube ich nicht. Otze konnte nicht nein sagen! Wenn der irgendwo war, wenn da fünf, sechs Punks rumsaßen und Bier tranken, hat er mitgemacht. Wenn du das einen Tag machst, ist es in Ordnung. Aber wenn du das zwei, drei, vier Tage machst? Die anderen im besetzten Haus haben nach drei Tagen mal eine Ruhepause eingelegt. Dann war da nichts mehr los und Otze ist irgendwo anders hingetuckert, da ging es dann da wieder weiter. Er hat das nicht begriffen, wann es eine Pause braucht, wann ein Schlussstrich gezogen werden muss. Das ging so lange, bis er nur noch gemerkt hat, wenn der Körper sich weigert. Und erst dann war für ihn Schluss, dann ist er nach Stotternheim gefahren oder so. Er hat das nicht bösartig oder mit Absicht gemacht, es war einfach so.

Höhnie Aber ich glaube, dass es für sein Verhalten doch Gründe gegeben haben muss. Gehörte er nicht zu den Leuten, die sich vielleicht in der DDR wohler gefühlt haben und danach mit der Entwicklung, mit den neuen Freiheiten nicht so richtig klargekommen sind? Kann man das so sagen?

Hagen Nein. Im Nachhinein betrachtet: Der ganze Stasiärger, das war schon ein hartes Brot, aber hinterher hat man noch sagen können, ich habe mich da gerieben. Ich habe dort Flagge gezeigt, ich hatte den Ärger, ich hab dort und dort gesessen und mich haben sie so und so oft einkassiert. Aber dass man sich zurückwünscht oder so, das ist Käse!

Höhnie Er hat mal gesagt: »Ich war in Düsseldorf, das war alles Scheiße, dann bin ich wieder zurück.« In der DDR wusste er halt, wo seine Grenze ist.

Hagen Die Mentalität unter der Ost-Bevölkerung, die war anders. Da biste ganz normal mit 50 Pfennig inne Kneipe rein, haste deinen Halben getrunken. Und das ist eben weggefallen.

Lippe Dieter hat vor der Wende nicht gearbeitet und nach der Wende auch nicht. Dass er kurz nach der Wende das halbe oder dreiviertel Jahr in den Westen gegangen ist, das war nicht seine Idee, ich schätze mal, das kam von Elfi.

Höhnie Nach Hagen im Ruhrgebiet, dann sind sie wieder zurückgegangen.

Lippe Genau.

Höhnie Hätte es also in der DDR schon Drogen gegeben, dann wäre das alles schon früher passiert?

Lippe Diejenigen, die ihn das erste Mal gesehen haben, meinten:

»trinkt der immer so viel?« Zehn Bier im Rucksack, das waren zwar 0,3er, aber die hat er in einer oder anderthalb Stunden weggehauen.

Höhnie Ich war mit Otze 1993 in Jena beim Konzert Madmans + Küchenspione. SK haben nicht gespielt, aber da hat ihn ein Fan erkannt und nach dem Konzert draußen angesprochen. Fast von einer Sekunde auf die andere hat Otze sich in einen anderen Menschen verwandelt, wurde total aggressiv und hat den ohne Grund angeschrien. Ich meine, er hat den Ruhm irgendwie nicht verkraftet. Wie seht Ihr das?

Hagen Das war ein Machtspiel. Das hat er halt gemacht, so seh ich das. »Ich kann mich jetzt entscheiden, schön, dass du mich erkennst, aber ich kann dich genauso gut raustreten. Ich hab die Macht, ich will dir nichts Böses, aber ich kann machen, was ich will.«

Lippe Zu mir war er immer umgänglich gewesen.

Höhnie Zu mir auch!

Lippe Ich habe ihn auch nie so erlebt, dass er ausfällig wurde gegenüber Leuten, die ihn erkannt haben.

Hagen Ich meine das auch nicht generell, aber wenn das so gewesen ist, dann meiner Meinung nach einfach, weil er es konnte.

Lippe Was er gerne gemacht hat, wenn wir irgendwo gespielt haben, war seine Macht spielen zu lassen. Er wollte zeigen, dass er der Kopf der Band ist und nur was er sagt, wird auch gemacht. Als wir auf dem Petersberg in Erfurt gespielt haben, gabs den ganzen Nachmittag schon Freibier und dann ging die Streiterei mit anderen Bands los. SK war ja verschrien, weil Otze auf der Bühne gerne mal einen Verzerrer mitgehen ließ, das war sein Lieblingsspielzeug. Es hieß, ihr braucht nichts weiter mitzubringen außer den Gitarren und den Verschleißteilen vom Schlagzeug. Kurz bevor wir auf die Bühne sollten, ging das Geschrei los, die anderen Bands hatten keinen Bock, uns irgendwelche Verstärker zur Verfügung zu stellen, weil sie Angst hatten, dass am Schluss wieder was fehlt. Da hat Otze ein bisschen diskutiert und dann haben wir gesagt, nee, das war ausgemacht, wenn keiner was bereitstellt, spielen wir halt nicht.

Hagen Das war ein Veranstalterproblem.

Lippe Der Veranstalter sagte: »Ich kümmere mich drum, wir lassen erst mal eine andere Band spielen und danach seid ihr dran.« Da war für Otze das Thema abgehakt. Dann kam der Veranstalter nochmal rein: »Die Backline steht für Euch, ihr könnt spielen, macht Euch auf die Bühne«, und Otze meint: »Nee, jetzt nicht mehr!«. »Ihr seid doch schon bezahlt worden«, darauf Otze: »Is mir doch egal!«

Hagen Das war die »Zähne '91« *(Erfurt-Sampler Release-Party, Anm. des Verf.)*, da gab es kein Geld.

Lippe Ich weiß es nicht, jedenfalls ist er dann auf die Bühne gegangen, hat sich das Mikrophon geschnappt und einfach gesagt: »So, SK spielen heute Abend nicht mehr!« Dann haben sich alle aufgeregt, »Na, wir sind doch 'ne Punk-Band, 'ne Punk-Band kann nicht im Dunkeln spielen«. Fertig.

Hagen Das war eine Riesen-Veranstaltung, da waren bestimmt 1500 Leute.

Höhnie Habt Ihr versucht, Otze umzustimmen oder habt Ihr euch rausgehalten?

Hagen Das war für mich gegessen. Otze hat gesagt, wir spielen nicht und dann war das so.

Lippe Dann war es okay, spielen wir nicht, fertig. In Lauchröden hat er es genauso gemacht.

Hagen Das war aber Veranstaltersache. Da hieß es genauso, ihr braucht nichts mitzubringen, nur euren Kram und dort war dann einfach nichts. Wir haben gesagt, Veranstalter kümmere dich, und die haben sich nicht gekümmert. Also stand nichts da, fertig, sind wir eben wieder abgefahren.

Höhnie Ihr meint also nicht, dass ihm der Ruhm zu Kopf gestiegen ist? Otze meinte mehrmals zu mir, dass viele Frauen nur mit ihm abgeschoben sind, weil er der Sänger von SCHLEIMKEIM war.

Lippe Nach der Wende war der Kultstatus um SK eigentlich nicht mehr so schlimm wie vorher.

Hagen Vor der Wende war das eine Legende, nachher war es erst Kult. So muss man das sehen.

Höhnie Wodurch hatte sich der Kultstatus vor der Wende aufgebaut?

Hagen Es gab nicht jedes Wochenende irgendwo ein Konzert. Auf Hinterhöfen mal, und wenn was stattfand, dann hieß es Kirche/Werkstatt, eventuell mal irgendwo eine private Party. Aber das kam sehr selten vor. Um es mal anders zu sagen: Ich war auch mal bei Lutz Schramm, Jugendradio DT 64, der hat zum Beispiel gesagt, er kann sich vieles erlauben, aber SK kann er nicht spielen. Dann wäre das seine letzte Sendung gewesen. Obwohl sich im Nachhinein rausgestellt hat, dass Lutz Schramm mitgearbeitet hat.

Höhnie Ich habe gehört, sein engster Mitarbeiter auch?

Hagen Der hat ja auch Reisefreiheit gehabt. Der konnte auch mal nach Westberlin rüber, wenn da ein Konzert war. Das muss so im Frühjahr '89 gewesen sein, da waren wir beim Gitarristen oder Bassisten von Wartburgs für Walter. Da stand eine Kassette im Regal: »SK – saugeil!«

Das war *Kult* gewesen! Das war komplett unmöglich! Wir waren damals mit den Fanatischen Frisören in Berlin bei Aljoscha von Feeling B, der hat damals Sachen organisiert, das nannte sich nicht Auftritt, sondern öffentliche Probe, denn öffentlich proben durfte man. Aber Auftritt war nicht genehmigt.

Höhnie Wie lief das ab?

Hagen Das war eine öffentliche Probe in einem Jugendklub. Das war am Ost-Tierpark, war ein ganz normaler Jugendklub mit PA auf der Bühne. Die Leute haben keinen Eintritt bezahlt und sind reingegangen.

Höhnie Durch Mundpropaganda natürlich, keine Plakate etc.

Hagen Aljoscha war eine Größe.

Höhnie Lutz Schramm hat einmal im Interview gesagt, er hat vor der Wende Fanatische Frisöre im Radio auf DT 64 gespielt und da gab's gleich eine Anfrage von der Stasi hier aus der Ecke.

Lippe Der Kultstatus von SK kommt auch davon, dass Otze schon damals selbst Aufnahmen gemacht hat. Die Aufnahmen sind überall rumgegangen in der Szene. Auch wenn es eine Schweine-Qualität war, hatte jeder das Zeug schon mal irgendwo gehört.

Höhnie Weil Tapes in der DDR zwanzigmal kopiert wurden, mindestens!

Lippe Genau. Es gab nicht viele Bands, die Aufnahmen von sich hatten. Das war schon mal der erste Haken. Auch wenn SK irgendwo gespielt hat, es hat niemals so richtig hingehauen, der Auftritt war immer verkorkst. Vielleicht hat es auch daran gelegen, ich weiß nicht warum. *(allgemeines Lachen)*

Höhnie Hat es auch was mit der »DDR von unten«-Platte zu tun gehabt, die im Westen rauskam?

Lippe Na klar, das hat sich rumgesprochen.

Höhnie Wie seid Ihr beide eigentlich zu SK gekommen?

Lippe Ich hab ihn kennengelernt durch die Schwester meiner damaligen Freundin, Elvira. Die hat Otze in Erfurt im »Moskau« zur Disco kennengelernt. Und wie das nun mal so ist, Schwestern und so, ist er dann mal mit nach Gotha gekommen. Aber vorher hat sie von Otze ein Tape geschenkt gekriegt mit SK-Aufnahmen. SK haben wir alle schon gekannt damals, aber meist nur miese Qualität und sie bringt da plötzlich ein Tape mit, steckt es nachmittags zu Hause in Sömmerda rein und es waren total tolle Aufnahmen. Glasklar, fast kein Rauschen. »Wo hast denn das her?« »Ich hab den Sänger kennengelernt.« Ein paar Wochen später war ich nachmittags wieder dort zum Kaffeetrinken und sie ist mit ihrer Lehrfreundin zum Bahnhof gegangen und haben Otze abgeholt und Niels Kraushaar, den »Sackhaar«, mit dazu. Als sie wieder ankam, waren ihre Eltern mittlerweile von der Arbeit nach Hause gekommen und wir konnten dort nicht länger bleiben, weil die sonst rumgenölt hätten. Da meint ihre Lehrfreundin, wir fahren zu mir nach Waltershausen, meine Eltern sind im Urlaub für zwei Wochen, da können wir das Wochenende bleiben, da stören wir keinen. Dann sind wir alle dort hingefahren, haben das ganze Wochenende getrunken, Musik gehört, Party gemacht und daraufhin kam er öfters mal nach Gotha.

Hagen habe ich damals auch schon gekannt, der hat ein Haus mit einem kleinen Proberaum gehabt. Da stand ein Schlagzeug für einen Kumpel, der damals auch eine Band machen wollte. Zwar konnte keiner was richtig, aber irgendwann stand Otze in der Tür und hat gesehen, wie ich da nachmittags allein auf dem Schlagzeug rumgekloppt habe. Da hat er sich die Gitarre umgehängt, ein bisschen gespielt und ich hab versucht, da ein bisschen was dazu zu spielen. Und da meint er, »Das ist ja nicht schlecht, was Du machst. Hast Du nicht Lust, bei mir in der Band mitzumachen?« Da habe ich gedacht, äh, das geht doch gar nicht, ich kann doch überhaupt nicht spielen. »Doch ja, ich suche einen neuen Schlagzeuger, ich spiele zurzeit selbst Schlagzeug, da hab ich keinen Bock mehr drauf, ich würde gerne wieder Gitarre spielen.« »Wenn Du meinst, ich kann es probieren, aber ich glaube nicht, dass da was draus wird.« Und so ging das eben los.

Höhnie Und dann hast Du ein bisschen geprobt?

Lippe Er hat mir ein paar Rhythmen gezeigt, die ich üben soll. Dann bin ich zur ersten Probe rüber nach Stotternheim gefahren. Als Dippel von der Armee wiederkam, haben sie das erste Mal wieder richtig geprobt, Hempt von MANDATA hat Gitarre gespielt, Otze Schlagzeug und Dippel Bass. Sobald Otze gemerkt hat, dass es bei mir langsam kommt – wir haben zwischendurch zu zweit geprobt – da hat er gleich den MANDATA-Typ rausgeklatscht und ab da habe ich Schlagzeug gespielt. Alle paar Proben kam dann mal ein neues Lied dazu, das ging nicht von heute auf morgen. Das hat ewig gedauert, bevor ich da richtig mitspielen konnte. So hat sich das entwickelt.

Höhnie Wann und wo war dein erster Auftritt mit SK?

Lippe In Erfurt im Lutherpark, auch bei einer Kirchenwerkstatt, Open-Air. Da hat noch CHARLIE KAPUTT aus Chemnitz mitgespielt und noch eine Band, an den Namen kann ich mich absolut nicht mehr erinnern. Da hatte ich noch ein gebrochenes Bein, musste beim ersten Auftritt mit Gipsbein spielen.

Höhnie Wie hast Du das denn geschafft?

Lippe Ich habe die Hi-Hat zugemacht, das gebrochene Bein unters Standtom gestellt und mit dem linken Bein die Fußtrommel getreten. Ging aber trotzdem ganz gut.

Höhnie Unglaublich. Da war aber Klaus schon lange draußen?

Lippe Klaus war schon lange draußen, der hat '84 oder '85 aufgehört.

Höhnie Ist Klaus von selber gegangen oder hat Otze ihn rausgeschmissen?

Lippe Die müssen sich öfter gestritten haben wegen irgendwelchem Schnick-Schnack, wie es unter Brüdern so ist. Das muss dann so weit gegangen sein, dass sie sich ab und zu auch auf der Bühne gestritten haben. Otze hat D. kennengelernt und hat sie mit nach Stotternheim geschleppt, so hat D. den Klaus kennengelernt und dadurch sind die beiden zusammengekommen. Sie hat dann mehr oder weniger einen Riegel davorgeschoben, nach dem Motto »Hör doch auf, wenn ihr euch nur noch streitet!« Als ich dann in der Band spielte, war ich auch öfters in Stotternheim, wenn kleine Familienfeiern waren, selbst Dippel hat dort seinen Geburtstag im Proberaum gefeiert. Heidi ist zur Wendezeit nach München abgehauen, weil sie dort einen Typen kennengelernt hatte, aber trotzdem kam sie zurück nach Stotternheim, um dort ihren Geburtstag zu feiern. Klaus und D. haben gleich im Nachbarhaus gewohnt. Wir alle rüber und Klaus und Dieter haben nebeneinander gesessen und Otze ist Klaus den ganzen Abend auf den Kranz gegangen, ob er nicht wieder mitspielen will, als zweite Gitarre. Klaus war nicht abgeneigt, da er eh die ganzen Jahre für sich alleine weitergespielt hatte. Irgendwann flog die Tür auf und D. kam rein, angetrunken: »Was ist denn hier los?« Otze meinte: »Das hat dich gar nicht zu interessieren!« »Ich seh doch, dass ihr was im Schilde führt!« Klaus: »Is nichts weiter.« »Ich will jetzt wissen über was ihr diskutiert!« Dippel hat sich gar nicht reingehangen ins Gespräch, der hatte D. schon besser gekannt als ich. Dann hat Otze gesagt: »Ich hab Klaus gefragt, ob er nicht wieder mitspielen möchte. Wir würden gerne mit zwei Gitarren spielen.« »Nein, das kommt überhaupt nicht in Frage, das ging damals schon nicht gut, dann ledert ihr euch wieder, kriegt euch wieder in die Haare!« Klaus meinte noch: »Wir sind doch älter geworden, das passiert jetzt nicht mehr!« »Nein, da hab ich was dagegen, da spielst du nicht wieder mit!« Da war das Thema abgegessen!

Höhnie Das hat D. quasi entschieden?

Lippe D. hat das für Klaus entschieden.

Höhnie Hagen, wie bist Du in die Band gekommen?

Hagen Otze war in Gotha präsent seit etwa 1986, wurde als Punkgott gehandelt und jeder war froh, mit Otze ein Bier zu trinken. Aber diese Euphorie legte sich relativ schnell, denn jeden Tag mit Gott nur Bier trinken ist auch nicht so toll. Wir kannten uns vom Sehen, ich wusste, wer er ist, er kannte mich ebenfalls und als Dippel das Handtuch schmiss, war es das Naheliegendste, mich zu fragen, ob ich das mache. Okay, den Auftritt mach ich mit, proben ist nicht weiter aufregend, zweimal geprobt, dann kriegen wir das schon hin.

Höhnie Die Lieder kanntest du sicherlich auch ...

Hagen Das ist auch nicht die Welt, die ganze Sache ist ja relativ simpel. Das hat Otze Ehrlich immer gesagt, er hat die Lieder so gemacht, dass man sie auch im Suff spielen kann. *(Lachen)* Ob das nun Absicht war, möchte ich bezweifeln, aber er hat es so gesagt!

Lippe Kurz zuvor hatten sich auch die Frisöre aufgelöst.

Hagen Die haben sich nicht aufgelöst, die sind in den Westen gegangen, die waren nicht mehr da.

Höhnie Otze hat dich quasi einfach so ...

Hagen In der »Zelle« bei der Disko hat er gefragt, wie es aussieht, und so seine Sprüche gemacht: »Dann sind wir Rockstars, können Weiber haben«. Was mich aber nicht so interessiert hat, denn es ging eigentlich um einen Auftritt in der »Zelle«, das war so eine Werkstatt vor Ort. Das war die Zeit, als »Ata, Fit, Spee« im Jugendradio DT 64 lief.

Höhnie Sommer '91.

Hagen Und damit der Auftritt stattfindet, hab ich zugesagt. Machen wir, ist gebongt die Sache! Dann haben wir zweimal geprobt und dabei ist es dann geblieben. Dann kam von da und dort mal eine Anfrage und dann machten wir halt.

Höhnie Was hat sich mit der Wende geändert oder hat sich für Euch, was Schleimkeim angeht, gar nicht so viel geändert?

Hagen Ich bin ja erst nach der Wende mit SK aufgetreten. Ich kenne nur die Atmosphäre von den Kirchenwerkstätten und das war schon sehr spektakulär. Die Macher kamen aus der

Langhaarigenszene und die Punker kamen mit der Sache drumherum nicht klar, und das war der einzige gemeinsame Punkt. Die Gemeinsamkeit war, dass alle Leute unzufrieden waren mit den politischen Umständen. Die haben sich unter diesem Kirchendach getroffen, das war der Raum dafür und haben auch die Punker mitgenommen, das war auch spektakulär. Weil, da eine Punk-Band wie SK spielen zu lassen, das zieht ja auch Leute lang hin. Es gab auch freche Pöbeleien von wegen »die Langhaarigen« und so, was sich eigentlich nicht gehört, wenn ich bei jemand zu Gast bin, das wurde eben alles so hingenommen. Das war das Feeling damals. SK zum ersten Mal gesehen habe ich wohl in der Werkstatt in Jena.

Höhnie Als Otze sich auf der Fahrt als Bauarbeiter verkleidet hat!

Hagen Kann sein. Das war in Jena nicht im Kassablanca, sondern in einem Kirchengebäude Richtung Lobeda, Neubaugebiet. Das muss 1986 gewesen sein, nee früher.

Lippe 1986 waren, glaube ich, gar keine Auftritte, weil Dippel bei der Fahne *(umgangsspr. für Armee, Anm. des Verfassers)* war.

Hagen Da bin ich aber Lehrling gewesen, das muss doch zwischen 1986 und 1987 gewesen sein. Und da war auch SK, und das war spektakulär!

Höhnie Was war so spektakulär an einem SK-Gig? Was war anders als bei anderen Punk-Bands?

Hagen Erst mal: Andere Punk-Bands habe ich nie gesehen. Da haben auch verschiedene Bands gespielt. Allein das Feeling, alles war ebenerdig, Bühne gab es sowieso nicht. Das war ein relativ großer Gemeinderaum, in den man locker 150 Leute reinkriegt, und da stand genau der gleiche Müll, der auch im Proberaum rumstand, zusammengewürfelte Boxen und so, und damit wurde ein Konzert gemacht! Das ging halt irgendwie!

Hagen Auch wie die Leute drauf abgefahren sind! Die Stimmung war gereizt, aggressiv! Ich kann auch nicht verheimlichen, dass mir das auch ein bisschen unheimlich war, andererseits, was soll passieren? Und das war tagsüber! Nicht irgendwie abends, es war noch nicht mal dunkel ...

Höhnie Aber was war das Spektakuläre? Die Musik, die Texte oder alles zusammen?

Hagen Das zum ersten Mal gesehen zu haben! Die Texte haste doch sowieso nicht verstanden, ist doch Unsinn, haste nicht rüberbekommen mit dem Equipment! Entweder du kanntest sie, oder du hast keinen Text verstanden! Du hast nur das Feeling mitbekommen. Da hab ich sie zum ersten Mal gesehen, ich hab das einfach nur so als Randnotiz mitgenommen.

Höhnie Warst Du nicht wegen der Musik da?

Hagen Nee, wegen der Veranstaltung selbst. Da waren verschiedene Sachen unterwegs, das nannte sich Kirchenwerkstatt, ging über zwei Tage. War das nicht sogar die Urzeitaltergeschichte gewesen oder war das im Lutherpark? Die haben den Dingern gerne einen Namen gegeben und eins hieß mal »Zurück ins Urzeitalter«!

Höhnie Hat da Otze das Lied her?

Hagen Nein, die haben das nach dem Lied benannt! Das Lied war zuerst da!

Höhnie Du bist also nicht wegen SCHLEIMKEIM hingefahren?

Hagen Es ging mir einfach um die Veranstaltung, diese »Kirche von Unten«-Bewegung und so ein bisschen diese Demokratie. Wenn schon mal irgendwas stattfand und du dich artikulieren und äußern wolltest, dann ging das nur in diesen kirchlich geschützten Räumen!

Höhnie War Jena nicht das Zentrum der Bewegung »Schwerter zu Pflugscharen«?

Hagen Der Friedenskreis Jena war ein Zentrum. Jena und Leipzig. Die haben das entworfen und aus Jena kamen auch die Ersten, die sich mit der Charta 77 in Verbindung gesetzt haben. Da waren Kaktus und Blase involviert.

Höhnie Habt Ihr damals damit gerechnet, dass auch in Kirchenkreisen alles von der Stasi überwacht wurde?

Lippe Dass die dabei waren, war klar! Aber ich habe gedacht, dass, wenn da so eine Werkstatt in der Kirche ist, da so zwei oder drei dazwischen rumstolpern, die von der Stasi sind. Aber dass es dann – wie es später rauskam – viele waren, die dabei waren, dass selbst unter den Punkern welche waren, die mit der Stasi richtig zusammengearbeitet haben, das hätte ich früher nie gedacht!

Höhnie Aber obwohl die Stasi im Bewusstsein immer dabei war, war doch eine Menge Enthusiasmus und auch Fun dabei! Hat man die Stasi verdrängt?

Lippe Da haben wir gar nicht drüber nachgedacht.

Hagen Im Prinzip hat ja keiner gesagt, ihr seid Scheiße. Es war nur eine Meinungsäußerung. Es wurde halt alles überwacht! Im Hinterkopf hatte man immer, dass man aufpassen musste, sich keinen Ärger einzuhandeln. Wer will schon ständig eine Hausdurchsuchung? Irgendwelche Klamotten beschlagnahmen, das konnte ich alles nicht gebrauchen. Obwohl es eigentlich alles vorwandslos war! Kein Hintergrund, denn wir waren ja keine Systemkritiker oder Leute, die da ernsthaft gekratzt haben. Eigentlich wolltest du deine Ruhe haben. Was wollten wir denn verändern? Es war Scheiße, freilich, aber wie denn weiter? Wir waren nicht die Leute, die ein Zepter in die Hand genommen und gesagt hätten, da und da geht es lang! Man kann die Scheiße anprangern, ja, aber um mehr ging es nicht! Mehr an Substanz war auch gar nicht da!

Höhnie Aber es hat auch eine Menge Leute mobilisiert! Die Punk-Konzerte zu DDR-Zeiten waren immer voll!

Hagen Sicher, aber die Leute wollten doch nicht einen politischen Standpunkt klarmachen, sondern ihren Punk dort ausleben! Und das auch mal in akustischer Form umsetzen!

Lippe So eine Werkstatt war zwei-, dreimal im Jahr, maximal! Wenn du davon erfahren hast, dann bist du da hin, egal was kam! Heute hörst du, nächstes Wochenende spielen – ich sag jetzt mal – EXPLOITED in Erfurt, da sagst du, hab ich schon dreimal gesehen, brauch ich nicht hin. Früher wäre das undenkbar gewesen!

Höhnie Oktober 1992 habt Ihr in Berlin an einem Wochenende im Knaack-Klub und im Tacheles gespielt: Das war das einzige Mal, dass ich gesehen habe, dass ihr eine Playlist hattet mit 25 Songs, an die ihr euch sogar gehalten habt. Du hast davon gesprochen, ein Bandauto zu kaufen, da sah es so aus, dass es ein bisschen in geregeltere Bahnen geht. Kurz danach habt

Ihr Wochenendgigs mit Ich-Funktion gemacht, wieso ist das nicht in der Richtung weitergegangen?

Hagen Das war Spinnerei!

Lippe Wir hätten niemals das Geld für einen Bus zusammengekriegt.

Hagen Für Dieter war das klar, Mario hat ein Auto gekauft, die Welt ist in Ordnung, wir kommen überall hin. Als wir in Berlin waren, bist du noch ohne Fahrerlaubnis hin, Kraushaar ist gefahren, und zurück bist du dann schwarz gefahren.

Lippe Genau. Da war ich noch im Führerschein drin.

Höhnie Wie kamen denn die Gigs mit Ich-Funktion zustande?

Lippe Zufällig, wir sind angeschrieben worden.

Hagen Das war so eine Weihnachtsgeschichte.

Höhnie Wollte nicht Ich-Funktion mit Euch eine ganze Tour machen?

Hagen Die waren dann geheilt.

Lippe Das waren aber mehrere Bands, die daran gedacht haben, mit uns mal was zusammen zu machen. Dritte Wahl haben uns damals drauf angesprochen, dass sie das cool finden würden.

Hagen Das wäre nicht gutgegangen! So ein Ding, wo du fünf, sechs, sieben Mal hintereinander irgendwo stehen musst, das kannste vergessen! Das hätte nie geklappt!

Höhnie Warum?

Hagen Unzuverlässigkeit!

Höhnie Von Otze?

Hagen Ich hab jetzt genickt!

Höhnie Das wäre zu stressig gewesen?

Hagen Ja, weil anfangs ist ja alles schön. Ich kann ja zeigen, dass ich es mir leisten kann, mit Abwesenheit zu glänzen. Was wollen denn die?

Höhnie Ich dachte immer, der einzige Gig im ehemaligen Westen wäre 1993 in Neustadt am Rübenberge gewesen. Jetzt habe ich gelesen, dass Ihr auch mal in Gießen gespielt habt?

Hagen Ich war nicht dabei.

Lippe Ich glaube, Dippel hat das organisiert mit ein paar Erfurtern zusammen, die haben damals ein paar Gießener kennengelernt, die SK kannten. Da sind wir dann damals rübergefahren, ich weiß nicht mehr, wie der Klub hieß, das ging ein paar

Treppen runter in den Keller. Da haben wir nicht lange gespielt, maximal 10 Lieder.

Höhnie Warum?

Lippe Keine Ahnung. Der Sound auf der Bühne war scheiße, wir haben uns überhaupt nicht gegenseitig gehört, dann war es schon zu später Stunde und ich glaube, wir hatten alle drei keinen richtigen Bock. Der Klub war auch nicht gut gefüllt, es hatte sich nicht herumgesprochen, dass wir dort spielen, war eben nicht soo doll. Das war relativ kurz nach der Wende, da habe ich mich noch gewundert, Dippel ist mit dem Wartburg gefahren, Gunsilius – der saß auf dem Beifahrersitz – hat hat sich 'n Bier uffgemacht, und Dippel meint: »Lass mich auch mal trinken!«, nimmt das Bier während der Fahrt auf der Autobahn und trinkt einen Schluck. Ich sage: »Bist Du 'ne Sau, du kannst doch nicht beim Autofahren Bier trinken!« Dippel: »Jetzt ist es besser, wir sind nicht mehr im Osten, jetzt ist es nicht mehr soo schlimm!« *(Lachen)*

Höhnie Das war wahrscheinlich, bevor der erste DDR-Sampler rauskam?

Lippe Das war davor.

Höhnie Die Briefe, die ihr gekriegt habt, waren die fast alle aus dem ehemaligen Osten?

Lippe Die meisten, aber es kamen auch von drüben ein paar Anfragen. Ein paar Briefe lagen dann immer da und ich hab die auf den Tisch geschmissen, Auftrittsangebote, hat jeder ein bisschen drin rumgelesen: »Ach nee, das kannste vergessen, da wollen wir nicht spielen«, »Ach nee, komm, Scheiße«, und so. Dann war ein Brief dabei, da hat einer geschrieben »Ich bin der größte Fan von Euch! Könnt Ihr mir nicht euren Tour-Mercedes, der nicht mehr funktioniert, wenn ihr mir den zuschickt, das wär das Allergrößte!« Wir hatten noch nicht mal jeder einen eigenen PKW! Wie war das denn, wo wir uns total zerhackt haben mit der vollgeschissenen Unterhose?

Hagen Gebrauchte Schlüpfer.

Lippe Da meinte Otze, wir nehmen irgendwoher einen alten Mercedes, scheißen alle drei innen Schlüpfer, legen den auf den Rücksitz und schicken das Ding als Paket zu! *(Lachen)*

Höhnie Ihr habt immer zu dritt entschieden, da spielen wir und da spielen wir nicht?

Lippe Genau! Eigentlich haben wir auch nur bei denen, wo eine Telefonnummer drunter stand, die wir anrufen konnten, reagiert – weil schreiben war zu blöde, immer schreiben und zurückschicken. Per Telefon »Alles klar«, die Gage ausgemacht und dass wir nichts mitbringen außer Gitarren und Schlagzeugverschleißteilen, da wir nur mit einem PKW kommen. Die sich darauf eingelassen haben, bei denen haben wir auch gespielt!

Höhnie Oder ihr habt Gigs nachgeholt wie in Sondershausen. Da war gerade die blaue Platte draußen, denn Dippel kam an und hat danach gefragt, war total interessiert, obwohl er da schon lange nicht mehr mitgespielt hat. Ihr wart auch angekündigt, aber irgendwie ist das nicht zu Euch durchgedrungen.

Hagen Sondershausen, wo die beiden Gruftitanten da waren.

Lippe Ach ja, stimmt, da war Ficker-Gerd doch noch mit und hat die eine abgeschleppt! Wir haben dann bei den zwei Gruftiweibern gepennt.

Hagen Die wollten's unbedingt!

Lippe An was ich mich noch erinnern kann, wo war denn das noch, das hat Dippel damals ausgemacht, das war sowas von traurig, irgendwo hinter Nordhausen so ein Dörfchen auf der Festwiese. Für die Blaskapelle hatten die so eine offene Garage hingemauert, nur mit so einem kleinen Schleppdach obendrauf, aber ringsherum Wände. Und eine Bühne hingemauert, etwa fünf mal vier Meter, alles massiv, da hat eine Bluesband gespielt. Ich dachte, was geht denn jetzt ab, wo sind wir denn hier gelandet? Wir dachten, da müssen doch mal ein paar Punker kommen. Irgendwann am späten Abend kamen 10 Punks, die waren aus Nordhausen, sonst war nur Dorfjugend da. Omas und Opas kamen da angeschlumpert, mit Strickjäckchen, 70 Jahre alt.

Otze hatte einen selbstgebauten kleinen Verzerrer gehabt, das war sein ganzer Stolz. Was total geil war: Als wir dann gespielt haben, war da irgend so ein Hippie mit Schellparka, langen fettigen Loden, Weinflasche in der Hand, zerruppte Jeanshose, der die ganze Zeit vor der Bühne stand, dem muss es irgendwie gefallen haben. Irgendwann ist er auf die Bühne hoch und ist immer vor Otze lang gelatscht und immer wieder auf den Verzerrer drauf! Ich dachte, der Ehrlich wird wahnsinnig: »Mach dich von der Bühne runter, mein Verzerrer, du latschst mir alles kaputt!« Der Typ war so tütenzu, der hat das gar nicht mitgeschnitten und trat immer wieder auf den Verzerrer drauf. Irgendwann stand der ziemlich nah an dem kleinen Bühnenvorsatz vorn an der Kante mit der Flasche Wein in der Hand, hat mich angeguckt, da hat Otze ihm einen Schubs gegeben, da ist der nach hinten umgefallen, von der Bühne runter, die Weinflasche uffgeschlagen und er lag vor der Bühne rum. »Äääähhh!«, total zerstört! Der ist liegengeblieben, der war fertig! Das war das Highlight des ganzen Abends!

Höhnie Bei SK war ja immer viel Chaos. Wie ist denn dieses SK-Logo und das Cover der ersten EP entstanden? Hat Otze immer alles vorgegeben oder konnten sich andere Leute auch mal einbringen in die Band?

Lippe »Schwarz-Rot-Gold – nie gewollt«, das hab ich eigentlich mal nur so aus Gaudi bei mir in der Stube gekritzelt. Dann hatte ich das Ding fertig gemalt und hinter die Schrankwand geschmissen. Da stand eh nichts weiter drin außer der Anlage und noch Kassetten. Nachmittags kam Otze zu mir, da war die Musik alle und er hat in den Kassetten rumgewühlt und plötzlich ist ihm das Ding aufgefallen, hat es hochgehoben. »Das ist ja genial, wer hat denn das gemalt?« »Das hab ich gemalt!« »Echt jetzt! Das nehmen wir für irgendeine Platte! Schmeiß das nicht weg, heb das auf!« Also habe ich es aufgehoben und für die erste Single ist das Ding als Cover rausgekommen.

Höhnie Also hat Otze auch mal Bandmitglieder ermuntert?

Lippe Er hat auch zu mir gesagt, wenn ich einen guten Text schreibe, dann machen wir da ein Lied draus! Aber damals hatte ich überhaupt nichts mit Textschreiben am Hut, ich war froh, dass ich das Schlagzeug gespielt gekriegt habe! Zu Dippel hat er mal gesagt: »Wir brauchen neue Lieder, wir sind die unkreativste Punk-Band, die es gibt!«

Diskografie

Alben/EPs/Singles

- »DDR von unten / Ende« (Split LP mit Zwitschermaschine, 1983)
- »Demo '91« (1991)
- »Abfallprodukte der Gesellschaft« LP/CD (1992)
- »Schwarz Rot Gold – Nie Gewollt« EP (Aufnahmen ca. von 1988, erschienen 1992)
- »Geldschein« EP (1993)
- »Drecksau« EP (Aufnahmen ca. von 1995, erschienen 1998)
- Bonus EP »DDR Von Unten« (Reproduktion der Saukerle-Seite der Split LP mit Zwitschermaschine, 1999)
- »Nichts gewonnen, nichts verloren« LP + EP/CD (Die Stotternheim-Tapes 1984–87, erschienen 2000, CD 2010)
- »Leck mich am Arsch« Bonus-EP (2002)
- »Mach dich doch selbst kaputt – Live in Chemnitz« LP/CD (1995, LP 2003)
- »Nichts Gewonnen Nichts Verloren« Vol. 2 LP/CD (Die Gotha-Tapes 1988–90, erschienen 2003)

Samplerbeiträge

- »Ausbruchsversuch Nr.1« (1987)
- »DDR Störfaktor« (1991)
- Erfurt-Sampler »ZÄHNE 91« (1991)
- »Sicher gibt es bessere Zeiten, doch diese war die unsere Vol. 1« (1991)
- »Sicher gibt es bessere Zeiten, doch diese war die unsere Vol. 2« (1992)
- Gegen Nazis (1992)
- »Sicher gibt es bessere Zeiten, doch diese war die unsere Vol. 3« (1993)
- Punk will never die! – WORLD -COMPILATION 1994 (1994)
- BRD Punk Terror Vol. 1 (1997)
- BRD Punk Terror Vol. 2 (1999)
- Auferstanden aus Ruinen – der Soundtrack zur Wi(e)dervereinigung (1999)
- BRD Punk Terror Vol. 3 (2000)
- Punk Rock BRD Volume 1 (2003)
- BRD Punk Terror Vol. 5 (2006)

Glossar

Aluchips umgangssprachlich für DDR-Geld

Anger langgestreckter Platz im Zentrum Erfurts, verläuft über 600 Meter zwischen Dom und Hauptbahnhof

Asche Armee

B 93 auch Tesla B93, gemeint ist ein tragbares Tonbandgerät, Import-Gerät aus Tschechien

Cafe Tute Café zum Posthorn, das alle Tute nannten, damaliger Szeneladen am Alex

Engelsburg Erfurter Kneipe

Erlöserkirche Kirche in Berlin-Rummelsburg, ab 1982 Zufluchts- und Auftrittsort für Ost-Berliner Punks und ihre Bands, der Gemeinderaum wurde »Leichenkeller« genannt

Gotano Wermut aus Gotha

IGA-Kiosk IGA = Internationale Gartenausstellung, ab 1959 angelegt, heute EGA, Kiosk existiert immer noch

JG Junge Gemeinde

Johannes-Lang-Haus Offene Arbeit der Evangelischen Kirche Erfurt

Kassablanca soziokulturelles Zentrum in Jena, nach der Wende von der Jungen Gemeinde Jena-Stadtmitte mitbegründet

Klapper umgangssprachlich für eine psychiatrische Klinik, auch Nervenklinik oder verkürzt Psychiatrie

Kommandantur nach der Wende eröffnete, legendäre Kneipe im Prenzlauer Berg, inzwischen zu einer Pizzeria mutiert

Kreuz des Südens Aperitif

Kugel-Porsche eigentlich Spitzname für den westdeutschen »Käfer«, der ostdeutsche Trabant wurde eher »Rennpappe« oder »Asphaltblase« genannt

KvU Kirche von Unten, Basisgruppe der evang. Kirche

LPG Die Landwirtschaftliche Produktionsgenossenschaft = Zusammenschluss von Bauern und Bäuerinnen nebst Produktionsmitteln zur gemeinschaftlichen agrarischen Produktion in der DDR

Marietta-Bar Eiscafé im Zentrum Magdeburgs mit riesiger Außenterrasse, Treffpunkt der Punkszene

Päppchen LSD

Pläntie, auch PW oder Kulti Ostberliner Kulturpark Plänterwald, ab Anfang der Achtzigerjahre zentraler Treffpunkt für die gesamte Punkszene der DDR

Plektrum Plättchen, mit dem Musiker die Saiten von Zupfinstrumenten wie z. B. Gitarre,

E-Bass, oder Mandoline anschlagen oder zupfen, ermöglicht im Vergleich mit den von Fingern angeschlagenen Saiten einen anderen, meist härteren Klang

RFT Rundfunk- und Fernmelde-Technik, DDR-Staatsunternehmen

Stako Gispersleben Betrieb Thüringer Stahlbau in Gispersleben/Erfurt

Tresor legendäre Berliner Technodisko

Zelle FDJ-Jugendklub in Gotha

Ziguli in der DDR verkauftes Auto, russischer Import, gerne von Stasi-Mitarbeitern in Zivil benutzt

Zivilkisten getarnte Fahrzeuge der Volkspolizei oder der Staatssicherheit, die damit relativ unbemerkt observieren bzw. verhaften konnten

Biografien Mitarbeiter

Jörg Dietrich Geschäftsführer des Kulturrats Thüringen, Autor, Lektor und Texter, lebt in Weimar, zuletzt: »Das ist Punk, Alter!«, in: *Leck mich am Leben. Punk im Osten*, Hrsg. Frank Willmann 2012.

Anne Hahn Autorin und Subkulturforscherin, 1966 in Magdeburg geboren, div. Romane und Sachbücher, zuletzt *Herz des Aals* 2017 und mit Frank Willmann: *Mittendrin. Fußballfans in Deutschland* 2018.

Montezuma Sauerbier Sohn einer minderjährigen Mexikanerin und eines sauertöpfischen Trinkers aus dem Ruhrpott, der sich kurz vor der Geburt seines Sohnes verdünnisierte. Arbeitete als Bananenpflücker, Ornithologe und Binnenfischer. Lebt heute als Bootsverleiher in den Tortugeros von Costa Rica.

Dirk Teschner Kurator und Publizist, geboren in Karl-Marx-Stadt, wohnt in Berlin und Erfurt, 1982–87 Mitorganisator von Punkkonzerten und Veranstaltungen oppositioneller Gruppen in Karl-Marx-Stadt, 1986 verhaftet und verurteilt nach § 106 StGB (staatsfeindliche Hetze), seit 1989 Redakteur der Zeitschrift »telegraph«, seit 1992 als Kurator und Galerist aktiv, 2005 Mitkurator der Ausstellung »Ostpunk! too much future« in Berlin, seit 2014 Mitbetreiber des Ausstellungsraumes Hammerschmidt + Gladigau in Erfurt.

Frank Willmann geboren 1963 in Weimar, 1984 nach Westberlin ausgereist, lebt in Berlin. Neben etlichen literarischen Titeln Forschungen zur Berliner Mauer, zur Kulturgeschichte des deutschen Fußballs und zu Subkulturen in der ehemaligen DDR, zuletzt: *Alles auf Rot: Der 1. FC Union Berlin*, 2017, *Mittendrin. Fußballfans in Deutschland*, 2018.

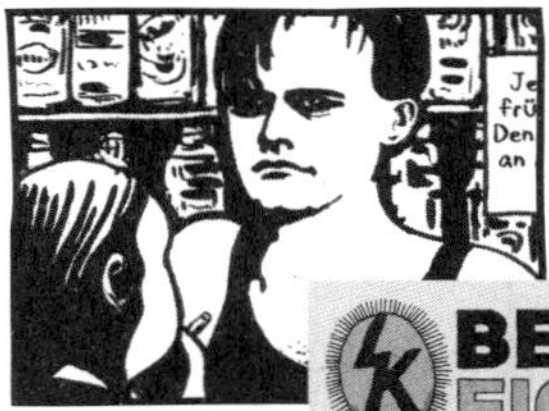

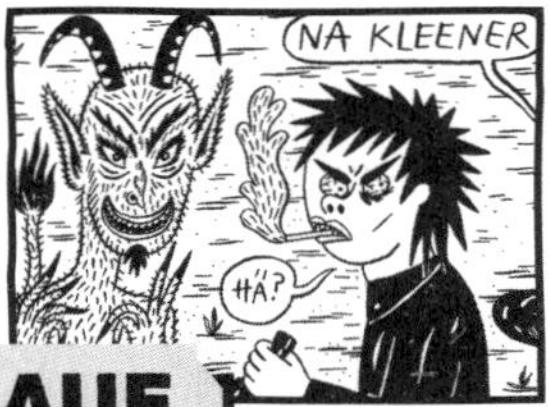

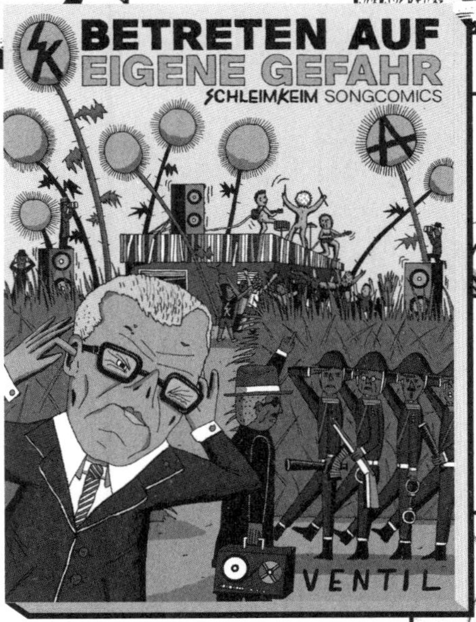

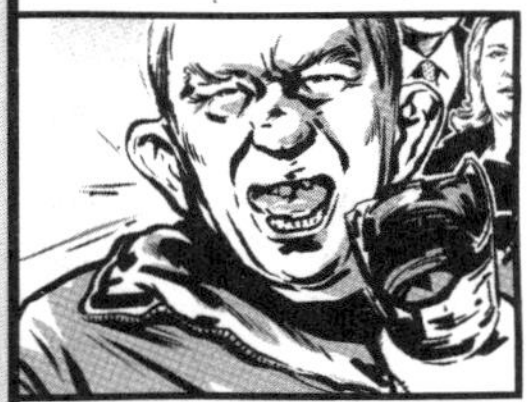

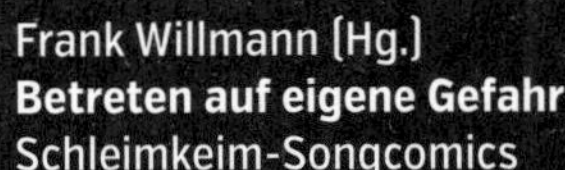

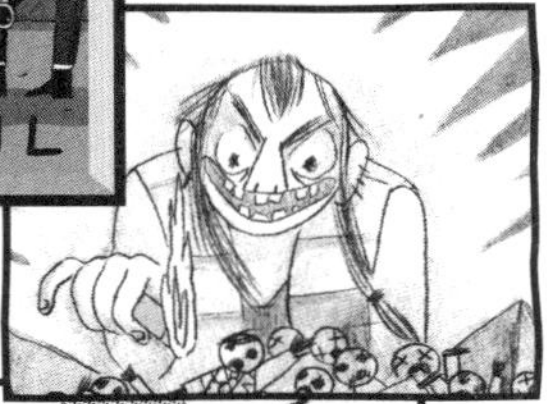

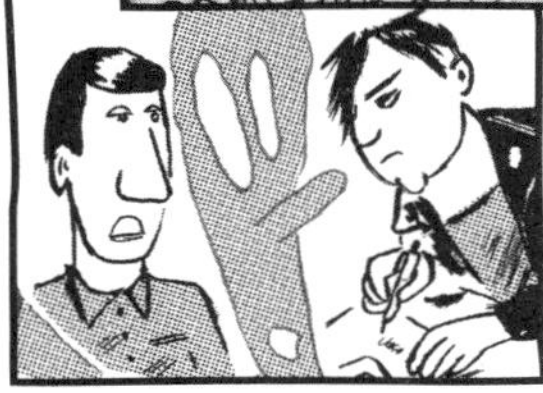

Frank Willmann (Hg.)
Betreten auf eigene Gefahr
Schleimkeim-Songcomics

Acht Illustratorinnen und Zeichner haben jeweils einen Song in einen Comic verwandelt. Herausgeber Frank Willmann erzählt dazu die bewegte Geschichte von Schleimkeim und ihrem charismatischen Frontmann Otze – und wie es auf abenteuerliche Weise zur ersten Punk-Platte der DDR kam.

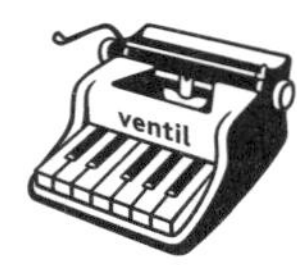

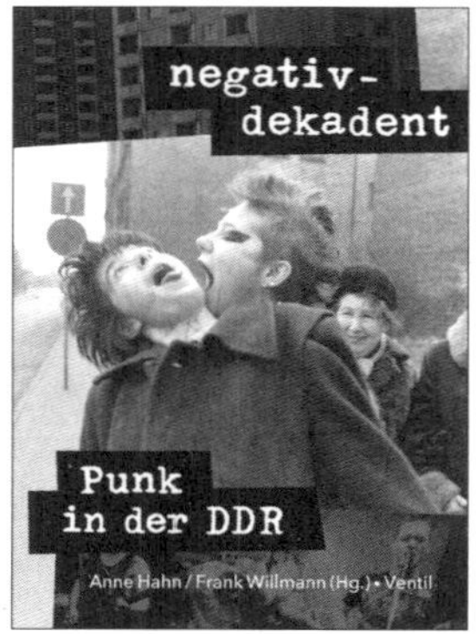

Anne Hahn / Frank Willmann
negativ-dekadent
Punk in der DDR

Ein umfassender, vielstimmiger Sammelband zu einem bewegten Teil der DDR-Gegenkultur

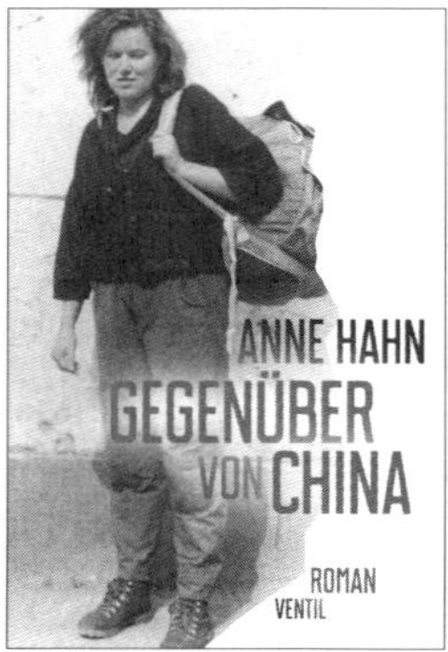

Anne Hahn
Gegenüber von China
Roman

Ein autobiografischer Roman über Punk in der DDR, Flucht und Stasi-Haft

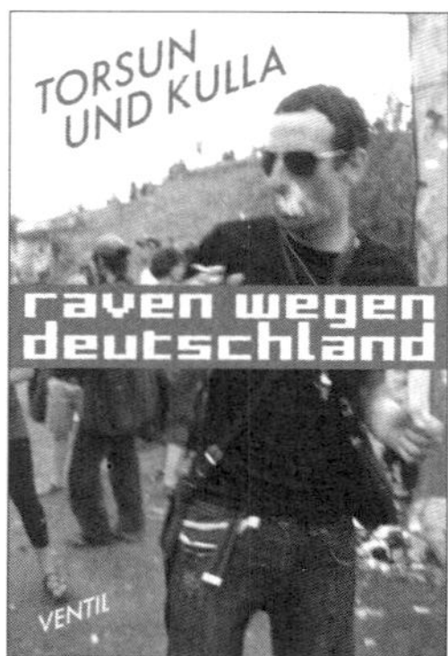

Torsun / Kulla
Raven wegen Deutschland
Ein Doku-Roman

10 Jahre Egotronic – ein Blick hinter die Kulissen der Kultband

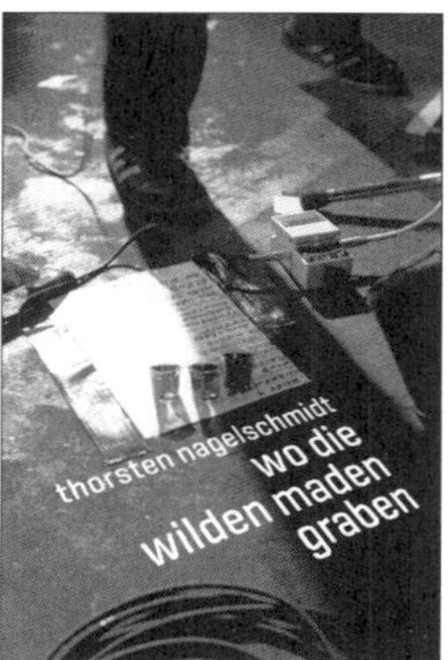

Nagel
Wo die wilden Maden graben
Roman

Nach mehr als einem Jahrzehnt Tourleben mit seiner Band Muff Potter legt deren Sänger Nagel sein Romandebüt vor.

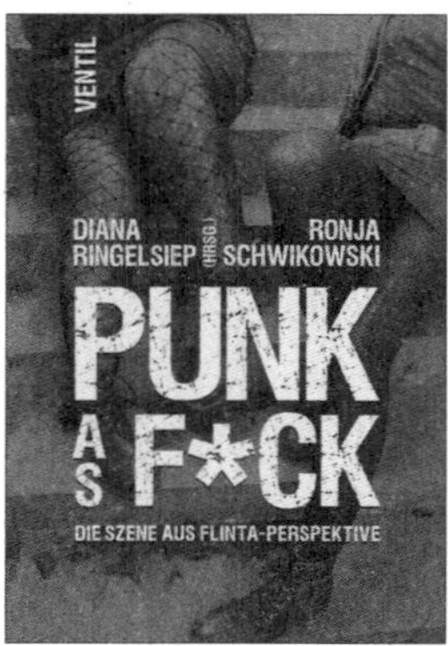

Diana Ringelsiep /
Ronja Schwikowski (Hg.)
Punk as F*ck

Die Szene aus FLINTA-Perspektive
Eine Bestandsaufnahme aus der Punk-Szene

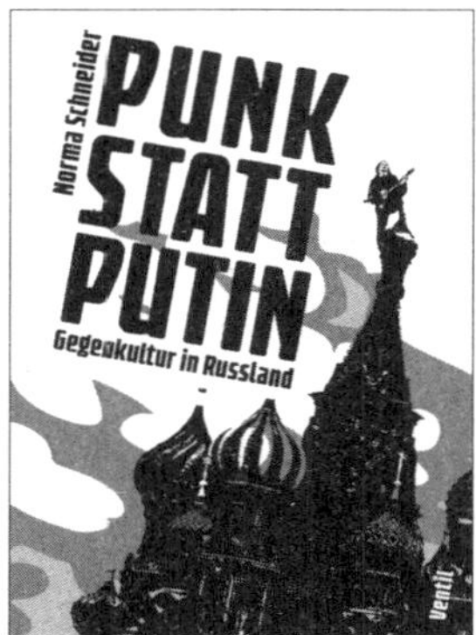

Norma Schneider
Punk statt Putin
Gegenkultur in Russland

Porträt der russischen Gegenkultur

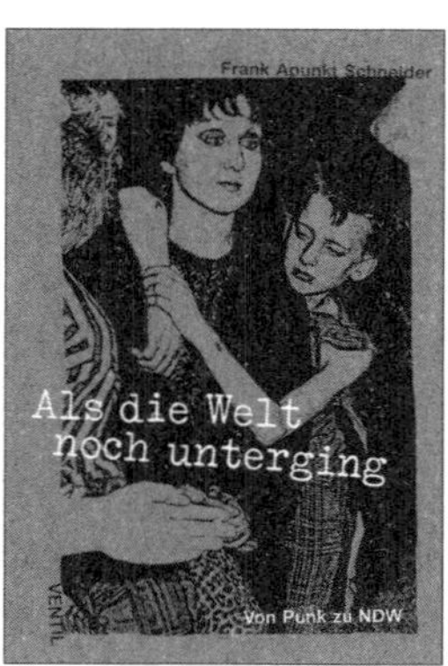

Frank Apunkt Schneider
Als die Welt noch unterging
Von Punk zu NDW

Eine Chronik zur Entstehung und Entwicklung von Punk und New Wave im deutschsprachigen Raum bis 1985

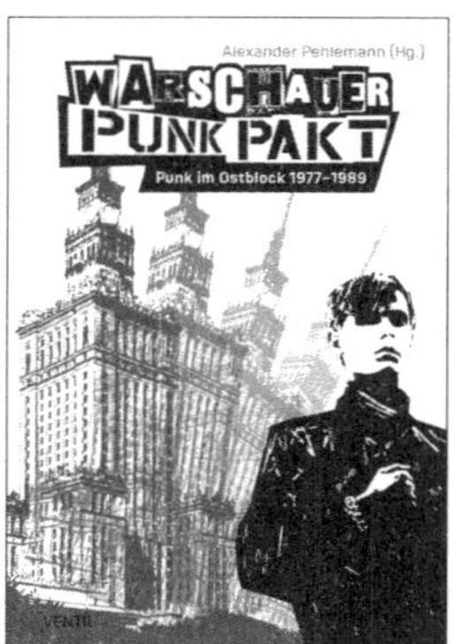

Alexander Pehlemann (Hg.)
Warschauer Punk Pakt
Punk im Ostblock 1977–1989

Punk schürfen im Wilden Osten! Ein umfangreiches Nachschlagewerk mit zahlreichen übergreifenden Themen